中外教育交流与变革书系

ZHONGWAI JIAOYU
JIAOLIU YU BIANGE
SHUXI

余子侠　主编

留学生与近代中国教育翻译

◎／刘　红　著

中原出版传媒集团
中原传媒股份公司

大象出版社
·郑州·

图书在版编目(CIP)数据

留学生与近代中国教育翻译 / 刘红著. — 郑州：大象出版社，2023.6
(中外教育交流与变革书系)
ISBN 978-7-5711-0338-5

Ⅰ.①留… Ⅱ.①刘… Ⅲ.①留学生-关系-教育-文化交流-中外关系-研究-近现代 Ⅳ.①G529.5

中国版本图书馆 CIP 数据核字(2019)第 223283 号

留学生与近代中国教育翻译
LIUXUESHENG YU JINDAI ZHONGGUO JIAOYU FANYI

刘　红　著

出 版 人	汪林中
责任编辑	侯金芳　赵晓静
责任校对	陶媛媛　倪玉秀　毛　路
版式设计	付锬锬
封面设计	王晶晶
责任印制	郭　锋

出版发行	大象出版社(郑州市郑东新区祥盛街 27 号　邮政编码 450016)
	发行科　0371-63863551　总编室　0371-65597936
网　　址	www.daxiang.cn
印　　刷	郑州新海岸电脑彩色制印有限公司
经　　销	各地新华书店经销
开　　本	720 mm×1020 mm　1/16
印　　张	19
字　　数	330 千字
版　　次	2023 年 6 月第 1 版　2023 年 6 月第 1 次印刷
定　　价	89.00 元

若发现印、装质量问题,影响阅读,请与承印厂联系调换。
印厂地址　郑州市鼎尚街 15 号
邮政编码　450002　　　　　电话　0371-67358093

总 序

人类社会已进入这样的历史时期——任何国家要想跻身于世界强国之列，必须高度重视教育。人才是国家强盛的战略资源，而人才的培养依赖教育的发展。教育交流与互鉴，对教育的发展有重要的促进作用。缘此，今日在认定教育为立国之本的同时，积极推进和发展与世界各国之间的教育交流，既是历史之必然，也是时代之应然。

一

早在十多年前，笔者在组织撰研中外教育交流丛书时，就阐明自学校教育在中国社会产生以来，中华民族的教育交流在不断地推进和发展的观点。站在中国自身的角度或立场，这种教育交流大致可分为顺向交流、逆向交流和互向交流几种类型。笔者还根据学校教育与中华文化变迁和传衍之间的关系，大致分析了每种教育交流类型在中国历史进程中的主要特征或表现。

所谓顺向交流，是指在教育领域以中国为定点，通过相应的途径，将自身处于先进地位的文明因子和文化成分传输给其他的国家或民族的交流活动。以这种方式发生教育交流活动之时，中华文明往往处于一种上势地位或先进态势，通过相应的教育交流渠道，传播或输出到与己交流的国家或民族。例如中国近代以前的教育交流就是顺向交流，正是这种顺向教育交流，促进了今日人们所言的"东方儒学文化圈"的形成。

所谓逆向交流，则是中国作为一个文化的接受者，通过种种教育交流的渠道，将他国或他民族的先进文明因子和文化养分吸纳或引进国内，再结合国情所需融收化解于自身文明之中。其时自身的教育基本处于一种后进态势。这种逆向交流初现于明清之际，尤其突显于近代。这种类型的教育交流，推动了中国学校教育的变革和更新。

所谓互向交流是指在中外教育交流过程中，既有中华文化通过相应的教育交流途径传输给其他国家或民族，同时又有他国文化或他种文明输入中国的教育领域。其时教育交流的双方各有对方可资借鉴和吸纳的文明因子与文化养分。这种教育交流的情形，近二三十年来比较明显。它促进了中外文化的交流与互鉴，推动着人类文明的发展。

回望历史，上述三种教育交流类型只是以一种静态的眼光相对而言，其实无论在哪一个历史时期，中外教育交流的活动方式及文化内容，都不是以单一的类型在发生或进行，而是顺向交流时也有逆向交流发生，逆向交流时也有顺向交流活动，或者互向交流发生时一时顺向交流占据优势，一时逆向交流成为主流。这不仅因为人类社会各个民族或国家，其文化各有优势，任何时候交流的双方互相都有可取之处，还因为双方的政治、经济、文化以及国际地位都处于一种恒动状态，故而在借鉴和吸收对方先进文化养分和积极文明因子时，也将自身的优良因素传输给对方，反之也是。如若求其区别，只是态度方面的积极与消极，作为方面的主动与被动，流量方面的充沛与弱小，以及交流时选择层面与领域的不同而已。要言之，教育，使人类社会走向文明且日益进步；交流，使教育事业得以创新而不断发展。

二

根据哲学的变易观点，任何事物只有不断地输入活性因子或吸纳新鲜养分，才能真正做到"日新，日日新"，具有"生生不息"的生命力。学校教育，无论其教育制度、教学内容，还是教育的思想理论、教学的方式方法，都只有不断地吸纳新的养分，才能够适应人类社会的发展和时代的需求，才能求其"系统"的活力常新，以利其更好地发挥自身的社会功能。

进入近代社会，中国发生"数千年来未有之变局"，国际政治地位由传统的"天朝上邦"沦落为贫弱挨打的后进之国，主体经济形态表现为自给自足的农耕经济被迫纳入世界工商经济的运行轨道。与之相应的传统教育系统，同样处于必须革新的历史关头。于是，通过教育交流我国的学校及其知识人才的培养获得了"自救"：学校教育系统吸纳新的养分，在艰难的"蜕变"过程中走向"涅槃"。

这一过程，在后人看来不过是万变宇宙间的一瞬，但在我国学校教育的发展历程中是一个极其重要的阶段，基本完成了中国学校教育的历史转型。这一转型，由何而起、因何而生、如何实现以及有何成效和经验教训，都值得学界去分析、总结，并借以探究其历史发展的规律性。因此，我们有必要也应该对这一历史时期的"中外教育交流"与中国教育的应变、革新与发展进行系统性研究和总结。

三

本书系定名为"中外教育交流与变革"，其中"交流"指中外之间在教育领域的交流，"变革"则指中国自身学校教育的变革。这两者自近代中国新式教育产生之后，一直处于一种相互联系又相互促进的状态。但学校教育无论是在理论层面、制度层面，或是教育教学实践层面，若进行线性梳理和分析，涉及的方方面面实在太多，不是一个小小的书系即能完事，因此在着手选题时，既要考虑研究者自身的学研能力和知识基础，又要考虑研究内容具有一定代表性。其结果就是产生了"码堆"的10部著作或10个方面的研究，虽说有些杂乱，但并非完全无"章"。

就学校教育的层次看，有学前教育方面和研究生教育层级的交流和变革作代表。就学校教育的类型看，有专门美术教育和电化教育这两种不同形态的教育交流与演变作代表。就教育交流的主体而言，既有来华者，也有华人出国者；既有受教者——学生群体，也有授教者——教师群体。就教育交流的成效而言，既有促进自身教育发展的教育翻译，又有促进中国社会变化的人才培养……当然，就教育交流的主要渠道或重要途径而言，留学教育及留学生群体着墨最多。就教育交流的流向及成效而言，则选题大多立足于中国自身教育的变革和发展。所有这些选题，从时间上来看，大多立足于"近代"。但如前面所言，中外教育交流与中国学校教育的发展，进入了一个新的历史阶段，即在过去近一个半世纪主要呈现为逆向交流的基础上，已开始转入以互向交流为主要特征的时代。缘此，本书系在外人来华留学和中外合作办学两项研究上，将其时间下限延至"当代"——以利于人们借以窥见新的"时代变局"中教育交流流向、形态变化之一斑。

纵观中华民族自古以来的教育交流，既有将自身已有的最先进文化推向世界的活动，亦有从其他先进的国家或民族摄取自身所需的文明因子的行为。在这种传输与求取、播衍与认同人类新知的过程中，中华民族通过种种途径一直未停歇教育交流活动，直到今天，仍在深化拓展与世界各国的教育交流与互鉴，为构建人类命运共同体贡献力量。

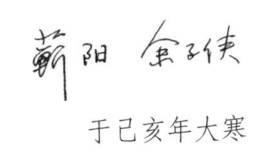

靳阳 余子侠

于己亥年大寒

目 录

导　论 /001

第一章　近代中国留学生教育翻译活动的兴起 /015
第一节　近代中国留学生教育翻译活动兴起的历史背景 ……… 017
第二节　近代中国留学生教育翻译群体的形成 ……… 036
第三节　近代中国留学生为主体的翻译机构及传播媒介 ……… 045

第二章　近代中国留学生教育翻译活动的发展演进 /065
第一节　近代中国留学生教育翻译的活动轨迹 ……… 067
第二节　近代中国留学生教育翻译动机模式的演变 ……… 072
第三节　近代中国留学生教育翻译方式选择及演变 ……… 079
第四节　近代中国留学生教育翻译成果展现形式的变化 ……… 089
第五节　近代中国留学生教育翻译群体的多重角色 ……… 094

第三章　近代中国留学生教育翻译的主要内容 /105
  第一节　对外国教育制度的翻译 …………………… 107
  第二节　对外国教育著作及讲义的翻译 …………… 113
  第三节　对新式教科书的翻译 ……………………… 133
  第四节　对来华名家教育演讲的翻译 ……………… 146
  第五节　对教育小说的翻译 ………………………… 164

第四章　近代中国留学生教育翻译与中国教育改革 /173
  第一节　近代留学生教育翻译与教育制度的嬗变 … 175
  第二节　近代留学生教育翻译与教育宗旨的演变 … 188
  第三节　近代留学生教育翻译与教学内容的革新 … 197
  第四节　近代留学生教育翻译与教学方法的改革 … 210

第五章　近代中国留学生教育翻译与教育中国化 /221
  第一节　借鉴与创见——中国留学生对教育中国化的早期探索 … 223
  第二节　借鉴与创建——留学生与近代中国教育学及学科体系的创建 …………………………………………… 231
  第三节　借鉴与创新——留学生与近代中国特色教育理论的构建 … 237

结　语 /263

主要参考文献 ………………………………………… 283

后　记 ………………………………………………… 291

导 论

教育交流是人类文化交流的重要内容和手段，是促进世界各民族、国家及地区教育发展的强大动力。从一定意义上说，近代中外教育交流史，就是中国在与世界其他国家或地区交流、合作中逐步改革传统教育、不断推进教育现代化的历史。中外教育交流活动不仅源远流长、持续不断，而且交流的途径以及活动的形式多种多样。教育翻译活动就是教育交流的主要途径之一，作为中国近代教育翻译活动主体的留学生则扮演着多重角色，他们既是翻译者和传播者，也是实践者。他们的教育翻译活动使西方先进的教育制度、教育思想、教育观念、教育内容、教学方法等在中国得到更好的传播和吸纳，从而加快了近代中国教育变革的步伐。

一

文明因多样而交流，因交流而互鉴，因互鉴而发展。历史经验反复证明，任何文明的生存与发展都离不开与异域文明的交流与碰撞。有学者曾言：

> 人类文化在本质上是一个动态开放的系统，这种动态开放，一方面是指人类社会与自然界的相互关系，另一方面也包括不同文化群体之间的相互交流与吸纳融合。任何一个文化系统都只有在与异域文化乃至异质文化的交流与融合中才能得到不断的自我更新，从而始终保持旺盛的生命力，日臻成熟和繁荣昌盛。[1]

1840年，英国发动了侵略中国的鸦片战争，中国国门被西方列强的坚船利炮打开。鸦片战争后，中国的主权和领土完整遭到破坏，开始从封建社会逐步沦为半殖民地半封建社会。这一时期，中华民族的有识之士开始睁眼看世界。残酷的现实使他们意识到中华民族的生存危机，于是开始了寻求救亡图存途径的艰辛探索，革命的浪潮风起云涌，从洋务运动到维新变法，从辛亥革命到五四运动，直到中华人民共和国成立，都有文化交流的踪迹。进入20世纪后期，中国实行改革开放的基本国策，与世界各国各民族进行广泛的交流与合作，已成为举国一致的共识，也是助力我国逐步走向繁荣的法宝。作为中外文化交流的重要组成部分，中外教育交流自然与留学生及其教育翻译活动有着密不可分的联系。正基于此，本书特选取近代中国留学生的教育翻译作为研究的选题。

就教育交流而言，"教育交流是人类文化交流的重要内容，是促进各民族、国家和地区教育发展的强大动力。从一定意义上可以说，一部世界教育史，就是一部各民族教育相互交流、碰撞、融合和不断创新的历史"[2]。任何一个国家的教育要面向未来、走向世界、实现自身现代化就一定要加强与世界各国之间的交流，这既是历史的昭示，更是现实的需求。纵观中外文化交流的

---

[1] 卫道治：《中外教育交流史》，湖南教育出版社，1998，第1页。
[2] 田正平、肖朗：《教育交流与教育现代化》，《社会科学战线》2003年第2期。

历程，中外教育交流始终在其中占据着不可或缺的一席之地。可以说，一部中国近代教育发展史，也是一部中国与世界其他民族教育相互交流、碰撞、融合和不断创新的历史。

中外教育交流是促使中国教育从传统教育走向现代教育的重要途径。19世纪60年代以来，中外教育交流从来就没有停歇过。其主要表现包括"走出去，请进来"：派遣留学生到国外求学和接受国际学生来华学习；聘请外籍教师、专家来华任教；派遣中国学者出国讲学；大量翻译外国各级各类学校的教科书，借鉴这些国家的教育制度、思想和方法；中外教育相互考察和学术互访；中外官方与民间教育合作等。特别是20世纪80年代以来，我国政府所制定和颁布的一系列有关教育的政策法规，充分体现了我国主动走向世界、实现教育现代化的基本思路。在新的社会条件下，中国教育正在以前所未有的步伐加快与世界各国或地区的教育交流。在这种形势下，认真总结我国一百多年来进行中外教育交流所积累的经验与教训，可为更好地解决现实问题提供理论支持和借鉴经验。

教育交流往往与翻译有着千丝万缕的联系。众所周知，翻译是人类跨越民族、跨越国界、跨越语言文化的桥梁，是人类超越自我、拓展生存空间的必要方式，是人类促进社会发展和文化繁荣的重要手段。从古代部落之间的交往，到今天世界各国之间文学、艺术、哲学、科学技术、政治、经济与教育的频繁交流，翻译都发挥着不可替代的作用。纵观人类文明发展史，人类社会发展的每一个历史时期都与翻译有着千丝万缕的联系。可以说，只要有异域文化之间的交往，必定有翻译活动的介入。一部翻译史就是一部文化交流史，也是一部文化影响史。各民族在丰富和发展自身文化的过程中，翻译始终起着十分重要的作用。

翻译是文化交流的必要手段，学习与借鉴、输入与输出都离不开翻译。中国在走向现代化的漫长而艰难的旅途中，翻译始终扮演着十分重要的角色。如果没有翻译，西方自然科学技术就很难在中国传播；如果没有翻译，中国文化也很难走向世界。

从中国近代教育的历史进程可以看出，教育改革和发展的每一个时期都有教育翻译活动相伴而行。借助教育翻译，西方教学内容和教育制度才能在中国更好地被引入和借鉴，西方教育理论在中国才能得以被传播，西方教学方法在中国才能更好地被引介与实践；借助教育翻译，中国的教育理论也不断完善与发展。作为教育翻译活动主体的留学生则扮演着多重角色，他们既是翻译者和传播者，也是实践者。那么，近代中国留学生的教育翻译如何兴起和发展？留学生在教育翻译中扮演了怎样的角色？他们翻译的主要内容是什么？他们采取什么样的翻译策略和方式？留学生教育翻译对近代中国教育改革与发展产生了何种影响？留学生教育翻译对中国教育早期现代化的进程有何影响？为探明并解答上述种种问题，本书选定近代中国留学生的教育翻译作为研究对象，以期厘清上述问题，揭明历史真实。与之同时，作为一种时代的呼应，即随着跨文化交流的翻译活动越来越受到各个学科领域的普遍关注，而作为中外教育交流的重要组成部分，教育翻译也理应引起研究者的重视。本研究意在通过考察中国近代各个历史阶段留学生的教育翻译活动，廓清近代中国留学生教育翻译的演化轨迹及演变规律，进而探讨教育翻译与中国教育早期教育现代化之间的密切关系及内在联系。

研究近代中国留学生的教育翻译属于跨学科研究范畴，它既是中外教育交流史的重要研究内容，也是中国翻译史研究的重要组成部分。该研究无疑具有重要的理论价值意义和现实借鉴意义。

其一，有助于中外教育交流史研究的深化与微观化。

20世纪80年代后，我国学术界逐渐兴起一股研究中外文化交流史的热潮，这股热潮持续经年而不衰。这是我国国际地位日益提高，中华民族以崭新的姿态加强与世界各国友好往来与交流、重新走向世界的现实需要在学术界的一种反映。对中外教育交流史的研究也不例外。近年来，随着中外教育交流史研究的逐步深入，其研究已向纵深方向发展，取得了一大批具有开拓性的研究成果。例如：中外教育交流通史研究、留学教育问题研究、传教士及教会学校与中国教育近代化研究、中外教育关系史研究、西方教育理论传入与影响研究、直接参与教育交流的组织团体及个人对中国教育发展影响研究、教育交流史的理论研究等。这些研究涉及田正平教授所论及的"显性教育交流"和"隐性教育交流"两大类：

> 研究介绍国外的教育思想、制度以及教育实践中有益的经验，

是中外教育交流的重要组成部分。如果说留学教育、专家互派、吸收国外资金等工作是显性教育交流活动的话，那么，主要通过书籍、刊物等对国外教育的研究介绍则属于深层的、隐性的教育交流。这两种交流各有特点：前者主要通过人员互动完成，在对观念层面产生影响的同时，其直接的结果往往是人力资源、物质资源的生成；后者主要通过思想、观念的沟通来展开，其显见的结果是作为观念载体的各类文本的构建，是观念资源的蓄积，因而对交流双方会产生持久的影响力。因此，研究介绍国外教育作为观念层面的教育交流活动，对中国教育改革和发展有着其他对外教育交流形式所不可替代的作用。[①]

余子侠教授以中国为定点把教育交流分为顺向交流、逆向交流和互向交流。他认为逆向交流是：

> 通过种种教育交流的渠道，中国作为一个文化接受者，将自己亟需的其他国家或民族的先进文明因子和文化成分吸纳或引进国内，再结合国情所需融解于自身文明之中……对与其交流的国家或民族而言，中国是一个接纳或收受者，其时教育交流的路径或渠道，大多表现为聘请外人来华任教，派遣学子出国留学，借鉴法式出国游历考察，博采新知译介他国著述，甚至一定程度上接受外人在华办学等活动。这种教育交流的目的和功效，乃在于借石攻玉以利取法教育变革发展的精神、内容与范式。[②]

本书将以隐性教育交流和逆向教育交流活动为主，探讨1895—1937年间中国留学生的教育翻译。力图将近代中国留学生的教育翻译研究置于中外教育交流的历史背景下，置于中国教育早期现代化的发展环境中，通过对近代中国留学生的教育翻译的研究，厘清近代中国留学生教育翻译与中国教育早期现代化的互动关系。因此，本书既是一部近代中国留学生的教育翻译史，又是一部近代中国教育发展史，也是两者之间的互动史。毋庸置疑，这将使中外教育交流史的研究领域得到进一步的拓展和创新，有助于该领域的研究

[①] 田正平：《中外教育交流史》，广东教育出版社，2004，第1092页。
[②] 余子侠：《中外教育交流研究丛书》（六卷本），山东教育出版社，2010，第2页。

进一步深化和微观化。

其二,有助于中国翻译史研究的丰富和完善。

翻译史是对既往翻译活动的记述,包括从事翻译活动的翻译家、翻译组织机构以及翻译家的翻译思想、翻译方法与手段等。对翻译史的研究"可以翻译家为中心,也可以翻译机构为主线;可以通过翻译思想的变动,也可以通过翻译运动的兴衰来清理线索。西学翻译的研究,可以从不同的角度切入,可以从翻译理论的角度,可以从翻译出版的角度,也可以从翻译与文化等视角加以考察"[①]。我国翻译史研究虽然取得了一些成果,但仍然处于研究的初级阶段,其深度和广度有待于进一步拓展。从现有的文献资料来看,目前的翻译史研究很少涉及教育翻译这一领域,留学生教育翻译史的专题研究更是阙如。显然,教育翻译是翻译史研究的一个重要组成部分,如果本书能在教育翻译研究方面做出一点努力,将会弥补中国翻译史研究之不足,丰富翻译史的研究成果。此外,现有的翻译史研究成果大多着眼于史料的梳理,缺乏深入的探究和分析。笔者认为,翻译史研究要想深化和微观化,必须探讨由翻译导入的西学对中国近现代制度、思想及文化层面所产生的重大影响;研究翻译者面对异域文化,是如何选择并通过翻译加以吸收和借鉴的,以及这种吸纳对本土文化产生了何种影响。因此,本书将力图在研究内容、视角及方法等方面对中国翻译史研究的深化以及该专门史体系的完善做出一些有益的贡献。

综上所述,本书旨在通过考察有关近代中国留学生的教育翻译活动,研究近代各个不同历史阶段留学生教育翻译的种种现象,探索留学生的教育翻译对中国近代教育改革、教育学及其学科体系的创建以及中国特色教育理论的构建所产生的影响。近代中国留学生教育翻译史重在研究这种翻译对于教育交流的意义和影响,特别是在中国教育早期现代化进程中,在摄取西方教育精华时,教育翻译起到何种功效、达到何种目的、引发何种变化。通过对有关教育翻译的深入研究,总结教育翻译的成败与得失、经验与教训,以期为中外教育交流和中国翻译事业提供一定的历史借鉴,从而加强中外教育交流史和中国翻译史的学术研究。

[①] 邹振环:《影响中国近代社会的一百种译作》,中国对外翻译出版公司,1996,前言第1页。

二

本书以近代1895—1937年间留学生的教育翻译情况为研究对象，通过考察近代各个历史阶段的教育翻译的运行轨迹，全面而真实地再现近代中国留学生的教育翻译动机、机构、主体、内容、方式、传播媒介、特征及其对中国教育改革与发展的影响。1937年7月，日本悍然发动全面侵华战争，给我国造成了巨大灾难，中国的发展进程被打断，中外教育交流也陷于停滞，广大知识分子投身于抗战和民族救亡运动之中，教育翻译近乎停顿。1945年抗战胜利后，随之而来的是三年的国内战争。战争因素使得民国后期即1938—1949年间教育翻译逐渐衰落。因此，本书选择1895年至1937年间留学生的教育翻译最活跃时期进行研究。

翻译的内容广泛而复杂，它不是简单的双语活动或两个文本之间的转换行为，而是一种社会文化行为，涉及动机、目的、实施、结果和影响等诸多方面。刘宓庆认为，翻译的根本目的"不是追求意义而是为了有效的交流"，所以，"翻译实质上是一种有目的的传播活动"，是一种"全球性的语言—文化活动"，"背离目的和目标来追求语义等值是没有意义的"[①]。安东尼·伯曼（Antonie Berman）认为，翻译要回答三个问题，即"为什么要翻译""翻译什么"和"如何翻译"。毫无疑问，翻译与历史、文化有着密切的联系。把翻译与历史、文化结合起来研究的典型代表当属巴斯尼特（Susan Bassnett）和安德鲁·勒费夫尔（Andrew Lefevre），他们于1990年合作编著了《翻译、历史与文化》，提出了"翻译的文化转向"口号，将翻译置于历史、文化语境中，考察翻译对历史文化进程的影响。孔慧怡也认为，翻译不应只停留在语际转换过程或这个过程的产品上，而应该把这一范围扩展到翻译过程以前和翻译产品面世以后的各个阶段，比如选材、选择读者、出版安排、编排参与、当代反应和历史地位，而每一个阶段都会受到当时社会、文化和经济环境的影响[②]。因此，

[①] 刘宓庆：《中西翻译思想比较研究》，中国对外翻译出版公司，2005，第36—37页。
[②] 孔慧怡：《翻译·文学·文化》，北京大学出版社，1999，第9页。

翻译是一种复杂的社会文化行为，有着深厚的社会历史动因。

本书研究涉及的"翻译"大致包括三个环节：动机或目的，实施或操作过程，译本的接受与传播以及翻译成果的社会影响。具体来说：动机是翻译的起点，正是在动机的驱使下，翻译才得以发生。这种驱动力可能来自译者自身，也可能来自译者以外的外部因素，但其背后一定隐藏着深刻的社会动机。实施涉及翻译群体、翻译机构、文本选择、翻译策略的选取与应用等。成果则是译本的接受与传播情况以及所产生的社会影响。

教育翻译主要是指关涉教育发展和教育交流的口译、笔译等，包括教育著作（教育学及其各分支学科理论著作等）及讲义、教育制度、教科书、教育小说、教育演讲、教育文献资料、课堂教学以及出国教育考察等的翻译。早期教育翻译发轫于明清之际，以传教士为主体，规模小，内容粗浅零散，影响不大。甲午战争失败之后，中国的有识之士更加清醒地认识到，要救亡图存、复兴中华必须从开启民智入手，而开启民智的关键在于教育。鉴于当时中国的旧式教育已不适应开启民智的需要，改革的呼声日趋高涨，冲破旧的教育体制，学习与引进西方的教育思想，建立新型学校教育制度已成为历史之必然、时代之应然。中国知识界由此兴起了教育翻译活动。本研究选择1895年至1937年间留学生的教育翻译最活跃时期进行研究。其中包括教科书、教育制度、教育学及其各分支学科理论著作，以及其他在教育交流过程中产生的教育文献资料，着重考察以学习与借鉴西方为主旨的教育翻译对中国近代教育变革与发展的巨大作用。

总而言之，中国教育早期现代化的基本内涵，即在于其实用性、民主性、科学性和开放性，而留学生的教育翻译于这些特性的形成与生成，功莫大焉。

三

美国新史学家巴恩斯（H.E.Barnes）在《生活在二十世纪中》认为，"历史是关于人在社会环境条件下发展的记录"，如果研究者不具备人类学、社会学、人口学、经济学、政治学、法律学、伦理学、心理学、心态学、文化学、科技史等多学科的知识和理论，"就不可能对这种记录做出合理的解释"[1]。本书试图打破学科壁垒，借鉴跨学科的基础知识和基本理论——翻译目的论和多元系统论，细致梳理甲午战争以后至抗日战争之前留学生教育翻译的兴起与发展，合理地解释翻译的目的与动机模式，翻译内容、策略、方式、成果展现形式的选择，以及这种翻译活动及成果对我国近代教育改革与发展的影响，从而克服片面重视、简单堆积史料的现象。

翻译目的论是德国功能派翻译理论家汉斯·弗米尔（Hans Vermeer）和凯瑟琳娜·莱斯（Katharina Reiss）于19世纪70年代提出的翻译理论。翻译目的论提出了三大原则：目的原则、连贯原则和忠实原则或忠诚原则。其中目的原则是核心原则，也就是说，翻译过程中最主要的因素是翻译行为的目的。任何翻译行为都是由翻译目的决定的，翻译目的决定翻译的文本选择、翻译策略以及翻译手段。也就是说，为了实现预期的翻译目的，可以选择所需要的翻译策略和方法，如归化还是异化，直译还是意译，或介于两者之间。翻译目的论不同于结构主义等值翻译观，认为翻译的本质并非从一种语言到另一种语言的转换，而是建立在语言形式上的不同文化之间的交流，从而拓宽了翻译理论研究的领域。翻译目的论将翻译研究从原文中心论的束缚中摆脱出来，将翻译行为置于译语文化的历史语境下考察，这种理论对研究近代留学生的教育翻译活动兴起的原因、翻译行为的价值取向、翻译事业的发展走向等问题，均有着很强的解释力。

多元系统论产生于20世纪70年代，是以色列学者埃文-佐哈尔（Even-Zohar）借用俄国形式主义思想发展而来的一种理论。埃文-佐哈尔认为，各种社会符号现象，即文化、语言、文学与社会等，并非互不相干的元素组成的混合体，而应视为相互关联的系统。这些系统不是单一的系统，而是由多个相交甚至相叠的子系统组成，所以他创造了"多元系统"这个术语。在他看来，"多元系统"的内部构成和演化是复杂的："多元系统内部存在着等级关系，中心和边缘的关系，即多元系统是动态分层的。正是不同层级之间永恒的斗争构成了系统共时的状态。在这种不断的斗争中，某个层级战胜了另外的层级，结果整个系统产生了变化。在这离心与向心的不同运动中，

---

[1] [美]詹姆斯·哈威·鲁滨孙：《新史学》，商务印书馆，2012，第231页。

一些项目从中心向边缘移动,而与此相反,另外一些项目可能挤入并占领中心位置。"①

以文学系统为例,多元系统论将之视为一个复杂的多元系统,其中包括很多的子系统,如经典文学、高雅文学、民俗文学、儿童文学、翻译文学等。在文学多元系统中,"经典文学"形式试图维持它们的中心地位,而其他"非经典文学"就试图抢占中心地位。一般来说,这些文学子系统在文学这一多元系统中各自占有自己的位置,具有层级性。然而,这一层级性是动态的。当多元系统的最高层被革新文学所占据,那么,趋于保守的文学形式就会处于较底层;反之,当保守的文学形式占据最高层,那么,创新文学就会处于底层。在多元系统中,革新系统和保守系统处于一种竞争的状态。埃文-佐哈尔将翻译文学视为本土文学这一多元系统中的一个子系统,认为翻译文学属于革新系统,并考察了翻译文学在这一多元系统中的地位变化。在他看来,在一定的历史时期,翻译文学可能在文学多元系统中占据主要位置,也可能占据次要位置。在通常情况下,翻译文学往往居于次要地位,处于边缘状态。而在特定的历史时期,翻译文学将居于主要位置,从边缘走向中心,积极参与文学革新。历史上各国的文学革命事件中翻译文学都扮演着重要的角色。主要作家都积极投身于翻译,翻译成为目标文化中塑造新的文学式样的关键因素。这种情况会在下面三种情形下出现:

第一,当某一新文学尚处于草创时期,急需寻求现成的文学式样来规范文学秩序;

第二,当某一文学处于"边缘"或"弱小"地位时,需要引进所缺乏的文学形式;

第三,当某一文学出现历史性转折或文学真空。

尽管多元系统论考察的是翻译文学在目标文学这一多元系统中的互动关系,但对于教育翻译也具有一定的解释力。教育翻译从边缘走向中心,占据多元系统的中心位置,也需要符合以下三个条件:当新教育尚处于草创时期,急需寻求现成的教育模式来规范教育秩序时;当旧教育处于边缘或弱小地位,需要引

---

① Even-Zohar, *Polysystem Theory. Poetics Today*, 1990, 11(1), P9-P26.

进所缺乏的教育模式时；当教育出现历史性转折、危机或教育真空时。因此，多元系统理论给教育翻译研究带来了积极的影响和启示。根据这一理论，教育翻译现象不再是孤立的教育文本翻译行为，其行为本身会受到其他系统和因素的影响，翻译方法和策略的选择也与翻译所涉及的文化语境有着千丝万缕的联系。这样，人们将目光开始从单纯文本传译的狭小空间转移至翻译行为的复杂性。

本书以翻译目的论和多元系统论为基础，结合我国近代教育转型时期的特点，试图构建一个"目的—多元系统论"的解释框架，以考察和解释我国近代中国留学生的教育翻译在教育早期现代化进程中的影响机制。

目的—多元系统论认为，人类的任何活动都是有目的的行为，翻译的目的就是要引入外来的力量冲破旧的体制和模式，为新的体制和模式的建立提供范式，通过学习和借鉴，输入新鲜血液，以求变革与发展。整个社会系统是一个由多个子系统组成的大系统，翻译文化成为整个文化系统中的一个子系统。一般来说，当社会发展处于成熟的稳定时期，翻译往往处于系统的边缘地位；当社会发展处于变革转型时期，翻译就会从边缘走向中心，对旧有的文化产生强大的冲击力，从而瓦解旧的文化系统，导致现有体制的变革，促成新体制的建立。翻译走向中心地位有下列三种情况：第一，一个新生的社会体制和模式即将形成时期，需要向外界寻求现成的模式；第二，当某种模式过于弱小或被边缘化，需要引进外来的新的模式以填补空白；第三，在处于社会发展史上的某一个转型时期，原有的模式已不再符合发展的需要，建立新的体制迫在眉睫，必然借用外来模式的力量，以摧毁旧的体制或模式，以求变革发展。

目的—多元系统论认为，目的是文化系统革新和演进的驱动力，是该系统中各子系统相互作用，层级关系发生变动的主要动力。近代留学生从事教育翻译有着强烈的目的和动机。之所以选择翻译教育方面的内容，是因为当时我国的有识之士已经意识到我国旧的教育模式已不再符合我国社会的发展需要，深刻感觉到改革旧式教育体制势在必行。要改革现存的旧式教育体系，冲破旧式教育模式的束缚，打破旧的教育传统，最直接的方式和有效的手段就是通过翻译引进与借鉴，为建立新的教育体系提供范本和模式。

我国教育在早期现代化的转型时期，教育翻译也经历了一个从边缘走向中心的过程。在甲午战争之前，我国也存在零星的教育翻译，但一直处于边缘状态。甲午战争之后，中国社会正处于一个历史变革时期，教育变革是其中的重要内容。要摧毁旧的教育理念、教育体制和旧式教育传统的束缚，改革我国近代教育体制，使新的教育体系在我国得以建构和确立，从而加快实现我国教育现代化的进程，引进与借鉴的必要手段——教育翻译——就必然会从边缘走向中心。因此，在这一教育转型时期，教育翻译蓬勃开展，这是时代的需要和历史的必然。

基于上述，依据目的—多元系统论框架，把教育系统看作一个多元系统，教育翻译是这一多元系统的一个子系统。当教育系统处于稳定的成熟阶段，教育翻译往往处于系统的底层，被边缘化；当教育系统处于变革转型时期，教育翻译就会从边缘走向中心，在教育变革中起着关键的作用。因此，变革是教育翻译的动机和目的，是促进我国教育走向现代化的推手。目的原则是该系统的核心原则。

四

法国教育史专家安多旺·莱昂指出："历史学家通常不仅关心再现真正发生的事件，而且也关注方法的重新创造。"[①]研究方法是解决问题的手段。研究方法的正确选择是提高研究成果的精确性、可靠性和科学性的有力保证。本书将以唯物史观为指导，主要以历史学、社会学、教育学、翻译学、跨文化交际学的研究方法为基础，根据研究对象和层次来确定方法的使用范围，"一把钥匙开一把锁"，主要采用历史文献研究法、个案分析法、计量分析法、比较研究法等，在对史料进行全面、综合、系统梳理和分析的基础上，以目的—多元系统论为指导，试图对新式教育产生以来留学生教育翻译与近代中国教育改革与发展之间的关系进行合理解释和定性、定量研究。

历史文献研究法是历史研究中最为常用的研究方法，也是本书研究运用

---

① [法]安多旺·莱昂：《当代教育史》，樊慧英、张斌贤译，光明日报出版社，1989，第49页。

的最主要的研究方法之一。史料是历史研究的根基。没有足够的史料，研究即为"巧妇难为无米之炊"。诚如梁启超所言："史料为史之组织细胞，史料不具或不确，则无复史可言。"①本书研究广泛地收集了1895年至1937年间有关留学生教育翻译的史料，通过对史料进行仔细分析，并对史料进行分门别类的梳理与有效的甄别，力图做到史料的原始性和真实性，从而挖掘出留学生教育翻译史中隐含的规律以及对中国教育改革与发展的影响。

计量分析法是欧美新史学流派极力倡导的史学研究方法。此方法就是将研究对象的信息用数据和系统数量关系表述出来。具体做法就是将收集到的资料分门别类地用数据、表格的形式加以展现。该方法的运用会使史学研究更具有科学性、直观性，因而更具有说服力。只有用计量分析法对不同时期留学生教育翻译情况进行统计，并借助表格的形式将其直观地描述出来，才能更准确、更清晰地反映当时教育翻译的具体时间、内容、主体、机构、传播媒体及其影响等信息。

本书研究采取群体分析和个案分析相结合的方法，对各个时期留学生教育翻译群体以及个体的翻译活动都有一定的展示。通过文字叙述，对他们的翻译行为及成就进行历史重现来反映整个教育翻译的全貌，从而实现点面结合、相互映衬、重点突出、首尾贯通，使结论更具有说服力。

比较研究法亦为本书研究采用的方法。所谓比较，既有横向比较，又有纵向比较。横向比较主要针对同一历史时期留学生教育翻译的特征以及异同之比较以及中日学制比较、中美学制比较、中外教育思想及教育观念之比较等。纵向比较主要是对不同历史时段留学生教育翻译动机模式、翻译群体、翻译内容、翻译手段、翻译成果展现形式及翻译影响等进行比较以及中国传统教育与新式教育在教育内容、教育制度、教育思想、教育理论、教育观念、教学方法及教育的价值取向等方面之比较。有比较，才有鉴别。通过比较才能更加清晰地认识到自身的不足，认识到引入与借鉴的必要性，认识到教育改革与发展的急迫性。

---

① 梁启超：《中国历史研究法》，上海古籍出版社，1998，第40页。

第一章

近代中国留学生教育翻译活动的兴起

西方教育传入中国的历程发轫于明清之际来华的传教士,在服务于传播宗教的前提下,他们也附带零星地介绍了西方教育。鸦片战争后,中西文化再度发生激烈碰撞。在不平等条约的保护伞下,西方宗教开始大规模传入中国,一些西学也随着传教的需要被翻译到中国。这一时期,西学翻译虽然也有国人的参与,但传教士仍然是翻译的主角,翻译出来的数量远远不能满足当时人们对西学的热情。所译西书多来自欧美,其内容多为机电、算术之类的技艺知识,不过为"西学之皮毛"(梁启超语),"且多属旧法,已不适今日之用"(张百熙语),更"不足以发人士之通识"(康有为语)。直到19世纪末20世纪初,大批中国学子赴欧美、日本留学,教育翻译才发生根本性的变化。从此,翻译主体日益由留学生来承担。这一角色的转变,标志着国人掌握了传播西方教育的主动权、话语权,标志着中国人在中外教育交流过程中由被动接受转向主动探索。为了让人们了解到甲午战争后中国留学生教育翻译从边缘走向中心的真实历史情境,本章将从三个方面,即近代中国留学生教育翻译活动兴起的历史背景、近代中国留学生教育翻译群体的形成以及近代留学生为主体的翻译机构及传播媒介,来解析留学生教育翻译活动兴起的深层原因、翻译队伍的构成、翻译的组织保障及传播途径。

第一节　近代中国留学生教育翻译活动兴起的历史背景

近代中国以留学生为主体的教育翻译活动的兴起，既是历史必然，亦是时代应然。为了论证这一点，本节将对鸦片战争后至甲午战争前教育翻译进行简要回顾，以探寻前人对教育翻译事业所奠定的实践基础。在此基础上，进一步探析近代留学生教育翻译活动兴起的认识基础以及现实诉求。

一、甲午战争前教育翻译的实践基础

甲午战争前的教育翻译大致可分为两个阶段：鸦片战争时期和洋务运动时期。前一时期教育翻译的目的是"师夷长技以制夷"，而后一时期教育翻译的目的则是"师夷长技以自强"或"富国强兵"。其间，传教士教育翻译异常活跃，他们扮演着主要角色，以传播宗教为宗旨。下文将对甲午战争前人们在不同历史时期以各异的翻译目的而开展的教育翻译进行简要回顾。

（一）开明士大夫以"师夷制夷"为价值取向的教育翻译

1840年鸦片战争，西方列强用枪炮轰开了中国大门。从此，中国由一个封建社会逐步沦为一个半殖民地半封建社会。在殖民侵略者们如狼似虎地扑向中国这片沃土的同时，西方形形色色的思想文化潮流也开始大量涌入；另一方面，中国一部分先进知识分子为了救国保种，也开始了向西方寻找真理的艰辛历程。在这样一个双向流动的历史过程中，西学翻译也开始受到人们的关注。为了让中国了解西方,了解世界,做到知己知彼,那些洞烛机先之士如林则徐、魏源、徐继畬等开始向国人介绍世界各国的地理环境、历史沿革、政治制度、文化风貌、风俗习惯、著名人物、国际交往惯例通则等知识。他们当中值得一提的便是"开眼看世界的第一人"——林则徐。林则徐自己并不懂外语,他对翻译的贡献主要是组织选题,聘请译员和审订加工。他出资雇佣了译员亚孟、袁德辉、亚林以及梁进德。另有外事专家为其出谋划策及审定译稿。翻译内容主要涉及政治、经济、军事、历史、法律、地理等。其中《四洲志》是林则徐组织翻译人员根据英国作家慕瑞(Hugh Murray)的《世界地理大全》一书翻译而成。原著1836年出版后,由来华的美国传教士马礼逊教育会负责人布朗(Samuel Robbins Brown,1810—1880)赠给林则徐。据有关研究者所称,毫无疑问,此书在当时是一本新书,也算是林则徐唯一新颖的《世界知识手册》了。它比此前西洋传教士所写译的地理书新颖得多,有点像现在的世界地理。[1] 作为"睁眼看世界的第一人",林则徐组织翻译的《四洲志》不仅为近代中国人提供了一部了解"夷情"的世界历史地理书,而且以同时代人少有的远见卓识,引领了一代人睁眼看世界的风气。以"师夷长技以制夷"为价值取向的翻译间接地引入了西学新知。

(二)洋务派以"富国强兵"为价值取向的教育翻译

经过两次鸦片战争的失败,面对内忧外患,清王朝统治阶级队伍分裂为"洋务派"和"守旧派"。洋务派主张发展新型工业、以增强国力,维护清政府的封建统治。他们在全国范围内大规模地实施洋务运动,包括创办军工企业、派遣留学生、购买洋枪洋炮以及操练军队、学习外洋科学、制造和使用机器、开矿办厂等。大规模地引进西方技术,为中国近代西学翻译开辟了新的用武之地。以奕䜣、曾国藩、李鸿章、左宗棠、张之洞为代表的洋务派,看到了西方国家坚船利炮的强大威力和精良技术的生产力量,积极倡导翻译引进和应用西方先进科技,以达到"自强"和"求富"的目的。受林则徐进步思想的影响而对西学颇感兴趣的冯桂芬(1809—1874)曾在《采西学议》和《上海设立同文馆议》中论述了学习西方的必要性和翻译的重要性。1867年,曾

---

[1] 陈原:《书林漫步》,生活·读书·新知三联书店,1979,第189页。

国藩（1811—1872）提出建立江南制造局翻译馆，其直接的缘由即在于："盖翻译一事，系制造之根本。洋人制器，出于算学，其中奥妙，皆有图说可寻。特以彼此文义，扞格不通。故虽日习其器，究不明夫用器与制器之所以然。"①上述人士对翻译的认识与提倡均基于"师夷长技以自强"的价值取向。

洋务派的西学翻译，主要通过京师同文馆和江南制造局翻译馆两家机构来实施。京师同文馆是清政府于1862年创办的第一所新式学校，是我国官办新式学堂的滥觞，其创办动机为"以谋复兴，以图自强"。起初，京师同文馆的主要课程是外语和中文。1870年后，增添了算学、化学、天文、舆图、历法、格致学等新课程。由于缺乏教科书，京师同文馆于是组织编译算学、格物、地理、历法、化学、医学等方面的书籍来充填其阙。有些课程名称直接以所译书名来命名，如"万国公法""各国史略"和"富国策"等。这些书籍不仅用作京师同文馆学生的教科书，而且还免费送给国内官员参阅。可以说，京师同文馆开启了我国近代译编、采用西方教科书之先河。尽管洋务运动在"求强""求富"的口号下比较重视的是学习西方自然科学知识，但京师同文馆译书内容显示，此时期国人对社会科学知识的认识并非空白。

尽管京师同文馆是我国近代新式学堂采用西式课程、西方教科书的先驱，但江南制造局翻译馆却是甲午战争前译书数量最多、质量最好及影响最大的官办翻译出版机构。从翻译数量来看，自1868年成立至1912年解体40多年，所翻译的241种图书中，出版了201种，其中出版科技图书179种，未出版的40种也几乎全部是科技书稿；②从翻译内容来看，主要包括数学、物理、化学、天文、地理等基础性和理论性书籍，其中一些本身就是教科书；从翻译方式来看，主要采取中西合作翻译模式。例如，徐寿与傅兰雅合译的《化学鉴原》（1858年）是当时流行于美国学校的化学教科书，是最早介绍西方无机化学的著作之一，因此，该书在当时被用作化学教科书和一般人学习西方近代化学知识所用书籍。华蘅芳与玛高温合作翻译的《地学浅释》既是我国第一部介绍西方地质学原理的译著，又是第一部向中国介绍赖尔地质进化均

---

① 郑振铎：《晚清文选》，上海书店，1989，第83页。
② 冯志杰：《中国近代翻译史·晚清卷》，九州出版社，2011，第37页。

变说和达尔文生物进化论的译著。该书自1871年初版后，多次重印，并被作为路矿学堂以及学校地质学的教科书。康有为曾将《地学浅释》列为学生的必读书[①]；鲁迅在南京矿路学堂求学时，以《地学浅释》为课本，还把全书从头到尾抄了一遍，连715幅插图亦描了下来。华蘅芳曾与玛高温、傅兰雅等合作翻译过多部著作，其中六种数学著作都是当时西方流行的教科书。1897年，时务学堂采用数学教科书名单，以及蔡元培为之撰序的《东西学书录》（1899年），均收录了华蘅芳和傅兰雅合译的《代数术》（25卷）（1872年）。孙景康等人则称赞《代数术》"编辑既精，译笔尤善，为算学家必读之书"[②]。华蘅芳和傅兰雅合译的《决疑数学》（10卷）（1880年），不仅是最早介绍概率论的译著，而且是清末唯一的有关概率论的书籍，一直是学习概率论者的必读之书，直至民国初年仍被作为教科书使用。[③]梁启超对江南制造局翻译馆的翻译活动给予这样评价：

> 震于西人之"船坚炮利"，于是上海有制造局之设，附以广方言馆，京师亦设同文馆，又有派学生留美之举，而目的专在养成通译人才，其学生之志量，亦莫或逾此。故数十年中，思想界无丝毫变化。惟制造局中尚译有科学书二三十种，李善兰、华蘅芳、赵仲涵等任笔受。其人皆学有根柢，对于所译之书，责任心与兴味皆极浓重，故其成绩略可比明之徐李。而教会之在中国者，亦颇有译书。光绪间所为"新学家"者，欲求知识于域外，则以此为枕中鸿秘。[④]

上述以"富国强兵"为目的的西学翻译，在引入西方科学知识服务于军工企业的同时，也间接地引入了不少西方教科书。

（三）外国传教士以"传播宗教"为价值取向的教育翻译

甲午战争前外国传教士的教育翻译，主要通过当时创立的几大翻译机构来实施，其中最著名的有墨海书馆、益智书会、广学会以及博济医院等。其

---

① 李伟：《中国近代翻译史》，齐鲁书社，2005，第104页。
② 孙景康：《江南制造局译书提要》（卷二），宣统元年（1909年）石印本，第30页。
③ 李伟：《中国近代翻译史》，齐鲁书社，2005，第101页。
④ 梁启超：《饮冰室合集》，中华书局，1989，第71页。

翻译目的、内容等情况可以从严复的《译书略论》中获知：

时代：咸丰××至咸丰己未。所译之书：天文、算学。译书之人：伟烈亚力、李善兰等。译书之地：上海墨海书院（馆）。译书之宗旨：显其独得之学。译书之经费：教会。

时代：光绪初年。所译之书：算学、物质学、历史。译书之人：艾约瑟、花之安等。译书之地：上海益智会。译书之宗旨：传路德教（基督教）。译书之经费：教会。

时代：光绪十余年。所译之书：宗教、格致、史事、政治。译书之人：李提摩太等。译书之地：上海广学会。译书之宗旨：传路德教。译书之经费：教会。

时代：光绪元年。所译之书：医学。译书之人：嘉约翰、尹端模等。译书之地：香港（广州）博济医院。译书之宗旨：传路德教。译书之经费：教会。[1]

在上段引文中，严复总结出传教士教育翻译的真实目的是传播宗教，其翻译内容主要是自然科学知识，对社会科学知识略有涉及，其翻译成果主要用于教会学校的教学。例如，专门从事教科书编译工作的学校教科书委员会，即益智书会。据统计，该会从1877年在上海成立到1890年的13年间，一共出版了大约30000册教科书和教学图表，共编译出版了教科书59种，大部分是宗教教材，同时也出版了一部分数理化和外国史地的教科书[2]，主要涉及宗教、数学、物理、化学、地理、心理、哲学和历史等领域。数学方面：《笔算数学》（狄考文译，邹立文述）、《形学备旨》（狄考文译，邹立文述）、《圆锥曲线》（求德生译，刘维师述）；声学、光学方面：《声学提要》《光学揭要》《天文揭要》（均由赫士译，朱葆琛述）；心理学、教育学方面：《心灵学》（美国海文著，颜永京译）、《肄业要览》（斯宾塞著，颜永京译）；卫生方面：《化学卫生论》（真司藤原著，傅兰雅译，栾学谦述）、《居宅卫生论》（傅兰雅译）、《延年益寿论》（爱凡司著，傅兰雅译）、《孩童

---

[1] 张静庐辑注：《中国出版史料补编》，中华书局，1957，第61—62页。
[2] 卫道治：《中外教育交流史》，湖南教育出版社，1998，第261页。

卫生编》（傅兰雅译）、《幼童卫生编》（傅兰雅译）、《初学卫生编》（盖乐格著，傅兰雅译）、《治心免病法》（乌特亨利著，傅兰雅译）。1894年前，学校教科书委员会编译的各类教科书是教会学校西学教科书的最主要来源。据统计，当时有代表性的12所教会中学，其中9所采用了该社出版物为教科书。[①] 除此以外，有相当一部分被洋务学堂采用。1902年，清政府颁行新学制，各地所采用的教科书，有相当一部分就直接采用益智书会所译编的教科书。由此可见，这些教科书对中国新式教育所产生的影响。1890年，学校教科书委员会机构改组，易名为"中华教育会"。1902年改名为"中国学塾会"。1905年更名为"中国教育会"。1916年又改名为"中国基督教教育会"。尽管自1890年后，该机构几易其名，其性质、任务、目的、旨趣也都有所变化，但"继续编译各种教科书"始终是其主要任务之一。

总体看来，甲午战争前，教育翻译始终与中华民族以救亡图存为目的的"师夷制夷""富国强兵"以及西方传教士对华进行文化渗透密切相关。从翻译主体来看，当时以西方传教士为主体，国人翻译力量薄弱，知识分子仅是一个极小群体，而懂外语的知识分子更是凤毛麟角，无法独立实施翻译行为；从翻译内容来看，翻译传播的主要是自然科学和应用科学知识，主要用于满足洋务学堂、教会学校的教学需要，包括教育科学知识在内的社会科学知识的译介也有零星涉及，大多散见于其他译著中；从翻译的对象国来看，主要以欧美国家为译介对象。例如，林则徐组织翻译的《四洲志》中英、美两国的历史地理最为详细，其他国家和地区较为简略。如果查阅京师同文馆和江南制造局翻译馆所译的西书目录，就会发现从西方的政治、历史、公法律例等社会科学到自然科学、医学、工艺制造、船政、工程、矿学、兵学等，绝大多数都译自英、美国家。从翻译选材及实际效果来看，传教士大多根据自己的判断和喜好来选材，所选择翻译的东西有些与中国人实际需求存在一定的差异。从翻译方式来看，基本上采用中外合作翻译模式，即外国人口述，中国人笔录。从翻译数量上来看，据学者熊月之统计，在1842年以后的半个多世纪里，译书量达555种之多（除去宗教译著）。其中，哲学社会科学123

---

① 王立新：《美国传教士与晚清中国现代化》，天津人民出版社，1997，第242页。

种，内含哲学、历史、法学、文学、教育等，占总数的22%；自然科学162种，含算学、电学、化学、光学、动植物学等，占总数的29%；应用科学225种，含工艺、矿务、船政等，占总数的41%；其他45种，包括游记、杂著、议论等，占总数的8%。其总量是此前半个世纪所出科学书籍的5倍多。[1]需要指出的是，甲午战争前的教育翻译偶有个别留学生参与，但他们并非官派留学生，而且此类人士要么中文水平欠缺，要么附属于传教士创立的翻译机构。例如，舒高第，随传教士留美深造，学习医学。回国后任江南制造局翻译馆口译员，但中文不好，其译文往往需要中国学者润色。再如颜永京，随传教士留美学习，虽能独立进行翻译，其翻译成果有《心灵学》（美国海文著）和《肄业要览》（斯宾塞著），但其附属于传教士创立的益智书会，翻译行为受传教士的支配。

甲午战争前的教育翻译对社会发展的历史贡献毋庸置疑。它不仅促进了中华民族的科学启蒙与科学觉醒，而且促进了近代科学技术的应用。西方近代科学技术输入中国之前，虽然有一些零星的技术发明，但没有形成严密的科学体系，基本上处于科学蒙昧状态。1840年以后，开明的官绅睁眼看世界，提出"师夷长技以制夷"的主张。翻译出版西方科学技术著作成为当时引进西方科学技术的主要途径。晚清早期的一些知识分子，如徐寿、李善兰、华蘅芳等，无不通过自学西方的科学技术书籍而成为科学名家。他们不仅成为中国最早的近代科学技术的奠基人，而且成为翻译西方科学技术著作的主力军。他们的科技翻译成果对中华民族的近代科学启蒙起到一定的作用。洋务运动时期创办的江南制造局、天津机器局、福州造船厂等民族工业，除聘请外国专家指导，技术上主要依靠科技翻译成果来指导。例如，徐寿制造的第一艘轮船，就是根据翻译出版的西方相关图书来完成的。这一时期的机械制造、军事技术的改进、机器纺织技术的应用、交通运输、矿冶技术等，都得益于教育翻译实践及其成果。

尽管如此，早期中外合作式教育翻译存在的问题也不容忽视。叶瀚对此阶段翻译存在的主要问题做过如是小结：

---

[1] 熊月之：《西学东渐与晚清社会》，上海人民出版社，1994，第12页。

一曰：不合师授次第。统观所译各书，大多类编专门，无次第，无层级，无全具文学卷帙（帙），无译印次第章程也。

一曰：不合政学纲要。其总纲则有天然理数测验要法，师授先造通才，后讲专家。我国译书，不明授学次第，余则或祇零种，为报章摘录之作，为教门傅翼之书，读书不能观厥会通，且罔识其门径。政学则以史志为据，法律为纲，条约章程案据为具，而犹以哲学理法为其本。我国尤不达其大本所在，随用遂名，实有名而无用，二也。

一曰：文义难精。泰西无论政学，有新造之字，有沿古文字，非专门不能通习。又西文切音，可由意拼造，孳乳日多，汉字尚形，不能改造，仅能借用切音，则字多诘屈，阅者生厌，译义则见功各异，心志难齐，此字法之难也。泰西文法，如古词训，语有定法，法各不同，皆是创造，不如我国古文骈文之虚抚砌用，故照常行文法，必至扞格不通……此文法之难也。

一曰：书既不纯，读法难定。我国所译，有成法可遵者，有新理琐事可取者，有专门深纯著作前尚有数层功夫，越级而进，万难心解者。取材一书，则嫌不备，合观各书，又病难通。起例发凡，盖甚难焉。

坐此四弊，则用少而功费，读之甚难。读之而标明大要，以便未读之人，又难之难也。[1]

由上可见，中外合作翻译之弊端。首先，口译者缺乏专门科技知识，笔述者除少数亦不例外。尤其是笔述者不懂外语，无法做出正确的判断和恰当的选择，只能随口译者，因此存在所译之书"不合师授次第"的问题。其次，所译社会科学类书籍，也仅限于法律和史地方面的一般知识，极少介绍"哲学理法"，故所译之书"不合政学纲要"。再次，口译和笔述者均缺乏一定的翻译理论和技巧，除少数外，所译成果一般都存有"文义难精"之弊端。其他人士对中外合作翻译存在的问题也进行了评述。例如，华蘅芳在其《地学浅释》序言中也曾谈及翻译之难："惟余于西国文字未通晓，玛君于中土

---

[1] 黎难秋：《中国科学翻译史料》，中国科学技术大学出版社，1996，第358—359页。

之字又不甚周知，而书中名目之繁，头绪之多，其所记事迹每离奇恍忽，迥出于寻常意计之外，而文理辞句又颠倒、重复而不易明，往往观其面色视其手势而欲以笔墨达之，岂不难哉！"①马建忠也指出了"西译中述"之难：

  今之译者，大抵于外国之语言或稍涉其藩篱，而其文字之微辞奥旨与夫各国之所谓古文词者，率茫然而未识其名称，或仅通外国文字言语，而汉文则粗陋鄙俚，未窥门径。使之从事译书，阅者展卷未终，俗恶之气触人欲呕。又或转请西人之稍通华语者为之口述，而旁听者乃为仿佛摹写其词中所欲达之意，其未能达者，则又参以己意而武断其间。盖通洋文者不达汉文，通汉文者又不达洋文，亦何怪夫所译之书皆驳杂迂讹，为天下识者所鄙夷而讪笑也！②

综上所述，甲午战争前由开明士大夫、洋务派、西方传教士组织的教育翻译，通过中西合作翻译的模式大量译介西方科技书籍，引入了西方科学知识。他们对西学翻译的认识与实践为甲午战争后留学生教育翻译活动的兴起积累了经验，奠定了实践基础。鉴于前期教育翻译存在的种种不足，以"教育救国""开启民智"为价值取向，以留学生为翻译主体，以西方教育制度、教育思想、教科书以及教学方法等为主要内容的教育翻译，一旦时代急需，必然登上历史的舞台并从边缘走向中心，开始其全面而系统的教育翻译的历史征程。

二、留学生教育翻译活动兴起的认识基础

上文简要地回顾了甲午战争前教育翻译的历史轨迹，在充分肯定其历史贡献的同时，也分析了前人教育翻译存在的种种不足。为了让人们了解到甲午战争后中国留学生教育翻译从边缘走向中心的真实历史情境，现从国人对西学以及西学翻译的必要性和可行性认识入手，来解析留学生教育翻译活动兴起的历史背景。

---

① [英]雷侠儿著：《地学浅释·序》，[美]玛高温口译，华蘅芳笔述，江南制造局同治十年（1871年）刻本。
② 马建忠：《适可斋记言》（卷四），文海出版社，1968，第214—215页。

（一）教育救国思想的驱动和对新学的推崇

教育救国思想的形成以及国人对新学的推崇，是留学生教育翻译活动兴起的主要原因。洋务运动时期，封建传统教育占据中国教育的主体地位。以张之洞为代表的洋务派提出了"中体西用"的思想，即在不危及"中体"的前提下侧重强调采纳西学。因为在两次鸦片战争中，国人深刻地感受到西方的"坚船"和"利炮"的威力，认识到学习外国的军事长技以及中外交涉所需西文的重要性，于是与军事技术相关的西艺被纳入国人的学习范围。洋务运动由军事强国渐渐转向依赖工商业富国的阶段。教育内容从有关军事的科技知识扩展到商学、兵制、工矿、农艺、铁路、律例、学校组织等应用和管理学领域。可见，"西用"的范围在不断扩延，逐渐充实新的成分。"西学"也称"新学"。张之洞对西学中的西政和西艺做出如下解释："政艺兼学：学校、地理、度支、赋税、武备、律例、劝工、通商，西政也。算、绘、矿、医、声、光、化、电，西艺也。"[①] 如何处理这两者之间的关系，张之洞概言为"旧学为体，新学为用，不使偏废"。所以，国人必须在通中学的基础上，"然后择西学之可以补吾阙者用之、西政之可以起吾疾者取之，斯有其益而无其害"[②]。张之洞"中体西用"的理论，为清末一系列教育改革，诸如留学教育的办理、科举制度的变革、实业教育的兴办、新型师资的培养以及各级各类学校课程结构和学制系统的设想等提供了指导性的思路，也为后期的教育翻译指明了行动方向。

甲午战争失败给中华民族带来了深重的灾难和巨大的冲击。痛定思痛，国人不仅对过去进行痛彻的反思，而且对国家和民族的前途和命运予以深刻的思考和探索，由是，教育问题和人才问题日益引起人们极大的关注。日本之所以能在短短几十年间由弱变强，雄视东方，其秘诀就是改革教育、输入西学、开启民智、培养人才。其时社会变革的主导力量具有资产阶级维新思想或意识的人们，就是从主张变革学校教育入手，开始深入探讨救亡图存的新路："泰西之所以富强，不在炮械军兵，而在穷理劝学。"[③] 正如梁启超在

---

① 张之洞：《劝学篇》，广西师范大学出版社，2008，第76页。
② 张之洞：《劝学篇》，广西师范大学出版社，2008，第44页。
③ 汤志钧：《康有为政论集》（上册），中华书局，1981，第130页。

《上南皮张尚书论改书院课程书》中即指出,"日本变法,以学校为最先"。又如康有为,在《请开学校折》中强调:"近者日本胜我,亦非其将相兵士能胜我也。其国遍设各学,才艺足用,实能胜我也。"[①]因此,"变法之本在育人才;人才之兴,在开学校;学校之立,在变科举"[②]。在《请废八股试帖楷法试士改用策论折》中,康有为进而指出:"中国之割地败兵也,非他为之,而八股致之也。"依循此等思维和逻辑,要救国就非讲西学不可,要讲西学就非兴学校不可,要兴学校就非除八股不可。救国的根本出路在于改革教育,于是教育救国的思想成为近代教育改革的指导思想和思潮主流。

19世纪末20世纪初,先进的青年知识分子群体中出现了严重的"知识饥荒"。鸦片战争后,封建传统学术文化日趋没落,汉学、宋学、词章已属陈旧弊陋,很难引起学子的兴趣;八股时文更是虚空无用,遭到时人的诟病。人们对于新知识、新学理的追求如饥似渴。洋务运动时期,传入的西学内容偏狭,侧重于科技,无法满足日益变革发展的文化教育的需求。这就为辛亥革命之前大规模传播西学提供了极其广泛的社会需求市场。因此,西学在中国的导入成为历史之必然。其时留日学生对传播西学持有大致相同的观点。改良派认为,中国必须吸收西方近代"新学术",有新学术然后有新道德、新政治、新技艺、新器物,有是数者然后有新国、新世界。这是因为诞生于半殖民地半封建社会的中国资产阶级未经过像西方资产阶级那样的经济积累和思想准备阶段,缺乏自己独立的经济基础和思想体系。在和封建势力作斗争时,他们深感自己力量之不足和思想理论之贫乏,不得不"别求新声于异域"。教育救国思想的驱动以及国人对新学的渴求,自然而然地呼唤着国人加强教育翻译事业,因为它是国人"求新声于异域"的一条便捷而有效的途径。

(二)国人对西学翻译的认知与提倡

甲午战争后,人们普遍认为日本之所以日益强盛,大量翻译并研习西学是其主要原因。为了促使西学翻译活动顺利开展,朝廷上下纷纷出谋划策,

---

[①] 汤志钧:《康有为政论集》(上册),中华书局,1981,第306页。
[②] 梁启超:《饮冰室合集》,中华书局,1936,第10页。

表达了对西学翻译的必要性及可能性的认知,并加以积极和大力提倡。

1. 国人对西学翻译必要性的认知

国人对西学翻译必要性的认知最为深刻者当推梁启超。梁启超(1873—1929),近代中国著名的资产阶级政治家和思想家,一代杰出的大学问家。1889年中举。1890年赴京会试,未中。回粤路经上海,看到介绍世界地理的《瀛环志略》和上海江南机器制造总局所译西书,顿时眼界大开。他在《戊戌政变记》的"上谕恭跋"中指出:"甲午之前,我国士大夫言西法者,以为西人之长不过在船坚炮利,机器精奇,故学知者亦不过炮械船舰而已。此实我国致败之由也。乙未(1895年)和议成,士大夫渐知泰西之强由于学术。"梁启超认识到甲午战败的原因主要是国人对西学的认识失之片面,只知道西人的"技艺"之强,而未认识到西人的"学术"之长。他在1896年至1897年间,多次论述其对西学翻译的识见。1896年,梁启超在其所写的《西学书目表(序例)》中就表述过:"已译诸书,中国官局所译者,兵政类为最多。盖昔人之论,以为中国一切皆胜西人,所不如者,兵而已。西人教会所译者,医学类为多,由教士多业医也。制造局首重工艺,而工艺必本格致,故格致诸书,虽非大备,而崖略可见。惟西政各籍,译者寥寥。"此所谓"西政各籍",是指包括政治、法律、教育、哲学等在内的社会科学书籍。他在《西学书目表》中再次强调:

> 《兵志》曰:知己知彼,百战百胜。人方日日营伺吾侧,纤悉曲折,虚实毕见;而我犹枵然自大,偃然高卧,非直不能知敌,亦且昧于自知,坐见侵陵,固其宜也。故国家欲自强,以多译西书为本;学者欲自立,以多读西书为功。此三百种者,择其精要而读之,于世界蕃变之迹,国土迁异之原,可以粗有所闻矣。抑吾闻英伦大书楼所藏书,凡八万种有奇,今之所译,直九牛之一毛耳。西国一切条教号令,备战灿烂,实为致治之本,富强之由,今之译出者,何寥寥也。彼中艺术,日出日新,愈变愈上,新者一出,旧者尽废。今之各书译成,率在二十年前,彼人视之,已为陈言矣。而以语吾之所谓学士大夫者,方且诧为未见,或乃瞠目变色,如不欲信。呜呼!

岂人之度量相越远邪，抑导之未得其道也？①

在此，梁启超指出了当时西学翻译的艰巨性和紧迫性。1897年，他又在《时务报》上连续发表了轰动一时的长篇巨著《变法议》，其中第七章即《论译书》，分三次刊载于5月至7月的《时务报》上，更为详尽地阐述了其翻译思想。鉴于为拯救国家而"通西文、肄西籍者"实在太少，因此他强调："欲救斯敝，厥有二义：其一，使天下学子，自幼咸习西文；其二，取西人有用之书，悉译成华字。斯二者不可缺一。"而前者收效较慢，"故译书实本原之本原也"。其翻译目的极为明确，那便是"救焚振溺之用"，为此，"必以译书为强国第一义，昭昭然也"！在10月16日的《时务报》第42期上，梁启超又发表了《大同译书局叙例》，再次指出西学翻译的重要性和急迫性、大同译书局的办局方针以及译书的门类选择及其目的。在谈及翻译的重要性时，梁启超指出："译书真今日之急图哉！天下识时之士，日日论变法，然欲变士，而学堂功课之书，靡得而读焉。欲变农，而农政之书靡得而读焉。欲变工，而工艺之书靡得而读焉。欲变商，而商务之书靡得而读焉。欲变官，而官制之书靡得而读焉。欲变兵，而兵谋之书靡得而读焉……今夫瞽者虽不忘视，跛者虽不忘履，其去视履固已远之矣，虽欲变之，孰从而变之？"②在论及办局方针时，他力陈应该"以东土为主，而辅以西文；以政学为先，而次以艺学。至旧译希见之本，邦人新著之书，其有精言，悉在采纳。或编为丛刻，以便购读；或分卷单行，以广流传。将以洗空言之诮，增实学之用，助有司之不逮，救燃眉之急难"。在选择译书内容及其功能方面，他强调："本局首译各国变法之事，及将变未变之际一切情形之书，以备今日取法。译学堂各种功课，以便诵读。译宪法书，以明立国之本。译章程书，以资办事之用。译商务书，以兴中国商学，挽回利权。大约所译先此数类。自余各门，随时闲译一二，种部繁多，无事枚举。其农书则有农学会专译，医书则医学会专译，兵书则各省官局尚时有续译者，故暂缓焉。"③梁启超总结道："日本自维新三十年来，广求知识于寰宇，其所译所著有用之书，不下数千种，而尤详于

---

① 梁启超：《西学书目表》，《时务报》1896年7月。
② 张静庐：《中国近代出版史料补编》，中华书局，1957，第52—53页。
③ 张静庐：《中国近代出版史料补编》，中华书局，1957，第53页。

政治学、资生学、智学、群学等，皆开民智、强国基之急务也。吾中国之治西学者，固微矣。其译出各书，偏重于兵学、艺学，而政治、资生等本源之学，几无一书矣。"①除梁启超外，其他人士也对西学翻译的必要性提出了自己的看法。如在1898年，康有为在《请广译日本书派游学折》中以甲午之战中国败于日本之事实，极力主张向日本学习：

> 举国痛之，臣以为此非日本之胜我也，乃吾闭关之自败，而人才之不足用也……日本昔亦闭关也，而早变法，早派游学，以学诸欧之政治、工艺、文学知识，早译其书，而善其治，是以有今日之强而胜我也。吾今自救之图，岂有异术哉？亦亟变法，亟派游学，以学欧、美之政治、工艺、文学知识，大译其书以善其治，则以吾国之大，人民之多，其易致治强可倍速过于日本也……日本与我国同文也，其变法至今三十年，凡欧、美政治、文学、武备、新识之佳书，咸译矣！②

盛宣怀亦指出："日本维新以后，以翻译西书为汲汲，今其国人与泰西各种学问，皆贯串有得，颇得力于译出西文之书。"③张之洞提出了翻译西书的功效："学西文者，效迟而用博，为少年未仕者计也；译西书者，功近而效速，为中年已仕者计也。若学东洋文，译东洋书，则速而又速者也。是故从洋师不如通洋文，译西书不如译东书。"④张謇在上《变法评议》时也曾建议："今中国为先河后海之谋，宜译东书，即为同文同种之便，亦宜译东书。"⑤

综上可见，甲午战争后，国人对西学翻译的必要性和紧迫性的认识较前期更为深刻。甲午战争前，对西学的认识比较肤浅和片面，认为西学之长主要在于西人的船坚炮利之"技艺"方面。甲午战争后，人们开始认识到，西学之长更在于西人之"学术"上，在对器、技追求的同时增添了对政、学的借取。

---

① 张静庐：《中国近代出版史料初编》，中华书局，1953，第9页。
② 汤志钧：《康有为政论集》（上册），中华书局，1981，第301—303页。
③ 盛宣怀：《奏请设立译书院片》，《清议报》第10册，1899年4月。
④ 张之洞：《劝学篇》，广西师范大学出版社，2008，第86页。
⑤ 张静庐：《中国近代出版史料补编》，中华书局，1957，第32页。

2. 国人对西学翻译的必要性和可行性的认知

翻译西书不仅具有必要性而且具有可行性。翻译人才的培养、对西方文化的了解以及对翻译活动的奖励等，为西学翻译提供了可能性乃至可行性条件。

第一，翻译人才的培养为翻译西学书籍打下了语言基础。例如，京师同文馆于1862年创立，最初仅设英文馆，次年设法文馆和俄文馆，1872年增设德文馆，1896年又添设东文馆；1863年，李鸿章仿京师同文馆在上海设广方言馆，初设英文、法文，后亦添设东文馆。1876年，江南制造局附设翻译馆。1897年，梁启超在上海创立大同书局；同年，罗振玉在上海设东文学社。此外，还有日本人创办的福州东文学堂（1898年）、杭州日文学堂（1898年）、泉州彰化学堂（1899年）、天津东文学堂（1899年）、厦门东亚学院（1900年）、北京东文学社（1901年）等一大批以教授东文为主的学堂。这些语言学堂的创办为多语种翻译人才的培养做了前期准备。

第二，中日文字、文化相近为翻译西书提供了时间和效率上的保障。张之洞曾言："大率商贾市井，英文之用多；公牍条约，法文之用多；至各种西学书之要者，日本皆已译之，我取径于东洋，力省效速，则东文之用多。"[①]康有为亦指出了翻译日书的优越性："译日本之书，为我文字者十之八，其成事至少，其费日无多也，请在京师设译书局，妙选通人主之，听其延辟通学，专选日本政治书之佳者，先分科程并译之，不岁月后，日本佳书，可大略皆译也。"[②]梁启超也撰文表达学日文的好处及可能性：

> 哀时客既旅日本数月，肆日本之文，读日本之书，畴昔所未见之籍，纷触于目；畴昔所未穷之理，腾跃于脑。如幽室见日，枯腹得酒，沾沾自喜，而不敢自私。乃大声疾呼，以告同志曰："我国人之有志新学者，盖亦学日本文哉！"……学英文者经五六年始成，其初学成也尚多窒碍，犹未必能读其政治学、资生学、智学、群学等之书也。而学日本文者，数日而小成，数月而大成。日本之学，

---

① 张之洞：《劝学篇》，广西师范大学出版社，2008，第85页。
② 中国史学会：《中国近代史资料丛刊·戊戌变法》（第二册），上海人民出版社，1957，第223页。

已尽为我有矣,天下之事,孰有快于此者。夫日本于最新最精之学,虽无不欠缺,然其大端固已初具矣。中国人而得此,则其智慧固可以骤增,而人才固可以骤出,如久厌糟糠之人,享以鸡豚,亦以足果腹矣。①

第三,实施奖励政策为翻译西书提供了政策保障。为了使翻译西书在短期内完成,朝野上下纷纷出谋献策。康有为在《广译日本书设立京师译书局折》中认为:"译日本之书,为我文字十之九,其成事至少,其费日无多也。"张之洞、刘坤一在会奏变法自强的上疏中也建议:凡出洋游学人员,"限三年之内,每人译书若干种,每种若干字,回华缴呈,不得短缺;短缺及过少者,不准保举"②。

上述人士不仅对西学翻译的必要性和可行性有着一定的认识,而且对翻译西书如何实施也进行了一定的探讨。例如,1897年秋,梁启超在上海集资创办了"大同译书局"以振兴国内翻译事业,从而实践自己的翻译理论。针对当时翻译界的弊病,梁启超在《变法通议》"论译书"一节中提出:"今日而言译书,当首立三义:一曰,择当译之本;二曰,定公译之例;三曰,养能译之才。"第一义是关于翻译内容的选择。他认为"西人之所强者兵,而所以强者不在兵"。因此,他所列举的有关律例章程、学校教材、法律书、历史书、政书、农书、矿学书、工艺书、经济学书、哲学书等对我国都具有极其重要的参考价值,都有必要翻译。但是"草创之始,未能广译,则先后缓急,亦当有次",而"同一门类的书,则当于数书之中,择其佳者,或择其后出者"。第二义主要是关于译名统一的问题。他认为如果想整顿翻译事业,最急需的是编订一本统一译名的专书,整齐划一,让译者共同遵守。他还具体而详尽地论述了其对人名、地名、官制、名物、度量衡、纪年等翻译的看法。例如,他认为,人名、地名如果过去有译名的,就选择最通行者作为统一的定名,不必新译;对于官制的翻译,"有义可译则译义,义不可译乃译音",或者可以参考日本译名;至于名物的翻译,由于新鲜事物日新月异,他认为

---

① 梁启超:《论学日本文之益》,《清议报》第10册,1899年4月。
② 转引自张静庐:《中国近代出版史料补编》,中华书局,1957,第30页。

"必以造新字（词）为第一义"。第三义是有关翻译人才的培养。他对翻译人才的标准的看法是："凡译书者，于华文、西文及其所译书中所言专门之学，三者具通，斯为上才；通二者次之；仅通一则不能以才称矣。"因此，"欲求译才，必自设翻译学堂始"。

尽管梁启超、盛宣怀、张之洞、康有为等政见不尽相同，但他们都一致认为翻译西书是日本崛起的一个十分重要的因素。中国要想转危为安，也应该大量地翻译西书。这种看法在19世纪末20世纪初的中国尤其在具有变革意识的官员士子群体中带有一定的普遍性。如学者蔡元培、官吏王之春等均有过类似的言论。因此，戊戌变法前后的数年间出现的一股颇有影响的有关翻译日本书刊的社会舆论，无疑直接催发了留学生的西学翻译活动。

三、留学生教育翻译活动兴起的现实诉求

新式教育的发展迫切需要新式的教育制度、教学内容、教师及教学方法来实现从传统教育向现代教育的转变。而新的教育理念、制度、教学内容、教师以及教学方法等急需国人向外国学习和引进，所以西学翻译之一的教育翻译必须从边缘地带走向中心，成为人们借鉴外国教育成功经验的有效手段。下文将从新式教育发展对教育翻译的现实需求来探讨留学生教育翻译活动兴起的历史背景。

（一）学制改革需要教育翻译

甲午战争的失败，不仅直接宣告了以学习西方器物技艺的洋务运动的失败，而且迫使广大晚清学人痛定思痛。在维新运动的推动下，国人通过分析认为日本之所以能战胜我国，"亦非其将相兵士能胜我也，其国遍设各学，才艺足用，实能胜我也"[1]。"变法之本在育人才；人才之兴，在开学校；学校之立，在变科举。"[2] 人们把拯救危亡的希望寄托在教育改革上，从"兵战"

---

[1] 汤志钧：《康有为政论集》（上册），中华书局，1981，第306页。
[2] 梁启超：《饮冰室文集》（第一册），中华书局，1932，第10页。

过渡到"学战",将战场转移到学校。因此,1901年清政府正式下令废八股、改书院为学堂。新式学堂的发展急切呼唤近代学制的出台,学习和借鉴他国学制成为变革学校教育、造就新知人才的主要环节和首选的途径,于是对外国学制的翻译成为急需。1902年8月和1904年1月清政府先后出台了《壬寅学制》和《癸卯学制》。

(二)兴办学堂依靠教育翻译

随着新学制的颁布,清政府进而在1905年设学部、废科举。此后,全国的中小学堂猛增,据统计,1902年全国学生数为6912人,1905年发展到258876人,增加了37倍多。据清政府学部1910年的统计,全国有初等学堂51678所,学生1532746人,比1905年的学生数增加了6倍。[①] 随着国内新式学堂日益增多,新式教科书与经费、师资的匮乏一样,严重地阻碍着新教育的发展,特别是《癸卯学制》的颁布和科举制度的废除,大量自然科学和社会科学课程的开设迫切需求相关教科书的支撑。此前的新式教科书的翻译主体是传教士,可是他们翻译的主要目的与动机是为其开办的教会学校服务,为传教事业服务。尽管一部分教材也被各类新式学堂所采用,但是无论其数量和质量都无法满足当时新式学堂发展的需求。所以,留学生加入到教育翻译的队列不仅有助于缓解国内新式学堂教科书的燃眉之急,而且促成翻译主体转而依靠国人为胜,开始摆脱对西方传教士的依赖,独立自主地开展翻译引进国外教育的活动。

(三)培养师资亟待教育翻译

正是在"废科举、兴学堂"的教育改革中,新式学堂尤其是师范学堂的兴起为教育翻译事业的发展提供了时代契机。发展新式教育,创办新式学堂,需要相应的教科书和合格的教师。师范学堂作为培养师资力量的教育机构,"为教育造端之地,关系至重"[②],"故欲革旧习,兴智学,必以立师范学堂为第一义"[③]。随着师范学校的兴办,设置教育学课程成为必然。

1902年,清政府颁布了《钦定学堂章程》,其中《钦定京师大学堂章程》

[①] 郑登云:《中国近代教育史》,华东师范大学出版社,1994,第157、159页。
[②] 苑书义等:《张之洞全集》(第二册),河北人民出版社,1998,第1489页。
[③] 陈学恂:《中国近代教育文选》,人民教育出版社,1983,第144页。

规定，京师大学堂附设速成科，"师范馆"为速成科的一门，修业四年；《钦定高等学堂章程》规定，各省高等学堂应附设师范学堂；《钦定中学堂章程》也规定附设师范学堂。京师大学堂的师范馆明确设置"教育学"课程，四年中分学年规定内容，包括教育宗旨、教育之原理、学校管理法以及"实习"，还规定了每星期的课时[①]。1902年前后全国各地设立了一些官立和民立的师范学堂，如武昌师范学堂、保定师范学堂、成都师范学堂、三江师范学堂、山东师范学堂、龙门师范学堂、湖南全省师范学堂、通州师范学堂等，这些学堂都开设了教育学课程。1904年，清政府颁布并实施《癸卯学制》。根据该制的《初级师范学堂章程》和《优级师范学堂章程》，师范分为"初级"和"优级"。初级师范学堂规定学程5年，每年都设有"教育学"。"教育学"课程包括：教育史、教育原理（含心理学大要，现行教育宗旨，德育、智育要义）、辨学大要（或作"辩学大要"，按，即论理学大要）、教授法大要、教育法令、学校管理法、实事授业[②]。优级师范学堂规定辨学、心理学单独开设，教育学在第二年、第三年开设，规定了各年的内容和每星期课时数，其课程内容包括：教育理论、教育史、教授法、学校卫生、教育法令以及教授实事练习[③]。1907年颁布的《奏定女子师范学堂章程》规定"教育学"课程含"心理学大要"。教育学及教育学科相关课程的开设亟待教育学方面的教材和讲义。由于国内教材紧缺，翻译国外学者的教育学类著作便成为缓解燃眉之急的救济良方。

综上所述，在清末民初社会转型期，人们已经逐渐从"天朝大国"的迷梦中苏醒，认识到自身的种种不足。而这种认识也有一个由表及里逐渐深化的过程。正如梁启超所言："近五十年来，中国人渐渐知道自己的不足了。这点觉悟，一面算是学问进步的原因。一面也算是学问进步的结果。第一期，先从器物上感觉不足……第二期，从制度上感觉不足……第三期，便是从文化根本上感觉不足。"[④]人们开始意识到这种落后不仅仅是"器物"和"制度"，

[①] 朱有瓛主编：《中国近代学制史料》（第二辑上册），华东师范大学出版社，1989，第760—762页。
[②] 朱有瓛主编：《中国近代学制史料》（第二辑下册），华东师范大学出版社，1989，第224—234页。
[③] 朱有瓛主编：《中国近代学制史料》（第二辑下册），华东师范大学出版社，1989，第248—257页。
[④] 李华兴、吴嘉勋：《梁启超选集》，上海人民出版社，1984，第833—834页。

还包括"文化",而传播文化则有赖于翻译这条渠道或津梁。随着国人教育救国愿望日益迫切,对新知识的渴求日益迫切,新教育对学制、师资和教科书等的需求日益迫切,急需教育翻译从边缘走向中心,承载起传播西方教育的巨大历史使命,最终达到向外界寻求现成教育模式,以新教育模式填补空白或冲破旧的教育模式的束缚,打破旧的教育传统,实现教育的真正变革与发展。

第二节　近代中国留学生教育翻译群体的形成

　　翻译是各国和各民族间进行思想文化交流的重要桥梁和不可或缺的媒介手段。把一种语言文化转换成另一种语言文化并非易事,面对两种不同语言文化系统,翻译之难可想而知。起初,以中西合作翻译的模式,难以忠实于原文,尤其在人文、社会科学方面的翻译更是如此。因此,建立一支阵容强大、中西语兼通、懂中西文化并具有专业知识的翻译队伍势在必行。在其时,培养符合上述条件的翻译队伍,最为有效、最为直接的途径便是出国留学。1872年夏末,第一批官费留学生的派遣拉开了中国近代官费留学教育的序幕。从第一批官费留学生的赴美学习,到四五年后的官费留欧兴起,再到1896年后的留日热潮,再到1908年后的留美热潮,留学国外日渐成为一种新的时代追求。随着与西方的频繁接触,中国留学生通过在国外学习,逐渐认识到西方国家之所以强盛并不全在于船坚炮利和自然科学的发达,而主要在于其有诸如民主选举、新式学校、自由平等、博爱等先进的社会制度和文化。于是他们开始对西方的政治、法律、教育、历史等知识发生兴趣,在努力完成学业的同时,还力图深入所在国的社会生活,借以加深对西方文化的理解。对语言的学习,对专业知识的钻研,对西方社会文化的了解等,无疑为留学生日后开展教育翻译提供了有益的帮助。

一、留欧教育与留学生教育翻译群体的形成

1875年，时任闽浙总督和南洋大臣的沈葆桢等呈《奏派生徒赴英法游历折》，发出了官费留学欧洲之先声。于是，福州船政局驾驶学堂的学生刘步蟾、林泰曾，制造学堂学生魏瀚、陈兆翱、陈季同5人便成为日后大批派遣赴欧留学生的先行者。1876年，李鸿章等呈《卞长胜等赴德国学习片》，派遣卞长胜等7人随德国军官赴德学习军事。这7人是最早的陆军留欧学生。1877年年初，李鸿章、沈葆桢等议定的《选派船政生徒出洋肄业章程》获准，使得福建船政学堂首批留欧学生顺利地走出了国门。由留欧船政教育走向世界的留学生，无论在学校研读、工厂实习还是在兵船上历练，都表现出强烈的探求新知的愿望和刻苦学习的精神。他们在努力完成学业的同时，还深入所在国的社会生活，加深对西方文化的理解。他们当中不少人成为西方文化的传播者，例如严复、陈季同、马建忠、魏瀚、王寿昌、陈寿彭等，都或多或少地参与了翻译活动，以促进中欧文化交流。其中如陈季同，在法国一面办理公务，一面研究法国文学，回国后试图以文学翻译改革社会。又如马建忠，他到欧洲留学后，进入法国巴黎政治学堂，专攻国际公法与外交学，同时办理一些外交、翻译事务。他外语基础好，精通多种语言，尤其精通法语，是故法国外交使者窦海称赞他："精通法语，翻译学问靠得住。"[①] 对此，巴黎报界还评论说："日本、波斯、土尔基人负笈巴黎者，固有考取格致秀才及律例举人，而东土之人独未有考取文词秀才者；有之，则自忠始也。"[②] 曾纪泽也认为，"精通法文，而华文函启亦颇通畅"的马建忠"洵英才也"[③]。再如陈寿彭，这位马尾船政学堂的毕业生，系近代史上著名外交家、翻译家陈季同之弟。他于1885年4月赴英国求学，学习语言与法律，后与妻子薛绍徽合译了法国作家凡尔纳的科幻小说《八十日环游记》，因此而成为凡尔纳科幻小说最早的中译者。此外，陈寿彭夫妇还合作翻译了《外国列女传》，成为最早且最有系统地向国人介绍西方妇女的留学人物。上述留学生翻译家

---

① 马建忠：《适可斋记言》，中华书局，1960，第9页。
② 曾纪泽：《使西日记》，湖南人民出版社，1981，第12页。
③ 曾纪泽：《曾纪泽遗集》，岳麓书社，1983，第340页。

尽管数量不多，但在留学生教育翻译活动的兴起初期起到了领航者和开拓者的作用。

在留欧学生中最有影响的人物毫无疑问首推严复。康有为在读完《天演论》后盛赞严复为"中国西学第一者也"①。梁启超在《清代学术概论》中说："西洋留学生与本国思想界发生关系者，复其首也。"②毛泽东在《论人民民主专政》中说："自从一八四〇年鸦片战争失败那时起，先进的中国人，经过千辛万苦，向西方国家寻找真理。洪秀全、康有为、严复和孙中山，代表了中国共产党出世以前向西方寻找真理的一派人物。"③蔡元培在《五十年来中国之哲学》中指出："五十年来介绍西洋哲学的，要推侯官严复为第一人。"胡适在《五十年来中国之文学》中亦称："严复是介绍西洋近世思想的第一人。"④在中国思想文化史上，比较成功地沟通中外文化的媒介人物，前有唐代的玄奘，他翻译佛经，把印度文化融入中国；中有明末的徐光启，他翻译西方近代自然科学著作，把文艺复兴以来西方科学思想引进中国；后有晚清的严复，他把西方近代资产阶级经济学、政治学、逻辑学、社会学等系统地介绍给中国，并进行了创造性的诠释，使之符合中国的社会心理，取得中国社会的文化认同，因此，他被人们称誉为"近代史上的玄奘"⑤。

二、留日教育与留学生教育翻译群体的形成

甲午战争失败后，日、俄、德、法等列强你争我夺地瓜分中国，民族危机促使维新运动迅速高涨。为求存图强，汲取西方近代文明，推进中国近代化，中国人向西方学习的运动进入了一个新的历史时期。通过对甲午战争前学习西方的反思，国人开始意识到，师夷长技不能再局限于坚船利炮以及声光化电的追求，而更应该学习西方的"治国之本""富国之源"的学术精髓和思

---

① 王栻：《论严复与严译名著》，商务印书馆，1982，第6页。
② 梁启超：《清代学术概论》，上海古籍出版社，1998，第98页。
③ 毛泽东：《毛泽东选集》（第四卷），人民出版社，1967，第1358页。
④ 胡适：《胡适文存》（第二集），首都经济贸易大学出版社，2013，第171页。
⑤ 陈潮：《近代留学生》，上海古籍出版社，2010，第87页。

想。在当时的情势下，人们认为取道日本学习西方近代文明是中国求存图强的最佳捷径。其原因在于：一则我国和日本"一衣带水，一苇可航"，文化、风俗，尤其是语言文字相近，易于交流。二则日本明治维新后，学习西方教育思想与制度，改革自身教育，已有成效，颇具借鉴价值。"日本变新之始，遣聪明学生出洋学习，于泰西诸学灿然美备，中华欲游学易成，必自日本始。"①缘此，张之洞于《劝学篇》外篇中较为全面地阐述了留学日本的必要性和可行性：

> 日本小国耳，何兴之暴也！伊藤、山县、榎本、陆奥诸人，皆二十年前出洋之学生也，愤其国为西洋所胁，率其徒百余人，分诣德、法、英诸国，或学政治工商，或学水陆兵法，学成而归，用为将相，政事一变，雄视东方……

> 至游学之国，西洋不如东洋：一、路近省费，可多遣；一、去华近，易考察；一、东文近于中文，易通晓；一、西书甚繁，凡西学不切要者，东人已删节而酌改之。②

基于上述舆论和社会认识，1898年8月2日，光绪帝谕令军机大臣："现在讲求新学，风气大开，惟百闻不如一见，自以派人出洋游学为要。至游学之国，西洋不如东洋。诚以路近费省，文字相近，易于通晓。且一切西书均经日本择要翻译，刊有定本，何患不事半功倍？"③留学教育从此翻开了新的一页。朝野上下竞相效法日本，公派自费争先东渡，形成了一股游学日本的热潮。

早在1896年，清政府开始向日本派遣留学生。中国第一批留日学生唐宝锷、胡宗瀛等13人抵达东京。自是求学东瀛航路开启，至20世纪初年，出现了"各省竞派"留学生的壮阔局面，留日学生人数逐年递增：1901年年底，共有280名，1903年11月，共有1242名，1904年11月，共有2557名，1905年11月，共有8000名。④1906年达到12000人。⑤另据李喜所的《近代

---

① 舒新城：《中国近代教育史资料》（上册），人民教育出版社，1961，第173页。
② 朱有瓛主编：《中国近代学制史料》（第二辑上册），华东师范大学出版社，1987，第17页。
③ 故宫博物院：《清光绪朝中日交涉史料》（卷五十二），故宫博物院，1932年版。
④ 董守义：《清代留学运动史》，辽宁人民出版社，1985，第196—197页。
⑤ 田正平：《中外教育交流史》，广东教育出版社，2004，第195页。

留学生与中外文化》记载，留日学生人数变化犹如一条抛物线，1906年是最高点。如1898年为61人，1901年为274人，1903年增为1300人，1904年为2400人，1905年激增为8000余人，1906年更增至12000余人。①虽然上述统计数据不尽相同，也难呈精准，但是中国成为世界上派出留学生最多的国家已成不争的事实。在这庞大的留学队伍中，有年逾花甲的老翁，有天真烂漫的少年，有朝气蓬勃的青年士子，也有步履艰难的缠足妇女。形成了夫妻留学、兄妹留学、父子留学乃至全家留学的盛况。当时正在早稻田大学清国留学生部负责的日本学者青柳笃恒对此有这样的描述：

> 学子互相约集，一声"向右转"，齐步辞别国内学堂，买舟东去，不远千里，北自天津，南自上海，如潮涌来。每遇赴日便船，必制先机抢搭，船船满座。中国留学生东渡心情既急，至于东京各校学期或学年进度实况，则不暇计也，即被拒以中途入学之理由，亦不暇顾也。总之分秒必争，务求早日抵达东京，此乃热中（衷）留学之实情也。②

有学者评价说："在20世纪的最初10年中，中国学生前往日本留学的活动很可能是到此时为止的世界史上最大规模的学生出洋运动。"③后来毛泽东也评论此时留学日本的留学生之多，"达到了惊人的程度"④。

清末的留日教育不仅人数众多，规模庞大，而且留学生所学内容涉及面十分广泛，几乎涵盖了当时日本学校所能开设的全部科目，其中尤以师范、政法、军事三者居多，影响最大，从而形成了清末留日教育三大留学教育潮，即师范留学潮、法政留学潮和军事留学潮。学教育、习师范之所以成为热潮，不仅与戊戌变法后勃兴的教育救国思想的影响有很大关系，而且与清政府实行新政进行教育制度改革及其所采取的鼓励政策有关。留日师范生主要在以下几所学校学习：弘（宏）文学院，1902年1月，由日本东京高等师范学校

---

① 李喜所：《近代留学生与中外文化》，天津教育出版社，2006，第142—143页。
② [日] 实藤惠秀：《中国人留学日本史》，谭汝谦、林启彦译，生活·读书·新知三联书店，1983，第37页。
③ [美] 费正清编：《剑桥中国晚清史》，中国社会科学院历史研究所编译室译，中国社会科学出版社，1985，第341—342页。
④ 毛泽东：《毛泽东选集》（第四卷），人民出版社，1967，第1358页。

校长嘉纳治五郎"为清国学生教授日语及普通教育而设,以期培养成才"。学校设普通师范科和速成师范科。开设课程有教育、心理、伦理、教授法、管理法等。东斌学堂,1903—1904年由东京大学法学教授创办。该校"专为清国留学生教授日语及普通专门诸科兼磨砺德行,以期成全才"为宗旨,所设科目,"一曰普通科,二曰师范科,三曰兵学科,各科更设速成科以待急于成业者"①。本科科目:伦理、日语、心理、论理、教育学、教育史、教育制度、教授法、学校管理法、文明史、社会学、英语、图画、体操;速成科目以汉语教授,主要有:伦理、日语、心理、论理、教育学、教育制度、学校管理法、教授法、算术、地理、历史、理科、图画、体操等。早稻田大学,1905年创办清国留学生部,"特为清国留学生教授日本语普通各学、政法、理财学,以及师范教育与实业教育而设"②。本科设有政法理财科、师范科和商科三种。师范科分数物化学科、博物学科和历史地理科三种。其主要课程有:伦理、教育学、历史、地理、数学、法制、经济、生理卫生、动植矿物学、物理学、化学、图画、日语、英语等。据统计,仅1903年4月至1904年10月这一年半时间,留学生中读师范的毕业者就有194人,占全部毕业生的41.8%。这些人在日时间,多则两年,少则半年,甚至两三个月,他们专攻教育、心理、教授法、学校管理等科目;为了学到更多的教育科学知识,他们不满足于仅仅坐在课堂听讲,而是"一星期间,恒有一二日,由教员率领学生,至男女各学校,乃幼稚园,察看考核"③。

清末派遣留日学生的目的十分明确,希望通过求学日本快速便捷地输入西方近代文明。为达此目的,翻译便被认为是最直接有效的手段。政治的变革、学制的改革、大批新式学堂的创设等,不仅要有大批政法及教育方面的人才,而且还必须提供大量的书籍来满足学校和社会的需求。留日学生正是基于这一需求,结合自己所学的专业进行翻译活动。如所译政法类书籍最多的章宗祥所学的专业为法科,所译中学数理教科书最多的陈榥为帝国大学工科。其他如汪有龄、钱承志、何燏时等,也均结合自己的专业进行了相关

---

① 《日本东斌学堂章程》,《东方杂志》1905年第8期。
② 《日本早稻田大学中国留学生章程纪要》,《东方杂志》1905年第4期。
③ 《敬上乡先生请令子弟出洋游学并筹集公款派遣学生书》,《浙江潮》1903年第7期。

的翻译活动。

由于清政府在政策上采取鼓励和限制的措施,留学生中回国后从事教育工作者始终占有相当的比例。他们从事普通教育者和教育行政工作者居多,在高等专门以上学堂任教者较少,这可能与大多留日学生的学历偏低、学程较短有关。但不管怎样,留日教育尤其是师范教育,为留学生翻译队伍的形成奠定了语言和专业基础。因此,继严复之后,以留日学生为主体形成了一个翻译和传播西学的新型群体。

三、留美教育与留学生教育翻译群体的形成

近代留美教育经历了三次波折。1847年,容闳、黄胜、黄宽三人随其师布朗赴美留学,揭开了中国近代留美教育的第一页。在近代中国,留美教育可谓三落三起:第一波留美潮是幼童留美（19世纪70年代）,第二波留美潮是庚款留美（清末民初）,第三波留美潮是抗战胜利后留美（20世纪40年代）。1908年以后,留学日本的热潮逐渐消退,继而开始了以美国退还部分庚子赔款为依托的留美新篇章。这批留美学生与以前的幼童留美生、留欧生以及留日生有明显的不同。他们在清末实行教育改革,引进西方现代教育体制后,经过在新式教育机构内几年的学习,已经具有一定的自然科学基础。这些学生深知中国科学技术与文明与西方发达国家之间的差距,抱着报效祖国、振兴中华的愿望,以期早日学成归国。这些留美学生人数虽然不多,日后却大有作为,成为中国学术界、教育界、实业界、法政界的精英。不同时期的教育学专业留美生形成了一支声势浩大的西方教育传播队伍。据梅贻琦、程其保调查,1854—1953年百年间中国留美生共20906人,其中教育专业943人,占人文社会学科留美生总数（6779人）的13.9%,次于商业管理（1562人）、经济（1212人）而居第三位[①]。另据袁同礼对1905—1960年间中国留美学生获博士学位者的统计,该时期人文社会科学

---

① 王焕琛:《近代中国教育史料丛刊》,台北编译馆,1980,第719—723页。

获博士学位者共 875 人，其中教育学博士 147 人，占 16.8%[1]。这仅仅是对获博士学位者的统计，获硕士学位的更是超过此数。留美学生携美国最新的教育学理论与方法陆续归国，于是中国教育学界形成了以留美学生为主体的西方教育传播群体。在 1931 年出版的《当代中国名人录》中，教育界名人有 1103 位，留美出身的占 51%[2]，其中包括梅贻琦、胡适、陶行知、陈鹤琴、蒋梦麟等。1931 年全国公立、私立大学共 79 所，留美出身的校长就有 34 人。此外，还有不少人回国后在高等专门以上学校担任教师。以清华大学为例，1909 年至 1922 年期间赴美留学归国者共 516 人，回国后在高等学校任教者 155 人，占 30%；在中等学校任教者 23 人，占 4.46%。[3] 另据日本学者统计，1925 年和 1931 年留美归国者担任大学教授的人数比分别占 30.1% 和 34.4%。上述各项数据显示，毫无疑问，在 1949 年前，留美学生在教育学界占据举足轻重的地位。他们当中涌现出一大批翻译、介绍与传播以杜威实用主义教育理论为主流的西方教育理论、教育学说的精英，促进了中国教育的平民化、实用化和科学化。

那么，一个合格的教育翻译者应该具备什么样的条件呢？第一，兼通中西文字。一位译者除熟练掌握自己的母语外，还至少要精通一种外语。这一点不言而喻。第二，兼通中西文化。中西文化差异往往会造成翻译障碍。中西文化本来属于迥然不同的文化系统，两种文化长期隔膜，翻译极为不易。甲午战争前中外合作翻译过程中，西方传教士仅仅知道中文大意，却难以理解其中蕴藏着的深奥道理，口译的质量大打折扣。而中国人不通西文，更不了解西方文化，笔述的质量自然大大减分。典型的例子是对西方国家总统 "president" 一词的翻译。因为在中文已有词汇中没有与 "总统" 对应的词，因而在口译时西人只能从总统在国家的地位的角度，解释这是 "国家元首" 之意。而在中国传统文化中， "国家元首" 与 "皇帝" 同义，所以笔述者理所当然地把 "president" 翻译成 "皇帝"。再则，中国人对西方自然科学、社会科学知识体系知之甚少，西方的许多概念或名词在当时的中国没有现成

---

[1] 王焕琛：《近代中国教育史料丛刊》，台北编译馆，1980，第 1144—1145 页。
[2]《当代中国名人之调查与研究》，《民族杂志》第 3 卷（1935 年）第 2 期。
[3] 舒新城：《近代中国留学史》，上海文化出版社，1989，第 260 页。

的对应物，如阿司匹林、雷达、自由、民主、科学、逻辑、议会等，这类词汇一录入中国的辞典，则让人一片茫然。第三，具备教育专业知识。一个合格的教育翻译者，除了兼通中西文字还不够，还必须具备广博的教育专业知识。隔行如隔山，如果你所翻译的作品是属于你知识范围以外的东西，你会发现难以理解，更甭谈让读者接受了。正如严复在给汪康年的书信中谈到译斯宾塞的《劝学篇》这类学术著作时所说："译手非于西国普通诸学经历一番，往往不知书中语为何，已先昏昏，安能使人昭昭？"可见，提高教育翻译者的专业知识素养，增加与之相关各种专门知识的储备，确属非常必要和十分重要。

综上所述，留学教育对教育翻译队伍的形成起到了举足轻重的作用。该翻译群体的形成使教育翻译产生历史性的大转折。对此，我们可以通过两组数据来论证这一点。据梁启超《西学书目表》统计，1896年以前出版的西学译著，外国人独译139部，中外译者合译123部，中国译者独译38部。由外国译者独译或中西合译的西书共262部，占总量的87.3%，中国人独自翻译的仅占12.7%。可见，外国人在教育翻译中掌握绝对的话语权。另据反映辛亥革命时期西学传播的《译书经眼录》记载，在著录的483部译著中，中国译者独译415部，中外译者合译33部，外国译者翻译35部。中国译者独译者占翻译总量的85.9%。这种反超不仅表现在翻译主体性的凸显、翻译话语权的掌控、翻译数量的胜出上，而且更为重要的是，它直接反映了中国教育翻译队伍的质变。在维新运动以前，中国译者不仅数量少，而且思想水平、专业知识、翻译能力都不高。此后则不然，教育译者队伍在数量和质量上都有很大提高。其经历类似严复者大有人在，诸如马君武、章太炎、王国维、丁福保、范迪吉、杜亚泉、赵必振等，即为他们当中的佼佼者。五四运动后，留学生教育翻译群体进一步壮大，具有教育专业知识的留学生教育翻译人才脱颖而出，有如雨后春笋。诸如胡适、陶行知、刘伯明、郭秉文、郑晓沧、廖世承、赵元任、任鸿隽等。总之，从留欧生严复开始，国人对西学翻译的选择与引进已经摆脱了外国传教士的掌控，从被动接受转为主动输入，从而使中外教育交流进入一个崭新的历史时期。这一巨大转变可从1902年《中外日报》上刊登的一篇未署名文章《译书略论》

中略见一斑：

> 何也？前译书之人，教会也、朝廷也；前译书之目的，传教也，敷衍也。后译书之人，士夫也，学生也；后译书之目的，谋公利也，谋私利也。宜乎后译之力，当万倍于前译之力。前译者为东方之启明，而后译者为经天之烈日；前译者为昆仑虚丛林灌莽中的涓流，而后译者为江河入海处吞天之巨浸，殆时势之一定，而不可改者矣。①

综上所述，留学生教育为教育翻译队伍的形成奠定了坚实的基础。甲午战争后，中国人已逐渐成为西学传播的主体。而这些传播西学的中国人，总体看来都是曾经接触过西方文化、对西学有相当认识的开明士大夫和新型知识分子。其中留学生凭借其兼通中西文、兼晓中西文化以及掌握各门专业知识的优势而成为传播西学的主导力量，形成了几大留学生教育翻译群体。

第三节　近代中国留学生为主体的翻译机构及传播媒介

随着国人对教育翻译的认识不断深化，留学生教育翻译群体的形成，领导和组织翻译活动的机构也像夏夜晴空的星辰般大量闪现，这为教育翻译的有序开展提供了组织保障。为了及时有效地传播翻译成果，留学生还创办了以译介外国教育为宗旨的教育期刊。下文将对以留学生为主体创立的翻译机构和创办的教育翻译刊物进行介绍。

---

① 张静庐：《中国近代出版史料补编》，中华书局，1957，第60页。

一、留学生为主体创立的翻译机构

随着留学生翻译群体的形成,西学翻译热潮更加高涨,出现了大量的翻译机构。据统计,1896—1911 年,中国和留日人员中翻译、出版日文书籍的机构至少有 95 所,其中,57 所设在上海,5 所设在武昌和汉口,4 所设在杭州,其他城市如天津、苏州、宁波、太原等地也零星布点地出现一两所机构。有些留日人员所办的译书机构主要设在东京。[①] 另据统计,自 1900 年至 1911 年,中国留学生在日本陆续创建了各种各样的翻译社团。这些分布在国内外的翻译机构,既有独立设置者,也有附属于学校、学会、报社等的附设者。他们通过发行杂志,刊登了许多有关社会、政治、经济、文化、教育等译作。

表 1.1　1896—1911 年中国西书翻译出版机构一览表

机构名称	所在地	翻译、出版书籍举要
金粟斋	上海	《日本宪法义解》《西洋史要》《法学通论》《泰西教育史》
作新社	上海	《原政》《世界近世史》《法律教科书》《教育史教科书》
启文社	上海	《化学新书》《博物学教科书》《新式矿物学》
人演社	上海	《俄国革命战史》《家庭教育》
群学社	上海	《日本西学传略》《法兰西宪法》《论邦国及人民之自助》
明权社	上海	《空中飞艇》《金银岛》
鸿宝斋	上海	《泰西历代名人传》
富强斋	上海	《日本政治沿革史》
宏文阁	上海	《明治政史》
广智书局	上海	《欧洲十九世纪史》《政治学》《人群进化论》《犹太史》
开明书局	上海	《世界史要》《普通选举法》《法学门径》《物种由来》
文明书局	上海	《彼得大帝》《林肯传》《拿破仑》《美国民政考》

---

① 熊月之:《西学东渐与晚清社会》,上海人民出版社,1994,第 641 页。

(续表)

机构名称	所在地	翻译、出版书籍举要
镜今书局	上海	《万国宗教志》《美风欧云录》
竞化书局	上海	《梅特涅》
时中书局	上海	《格致读本》《经济纲要》《战余录》《最近日本全国漫游记》
通雅书局	上海	《德意志全史》《麦荆来》
时务书局	上海	《泰西风土记》
一新书局	上海	《伊藤博文》《意大利建国史》
清华书局	上海	《新庵谐译初编》
上海通社	上海	《近世露西亚》《日本行政法》《自助论》
会文学社	上海	《化学探原》《法史揽要》
敬业学社	上海	《欧洲历史揽要》
群益学社	上海	《社会经济学》《地方行政要论》《法律顾问》
进化译社	上海	《万国教育志》《理科教本化学矿物编》
经世文社	上海	《中国险要图志》
上海独社	上海	《野蛮之欧洲》
群谊译社	上海	《印度灭亡战史》《近世海战史》
南洋公学译书院	上海	《日本陆军学校章程》《格致读本》《中等格致读本》
时务报社	上海	《日本教育制度》《日本高等师范学校章程》
蒙学报社	上海	《高等小学日本史》《世界地理志》
昌言报社	上海	《日本陆军士官学校条例》
农学报社	上海	《农事会要》《麦作全书》《特用作物论》《除虫菊栽培制造法》
日清书馆	上海	《男女交合新论》
商务印书馆	上海	《铁鞭》《世界文明史》《万国史讲义》《造化机新论》
亚东时报社	上海	《列国现状》《特兰士拨尔建国记》《俄罗斯近状》
上海汇报馆	上海	《五洲图考》
同文沪报馆	上海	《外国地理学教科书》

(续表)

机构名称	所在地	翻译、出版书籍举要
东方杂志社	上海	《邮贼》《毒美人》
江南制造局	上海	《日本学校源流》《物理学》
科学仪器馆	上海	《地质学简易教科书》《中等植物教科书》《普通动物学》
普通学书室	上海	《化学定性分析》
上海商学会	上海	《简明生理学》
东亚译书会	上海	《欧罗巴通史》
中国医学会	上海	《内科学纲要》《外科学一夕谈》《胎生学》《近世法医学》
东华翻译社	上海	《警察全书》《活青年》
上海益智社	上海	《拿破仑》《博物家》《博物学教科书》
教育世界社	上海	《日本教育家福泽谕吉传》《日本历史》《教授学》《教育学》
世界译书局	上海	《英美海战史》
上海译书局	上海	《民约通义》《世界十女杰》
正记印书局	上海	《新撰亚细亚大地志》
中西印刷局	上海	《农理学初步》
宝善斋印书局	上海	《地势学》《马队战法》《战法辑要》
新中国图书社	上海	《西洋史钩沉》
中国图书公司	上海	《几何学教科书》《化学理论解说》《高小格致课本》
新民译印书局	上海	《亚历山大》《英国地方政治论》《新世界伦理学》《培根文集》
国民日报社	上海	《男女下体病要鉴》
出洋学生编辑所	上海	《政教进化论》《各国国民公私权考》《法兰西近世史》
杭州文学斋	杭州	《十九世纪外交史》
浙江官书局	杭州	《日本陆军大学校论略》
杭州译林	杭州	《明治法制考》《日用制造品》
合众书局	杭州	《苏格拉底》
励学译编社	苏州	《欧洲近世史》《印度蚕食战史》《普通地理学》

(续表)

机构名称	所在地	翻译、出版书籍举要
启新书局	南京	《罗马法》《西伯利亚大地志》
新学会社	宁波	《几何学教科书》
翻译学社	武昌	《原师》
湖北官书局	武昌	《伦理学》《化学》《植物学》《动物学》
江楚编译局	武昌	《万国史略》《普通新代数》《日本历史》
湖北商务报社	武昌	《印度商工业之四大种》《日本大银行章程》
汉口日报馆	汉口	《东邦近世史》
河北译书局	北京	《史眼》《实学指针》《最近统合外国地理》
丙午社	天津	《民法财产》《民法总则》《刑事诉讼法》
北洋官书局	天津	《中学矿物教科书》《植物教科书》《草本移植心得》
山西大学译书院	太原	《代数学教科书》《地文学教科书》《植物学教科书》
岭学报社	广州	《俄政考略》《马其顿考略》
闽学会	东京	《西力东侵史》《国际公法精义》《国际地理学》《人种志》
劝学会	东京	《日本学政纂要》
译书汇编社	东京	《国家学原理》《亚细亚西部衰亡史》《美国独立史》
政法学报社	东京	《法学通论》《新法律字典》
日新丛编社	东京	《名学》
善邻译书馆	东京	《日本维新史》《日本警察新法》《国家学原理》
湖南译编社	东京	《国家学》
泰东同文局	东京	《五大洲地志》《理化学阶梯》《日本学制大纲》
教科书译辑社	东京	《教育学原理》《小学理科教科书》《中学算理教科书》
湖北法政编辑社	东京	《战时国际法》《民法总则》《刑事诉讼法》《刑法各论》

[资料来源]潘玉田、陈永刚:《中西文献交流史》,北京:北京图书馆出版社1999年版,第235—238页。

上述西书翻译机构以"译"字为报刊或书社名称者，就有一二十种之多，分私立和公立两类。这些翻译机构有的是独立的翻译机构，有的附属于各类新式学堂，有的是专门的出版机构。他们的翻译活动为新式教育提供了新式教科书，缓解了教科书严重缺乏的燃眉之急，引入了自然和社会科学知识，传播了新思想、新观念、新文化，在编撰理念、体例等方面，为国人自行编撰教科书提供了示范。为了便于了解其时翻译机构及其事业之大概，下文主要对南洋公学译书院等九个翻译机构进行简要介绍。

（一）南洋公学译书院

鉴于"译书尤为兴学之基础"的认识，南洋公学于1899年附设一译书院。《南洋公学章程》称："另设译书院一所，选诸生之有学识而能文者，将图书院购藏东西各国新出之书课，令择要翻译，陆续刊行。"[①]盛宣怀也极力主张采用西方中小学教科书："臣今所译，为学堂计，以外国寻常小学校、高等小学校课本，备将来各省中学校之用。"[②]张元济担任院长，译书院从此走上了译新书、开民智、编教材的道路。日本人稻村新六、细田谦藏以及国人郑孝柽、孟森、杨志洵、杨廷栋、雷奋、杨荫杭、黄元吉、樊炳清、沈纮、葛胜芳、卢永铭、陈昌绪、周仲玉等任译员和校对，翻译力量因此大大增强。院外著名的通晓西学的翻译界人士，如严复、吴文聪、王鸿章等也向译书院供稿。他们的著译稿件与学校教学和当时社会思潮有着紧密的联系。留学生翻译人员的加入，翻译题材的拓宽与开掘，在一定程度上提高了译书院的著译水平。例如，留英学生严复就译书应该如何进行、如何选择恰当源文本，以及译书的报酬又该如何定位等，给予张元济诸多好的建议。该译书院翻译成果不仅供南洋公学教学使用，而且在社会上广为传播。

（二）上海商务印书馆及其编译所

上海商务印书馆是中国近代出版业中历史最悠久的出版机构。1897年2月在上海创办，由夏瑞芳、鲍咸恩、鲍咸昌和高凤池等人发起成立。1901年，张元济等人入股商务印书馆，标志着商务印书馆开始走向现代化出版道路，

[①] 朱有瓛主编：《中国近代学制史料》（第一辑下册），华东师范大学出版社，1986，第515页。
[②] 朱有瓛主编：《中国近代学制史料》（第一辑下册），华东师范大学出版社，1986，第521页。

出版物遍及社会科学、自然科学、应用技术、文学艺术、儿童读物、大中小学教科书、中外语文辞书和各类专科工具书等门类。最早的英文课本是谢洪赉翻译的《华英初阶》和《华英进阶》。1902年设立编译所和发行所。张元济任编译所第一任所长。高梦旦任留日学生监督时，趁便考察了日本明治维新后政治、文化、教育诸设施，亲身体会到日本之所以兴盛，乃得力于重视教育，而办教育又要以小学为基础，因此，编写小学教科书成为当务之急。受张元济之聘，他入馆任编译所国文部部长，后继任编译所所长。1921年，时任编译所所长的高梦旦自觉"不适于新潮流""不适于编译所所长，当为公司觅一适于此职之人以自代"①。1921年4月，高梦旦专程前往北京拜会胡适时说："我们那边缺乏一个眼睛，我们盼望你来做我们的眼睛。"②在胡适看来，"编译所确是很要紧的一个教育机关——一种教育大势力"③。同年7月，胡适离开北京大学来到上海商务印书馆考察，通过调查研究，胡适对编译所的组织、人事和出版方针等提出了诸多改革意见。虽然胡适未能出任编译所所长一职，但他推荐了中国公学的老师王云五担任该职。王云五出任第四任所长后，胡适对其予以大力支持，例如提出改革意见、校对书稿、引荐人才、介绍书稿等。王云五对胡适十分倚重，虽然比胡适年长，但"奉之如名师"，"事无大小，都要向胡博士请教"④。因此，正如蔡元培是张元济在商务印书馆的精神支柱一样，胡适也是王云五在商务印书馆的精神支柱。可见，留学生在商务印书馆的编译事业中起到了顶梁柱的作用。

（三）译书汇编社

1900年，留日学生的第一个译书团体"译书汇编社"成立，当时正是中国开启留日航路的第5年。社长是首批13名留日学生之一的戢翼翚（字元成，东京专门学校毕业生），其他社员大部分毕业于日华学堂，且仍在东京专门学校求学。主要负责人还有杨廷栋（字翼之，东京专门学校学生）、雷奋（字继兴，东京专门学校学生）、杨荫杭（字补塘，东京专门学校学生）等，主要成

---

① 庄俞：《悼梦旦高公》，《商务印书馆九十五年》，商务印书馆，1992，第60页。
② 胡适：《胡适的日记》（上卷），中华书局，1985，第24页。
③ 胡适：《胡适的日记》（上卷），中华书局，1985，第185页。
④ 徐铸成：《徐铸成回忆录》，生活·读书·新知三联书店，1998，第2页。

员有王植善（字培荪，上海育材学堂总理）、陆世芬（字仲芳，东京高等商业学校学生）、章宗祥（字仲和，帝国法科大学校学生）、周祖培（字仲荫，东京专门学校学生）、金邦华（字伯平，东京专门学校学生）、富士英（字意诚，东京专门学校学生）、汪荣宝（字衮甫，庆应义塾学生）、曹汝霖（字润田，明治法学院学生）、钱承志（字念慈，帝国法科大学校学生）、吴振麟（字止欺，帝国法科大学校学生）等。① 这些留日学生在日本生活多年，日文基础好，活动能力强。1900年12月，他们创办了《译书汇编》杂志。在《〈译书汇编〉发行之旨趣》中称："同人等负笈他邦，输入文明，义不容辞。课程余阴，勉力从事，爰将欧美日本'学理'最新之书……汇集成编，饷遗海内。"② 译文多分期连载，每期内容各不相同。每一书刊完成后，便以单行本形式出版。译作内容偏重于社会科学，其中许多译自日本当时的大学教材，如《国家学原理》（高田早苗著，嵇镜译）、《国法学》（岩崎昌、中村孝著，章宗祥译）等。

（四）湖南译编社

湖南译编社创办于1902年，主要成员是湖南留日学生黄兴、周宏业、周家树、杨毓麟、曾鲲化、范锐、许绍周、张孝准等。1902年11月，他们创办了《游学译编》月刊，以翻译日本报刊文章为主，然后编译成书。其目的是输入资本主义文明，促进中国进步，开阔国民视野。每期内容丰富，分学术、教育、军事、理财、内政、外交、历史、地理、时论、世界新闻等十几部分。该刊尤其注重世界最新理论和信息的译介，对教育翻译尤为关注。如《教育论》一文就提到：搜集日本人所著教育小言、师范科学教育、德美教育及修身教授法等书，选译而成。湖南译编社曾计划编译的中学教科书有22种，即伦理、中国史、万国史、中国地理、万国地理、天文学、地文学、物理学、动物学、植物学、生理学、化学、矿物学、英文、国家学、理财学、算术、代数、几何、图画、唱歌、体操。小学教师用书有7种，即教育学纲要、教育小史、小学教授法、儿童心理学、伦理学要义、生理学纲要、学校管理法。③ 翻译成

---

① [日]实藤惠秀：《中国人留学日本史》，谭汝谦、林启彦译，生活·读书·新知三联书店，1983，第217—218页。
② 张静庐：《中国近代出版史料补编》，中华书局，1957，第61页。
③ 李喜所：《近代留学生与中外文化》，天津教育出版社，2006，第172页。

果有《自由之理》《文明史》《社会之进化》《美国教育制度》《小学教育法》《学校实践管理法》等。

（五）京师大学堂译书局、上海译书分局

京师大学堂创办伊始就极为重视教育翻译工作。其时先后制定和颁布的《京师大学堂章程》（1898年7月）、《钦定京师大学堂章程》（1902年8月）和《奏定大学堂章程》（1904年1月），对教科书翻译引进都予以明确说明。例如，《奏定大学堂章程》的"学务纲要"确定了"选外国教科书实无流弊者暂应急用"，"目前不得不借用外国成书以资讲习"的原则。这三个章程的颁布，在一定程度上为大学堂引进和采用西方教科书提供了政策依据。为保障翻译活动有组织而顺利地开展，先后成立了专门的翻译机构，如京师大学堂译书局、上海译书分局等。译书局成立不久，便从日本购买了一批美国学堂用的初级教材，并着手翻译。后因八国联军攻占北京，大学堂停办，译书局也因此停止运作。1902年3月，大学堂又重新开办，译书局也于同年10月成立，"严复为译局总办，林纾、严璩、曾宗巩、魏易等副之"[①]。留英学生严复起到了很好的翻译组织者和实践者的作用。就职后，他制定了《京师大学堂译书局章程》，对译书局的设员、局章、职员薪俸和领译合同进行了详细的规定："总译一人，以总司译事。凡督率、分派、删润、印行及进退译员等事，皆主之。分译四人，分司翻译。其不住局而领译各书者，无定数……"[②] 编译宗旨确定为"开启民智""借鉴他山，力求进步"[③]。译书局翻译内容十分广泛，涉及自然科学、人文科学、社会科学以及技术科学等。其翻译成果曾于1903年列入京师大学堂刊行的《暂定各学堂应用书目》。1904年译书局和上海译书分局均停办。

（六）新译界社

新译界社由湖北黄陂籍留日学生范熙壬等组织，湖北留日学生为主体。所创办的杂志《新译界》注重政法、文学、时事等方面书刊的翻译。其翻译宗旨是"研究实学，推广公益"。具体实施办法是："一曰维持吾国固有之

[①] 朱有瓛主编：《中国近代学制史料》（第二辑上册），华东师范大学出版社，1987，第957页。
[②] 北京大学校史研究室编：《北京大学史料》（第一卷），北京大学出版社，1993，第194页。
[③] 王栻：《严复集》（第一册·诗文卷）（上），中华书局，1986，第130页。

文明以求合于世界，为世界所同认者则存之，否则去之；一曰拣择世界最新之学理以输入于吾国，为吾国所适宜者则取之，否则去之。"其目的是："一变吾国政法界为极良政法界；二变吾国文学界为绝妙文学界；三变吾国理学界为最精理学界；四变吾国实业界为至足实业界；五变吾国教育界为完美教育界；六变吾国军事界为强大军事界；七变吾国外交界为灵敏外交界；八变吾国时事界为光荣时事界。"①其翻译目的之一就是变我国教育界为"完美教育界"。其翻译内容主要是新的哲学流派、政治理论、经济学说、教育原理、军事和文艺等。

（七）国学社

国学社由张肇桐、嵇镜、叶澜等中国留日学生于1903年发起创办的，是以江浙留日学生为中心的翻译团体，主要任务是编译中小学教科书，如中学文典、国史、地理志、法制、经济以及小学文典、国史、地理等。计划编译中小学博物、伦理、生理、音乐、格致教科书等。②此外，他们并不满足于照本宣科地翻译日本教科书，立志借鉴日本教科书走自编教科书的道路。为此还曾计划陆续编辑中学读本、中学文典、中学国史、外国史、中学本国地理志、外国地理志、法制教科书、小学读本、小学国文典、小学国史、小学地理志、中学伦理教科书、中学博物教科书、中小学唱歌教科书、小学格致教科书等。

（八）上海会文学社

上海会文学社成立时间不详，以翻译教科书为己任。1903年，上海会文学社出版了留日学生范迪吉等译日本大中学校教科书和参考书100册，冠名为"普通百科全书"。这100册书均是当时日本中学教科书和一般大专程度的教学参考书。内容十分广泛，涉及宗教、哲学、文学、教育、政治、法律、历史、地理、自然科学、实业等十几类。为清末民初新式学堂提供了丰富的教学用书。

（九）闽学会

闽学会创立于1904年，创办人主要是福建留日学生。翻译出版有"闽学

---

① 《章程》，《新译界》1903年第1期。
② 李喜所：《近代留学生与中外文化》，天津教育出版社，2006，第170页。

会丛书"，内容包括哲学、史学、人类学、法律、地理、教育学、社会学、经济学、外交等十余种。但因数量较少，影响不大。

上述教育翻译机构有的独立存在，有的附属于新式学校；有的设在国内，而有的则设在日本；有的翻译成果在日本印刷，然后运回国内销售，有的则直接交付国内出版社出版发行；有的翻译团体还自己从事发行，如由留学生陆世芬为主持人，成立于1902年的教科书译辑社在国内就设立有27处"代销处"，销售其译编的教科书。这些教科书主要依据日本中学教科书编译而成，其中科目门类齐全，几乎涉及中学的各门课程。①由是可知，正是得力于这些机构的创立，为留学生开展教育翻译活动及其事业，奠定了很好的组织基础。

二、留学生为主体创办的教育翻译刊物

1895—1937年间教育翻译刊物的发展与清末新政时期的教育改革、民初的教育改革以及南京国民政府抗战前的教育变革相伴相随。据统计，1901—1937年间期刊总数有567份之多②，而1927—1937年间是教育杂志书目最多的时期，占四分之三强。"这些教育期刊以讨论教育问题、传播西方教育理论和方法、指导教育实践为己任，积极参与并推动了中国教育改革的进程"③。无论是在教育理论层面，还是在教育实践层面，都有力地推动了中国近代教育的改革与发展。在众多教育杂志中，《教育世界》《教育杂志》《中华教育界》《新教育》等积极引入西方教育制度、教育思想、教科书、教学方法等，极大地冲击了旧的封建教育思想和教育体制，挑战了传统的教学内容和教学方法，对清末民国前期的教育改革与发展起到了重要作用。下面笔者将主要对《教育世界》《教育杂志》和《新教育》作出简介。

（一）《教育世界》

中国近代最早的教育专业杂志《教育世界》于1901年5月在上海创刊，

---

① 王桂：《中日教育关系史》，山东教育出版社，1993，第574页。
② 全国图书联合目录编辑组：《全国中文期刊联合目录1833—1949》，北京图书馆，1961。
③ 陈学恂：《中国教育史研究》（近代分卷），华东师范大学出版社，2001，第338页。

发起人罗振玉,主编王国维。初为旬刊,后改为半月刊,每月上、下旬出版,从未间断,1908年1月停刊,共出166期。在1907年以前国人自办的教育刊物中,该刊是"中国教育期刊中发行量最大、出版时间最长、影响也较大的教育杂志"①。其中前期(1901年5月—1904年2月)68号(期),由罗振玉主编;后期(1904年2月—1908年2月)98号(期),由王国维主编。

1.《教育世界》创刊宗旨

《教育世界》创刊之时正值我国教育制度发生重大改革之际,从救亡图存的高度提出了教育的重要性,并明确阐述了其创办宗旨:

> 土积而成山丘,水积而成川流,人才组合而成世界。是世界者人才之所构成,而人才者又教育为之化导者也。无人才不成世界,无教育不得人才。方今世界,公理不出四语,曰:优胜绌败。今日中国处此列雄竞争之世,欲图自存,安得不于教育亟加之意乎!爰取最近之学说书籍编译成册,颜之曰《教育世界》,以饷海内学者。②

2.《教育世界》主要译介人员

担任《教育世界》撰稿或翻译任务的人士主要有罗振玉、罗振常、张元济、高凤谦、王国维、樊炳清、陈毅以及日本《教育时报》的主笔辻武雄等人③。其中王国维、樊炳清、沈紘是罗振玉创办的东文学社的在校学生,而陈毅、胡钧是张之洞创办的湖北自强学堂的教习。其中黄陂人陈毅曾先后两次"游历"日本,而沔阳人胡钧不仅两游日本,且是德国柏林大学的毕业生。《教育世界》的部分编译人员因有留学经历,且能长期从事外国教育理论和教育制度的相关译介和研究工作,所以在中国成为较早的教育行家。

3.《教育世界》译介的主要内容及贡献

(1)译介日本教育法规、学校章程

《教育世界》自创刊到1903年12月《癸卯学制》的颁布,刊登了大量

---

① 杨建华:《中国近代教育期刊与近代教育发展》,华东师范大学博士学位论文,2005年,第21页。
② 罗振玉:《教育世界·序例》,《教育世界》1901年第1期。
③ 杨建华:《中国近代教育期刊与近代教育发展》,华东师范大学博士学位论文,2005年,第18页。

介绍日本教育法规、学校章程的译文和论文。所译介的"教育法规和条例共96项左右",几乎可以说明治维新以后日本近代教育制度的制定、发展及其现状,他们都"作了较为全面、系统的介绍"①。日本有的学者将《教育世界》视为晚清中国人了解日本教育的主要信息源之一。②

(2) 翻译日本教育学著作,导入赫尔巴特教育学理论

《教育世界》不仅注重教育制度的引入,而且重视教育理论的引鉴。该刊通过翻译日本教育学著作及讲义,系统介绍"教育改良家之泰斗"赫尔巴特的教育学说和理论,从而开启了近代中国导入赫尔巴特教育学说及理论之先河。

(3) 翻译各种教科书

《教育世界》除介绍各国教育理论、教育法规及教育状况外,还注重翻译各种教科书。这一点可从该杂志的序例中得到印证:"此杂志中所译各学校教科书多采自日本。考各种教科书有可通用者(如动植、理化之类),有须特撰者(如读本、地理、历史之类),兹译日本教科书为蓝本,海内学人若据此编润成中国合用之书,则幸甚。"③

《教育世界》的主要贡献,在于对西方教育制度的引入以及对本国学制的建设与完善。其发刊伊始,就开始积极译介日本的教育制度史料、规章、法令以及与教育制度相关的研究著作,为中国近代学制的制定提供了可资借鉴的蓝本,直接或间接地引领了近代学制改革。简而言之,该刊通过教育翻译,不仅沟通了中国教育界与西方教育界之间的联系,为中国近代学制改革输入了大量西方教育制度的合理元素,而且架起了沟通民间与政府之间的桥梁,为新式教育在中国的勃兴提供了很好的借鉴资料和理论资源。

(二) 《教育杂志》

《教育杂志》由上海商务印书馆总经理夏瑞芳创办于1909年2月。是我国近代创刊早、发行时间长、流行广、影响大的月刊之一。该刊创办初期编排顺序按"年"和"期",后来改为"卷"和"号"。例如:创刊号是"第

---

① 田正平:《中外教育交流史》,广东教育出版社,2004,第344页。
② 同①。
③ 《教育世界》1901年第1期卷首。

一年第一期",终刊号为"第三十三卷第十二号"。1932年"一·二八"事变中,日本侵略军轰炸上海,炸毁了商务印书馆及其编辑部和印刷厂,《教育杂志》被迫停刊。1937年9月复刊。是年,日寇在上海发动侵略战争,《教育杂志》只好转迁长沙、香港等地出版发行。1941年,日本侵略军占领香港,《教育杂志》宣布停刊。抗战胜利后,于1947年7月在上海复刊,1948年12月最后停刊。累计前后出刊33卷382期。一般是每月一期,但第一年出刊13期;第二十四卷出刊4期。

1.《教育杂志》的宗旨与主要栏目

《教育杂志》在创刊号刊登了《教育杂志简章》,明确提出"本杂志以研究教育改良学务为宗旨"。在其宣告的栏目共涉及二十个,亦即二十门,包括"图画""主张""社说""学术""教授管理""教授资料""记事""史传""教育人物""教育法令""章程文牍""调查""评论""文艺""谈话""杂纂""介绍批评""质疑答问""名家著述""附录""悬赏披露"①,并对每一门的来稿要求都做出了具体说明。之后,栏目不断有所调整。

2.《教育杂志》的主编及主要作者队伍

《教育杂志》的首任主编是陆费逵。继陆费逵之后,担任《教育杂志》主编的先后还有朱元善、李石岑、周予同、唐钺、何炳松、黄觉民、赵廷为、李季开等。上述9位主编有留学经历者4人,即李石岑②、唐钺③、何炳松④、

---

① 《教育杂志简章》,《教育杂志》第1卷(1909年)第1号。
② 李石岑(1892—1934):曾留学日本,专长哲学,对教育哲学尤感兴趣。回国后,1919年,任学术刊物《民铎》主编。1922年1月正式接任《教育杂志》主编。在主持《教育杂志》的同时依然保留着《民铎》主编一职。因这两份出版物的社会知名度很高,从而奠定了李氏在国内知识界的地位。
③ 唐钺(1891—1987):中国心理学奠基人之一,心理学翻译家。1911年入北京清华学校,1914年赴美国康奈尔大学学习心理学和哲学。1917年入哈佛大学研究院哲学部心理学系深造,从事心理研究工作,1920年获博士学位。1921年回国后历任北京大学哲学系、清华大学心理系心理学教授,上海商务印书馆编辑部哲学教育组组长。因在心理学方面成就卓越而享誉心理学界。曾译介过大量的西方心理学及哲学名家著作,如穆勒的《功用主义》、康德的《道德形上学探本》、詹姆斯的《心理学原理》、兰德的《西方心理学家文选》、马赫的《感觉的分析》(合译)等。1923年担任《教育杂志》主编,由于编译所事务繁忙,李石岑继续接任主编。
④ 何炳松(1890—1946):1912年由浙江省官费赴美留学。1915年夏,获威斯康星大学政治科学士学位,并获得荣誉奖。1915年秋,入新泽西的普林斯顿大学研究院,专攻现代史和国际政治,1916年获硕士学位。1916年夏回国后,曾任北京大学史学系教授、北京高等师范学校史地部教授、浙江省第一师范学校校长等职。1923年,受王云五之聘,进商务印书馆主持百科全书的编译工作。1928年升任编译所副所长。1929年,王云五离开商务印书馆后,何炳松继任编译所所长。1934年9月起,主编《教育杂志》。

黄觉民[①]，占 44.4%。

《教育杂志》在创刊初期，由于当时国内熟悉教育理论并具有专门研究能力的人并不多，杂志编辑们往往全部或部分地担任教育理论文章的研究和撰写工作。进入民国后，尤其是 20 年代至 30 年代，攻读教育专业的留美学生怀着"教育救国"的宏愿成批归国，国内大学的教育科、系也把培养教育研究专门人才作为培养目标之一，培养了一大批精通教育理论并具有一定教育研究能力的人才。在《教育杂志》的主要作者队伍不断扩大的过程中，留美学生以他们先进的教育理论、开阔的视野以及扎实的专业基本功，逐步成为领军人物。在《教育杂志》聘请的 74 名"特约撰述"中，留学生就有 65 人。其中 52 人为留美学生，7 人为留日学生，3 人为留英学生，2 人为留法学生，1 人为留德学生。这一群体承担着传播教育理论的特约撰稿者和教育理论编辑顾问的角色，成为《教育杂志》传播外国教育理论的一股重要力量。

3.《教育杂志》传播的主要内容及贡献

《教育杂志》的主要内容就是翻译和传播近代西方教育理论。其中，杜威实用主义教育思想是该杂志的传播重点。在杜威来华前，该杂志对实用主义教育理论进行过宣传和介绍，奏响了实用主义教育理论广泛传播的前奏曲；杜威来华后，该杂志又对杜威的行踪予以报道并对其演讲内容进行刊载，同时对实用主义教育理论进行深度的研究。因此，其最主要贡献在于对实用主义教育理论在中国的传播起到推波助澜的作用。其次，该杂志对新教育方法的翻译也不遗余力，主要翻译了赫尔巴特形式阶段教授法、蒙台梭利教育法、文纳特卡制、德可乐利教育法等。再次，该杂志对教育研究方法的翻译也极为重视。早在清末民初，该杂志就已开始翻译一些心理学著作。20 世纪 20 年代后，随着一大批攻读教育学、心理学专业的留学生归国，国内教育界对心理学的研究迅速且大规模地展开，该杂志用大量的篇幅介绍了西方普通心理学、儿童心理学和教育心理学学说[②]。

---

① 黄觉民（1896—1956）：1927 年至 1931 年，在菲律宾留学 4 年，获得教育学士以及硕士学位。1931 年赴美国哥伦比亚大学攻读教育心理学。1933 年夏，获得教育心理学专家证书。同年秋天回国，担任上海大夏大学教育心理学系教授。1936 年，担任《教育杂志》主编。著有《教育心理学》，译著有《家庭教育之理论与实践》，以及与人合译的《德国公民教育》《实验教育学》。

② 周谷平：《〈教育杂志〉与近代西方教育传播》，《教育评论》2002 年第 3 期。

《教育杂志》既是中国近代教育艰难而曲折发展历程的忠实记录者，也是中国教育走向世界之历史进程的忠实见证者，它对中国近代教育改革与发展发挥了作为专业期刊所应有的功能和影响。

（三）《新教育》

《新教育》在中国教育早期现代化的进程中也起到了积极的推动作用。该刊创刊于1919年2月，1925年10月停刊。它的创办，"盖欲在此新时代中，发健全进化之言论，播正当确凿之学说"[1]。创刊以来，以提倡"新教育""推进教育改革"为主旨，大容量、及时地介绍了当时欧美流行的各种教育理论、学说和思潮，特别系统地传播了杜威、孟禄等教育家的教育思想，对20世纪初期的教育改革产生了重大的积极影响。该刊的代办处遍及全国35个城市（含香港），并远涉日本东京，被认为是"20年代中国影响最大的教育杂志之一"[2]。胡适曾说过，在输入学理方面，我们可以指出《新青年》的"易卜生号""马克思号"，《新教育》的"杜威号"[3]……当代学者在比较《教育世界》和《新教育》对近代教育改革的贡献时说："如果说20世纪初年由罗振玉、王国维创办的《教育世界》曾给中国教育界打开了一扇了解、学习日本教育的窗口；那么，20年代的《新教育》可以说为中国教育界开辟了一条研究、借鉴西方，特别是美国教育的重要渠道。"[4]其重要性由此可想而知。

1.《新教育》的主编和主要编辑成员

《新教育》的主编先后主要由留美学生蒋梦麟、陶行知和徐则陵来承担。其中，蒋梦麟（美国哥伦比亚大学哲学及教育学博士，北京大学教授）主编16期；陶行知（美国哥伦比亚大学师范学院教育硕士，南京高等师范学校教授）主编13期；徐则陵（美国伊利诺伊大学硕士，东南大学教授）共主编20期（单独主编16期，联合主编4期）。其余几期分别由俞子夷（南京高等师范学校教授兼附小校长，曾赴哥伦比亚大学考察师范及小学教育）和麦克

---

[1] 蒋梦麟：《本刊倡设之用意》，《新教育》第1卷（1919年）第1期。
[2] 周洪宇：《陶行知研究在海外》，人民教育出版社，1991，第165页。
[3] 胡适：《新思潮的意义》，《新青年》第7卷第1号，1919年12月。
[4] 田正平：《留学生与中国教育近代化》，广东教育出版社，1996，第393页。

乐（哥伦比亚、东南大学教授）主编。该刊成为国人借鉴和研究西方特别是美国教育的重要渠道，发行量大，风行全国，颇有影响，与当时久负盛名的《教育杂志》《中华教育界》等刊物并驾齐驱。其巨大的影响力与《新教育》杂志的主要编辑成员的素质以及他们的努力有着密切的关系。下面是该刊几个编辑组主要成员的情况。

表1.2 《新教育》杂志主要编辑成员一览表

组别	主要编辑成员	留学情况
普通教育问题	蒋梦麟、郭秉文、汪懋祖、张伯苓、刘廷芳、郑晓沧	[美]哥伦比亚大学师范学院
	余日章	[美]哈佛大学
	孟宪承	[美]华盛顿大学
	陈宝泉	[日]东京宏文师范
教育哲学	蒋梦麟、汪懋祖、胡适、朱经农	[美]哥伦比亚大学师范学院
	孟宪承	[美]华盛顿大学
	刘伯明	[美]西北大学
	许崇清	[日]东京帝国大学
教育行政	陶行知、李建勋	[美]哥伦比亚大学师范学院
	黄炎培、邓萃英	[日]东京高等师范
高等教育	蒋梦麟、郭秉文、胡适	[美]哥伦比亚大学师范学院
	韦悫	[美]芝加哥大学
	王伯秋	[美]哈佛大学
	蔡元培	[德]莱比锡大学
中等教育	廖世承	[美]勃朗大学
初等教育	张伯苓、吴卓生	[美]哥伦比亚大学师范学院
	俞子夷	曾到日本、美国考察教育

(续表)

组别	主要编辑成员	留学情况
职业教育	王文培	[美]哥伦比亚大学师范学院
	邹秉文、过探先	[美]康奈尔大学
	黄炎培	[日]东京高等师范
师范教育	陶行知、郑晓沧	[美]哥伦比亚大学师范学院
	贾丰臻	[日]东洋大学专门部
教育心理	汪懋祖、刘廷芳、凌冰、张耀翔、陈鹤琴	[美]哥伦比亚大学师范学院
	陆志韦	[美]芝加哥大学
	廖世承	[美]勃朗大学
	黄希声	[美]加利福尼亚大学
教材教学法	张士一、郑晓沧	[美]哥伦比亚大学师范学院
	张准	[美]麻省理工大学
	秉志	[美]康奈尔大学
	徐则陵	[美]西北大学
女子教育	张默君	[美]哥伦比亚大学第一女师
	吴卓生	[美]哥伦比亚大学师范学院

[资料来源]《新教育》1923年第1期及有关资料。

2.《新教育》传播的主要内容及贡献

（1）对杜威及其实用主义教育理论的传播

《新教育》创刊之际正是杜威在日本东京演讲之时，创刊后的第2号（1919年3月）上就发表了郑宗海的《杜威之教育主义》的译文。该文较为全面地介绍了杜威的教育思想，为杜威来华做了舆论导向。紧接着的专号"杜威号"上刊载了杜威的肖像图片和杜威小传。胡适、蒋梦麟等留美学生在《专论》和《演讲》等栏目中对杜威的教育哲学、知识论、平民主义教育、伦理学以及道德教育思想进行了全面介绍。值得一提的是，该杂志对我国教育界受杜威及其实用主义教育理论影响而产生的新思想和新教育方法均加以报道。

（2）利用"专号"形式集中引进和传播西方新的教育理论

《新教育》利用编辑专号集中介绍西方教育理论以及推介国内教育研究成果。主要专号有："杜威号"（第1卷3期）、"学制研究号"（第4卷2期）、"孟禄号"（第4卷4期）、"中华教育改进社第一届年会号"（第5卷3期）、"第二届年会报告号"（第7卷2、3合期）、"南京年会论文专刊"（第9卷1、2合期）、"第三届年会报告号"（第9卷3期）、"全国教育展览会报告号"（第9卷5期）、"第四届年会报告号"（第11卷2期）等。这些专号对杜威实用主义教育理论的传播、孟禄中国教育调查成果的报道、新学制出台的推动等，均起到了强大的舆论引导作用。

（3）采用编译的手段着重介绍美国教育

由于《新教育》的主编以及各组编辑成员多为留美教育学者，因此，在各种新教育思想和主张的介绍和宣传中，对来自美国的教育理论和思想传播最有力，篇幅最多，报道最深入。例如，毕业于美国西北大学的徐甘棠，从《新教育》创刊到第4卷第5期，共计发表介绍美国教育的译文近70篇。内容主要涉及美国高等教育、美国教育会社、教育测量与统计、美国教育家、美国教师教育、美国教育政策、美国教师待遇、教学法、童子军教育和体育等。

《新教育》积极介绍西方教育发展趋势与动态，传播西方教育思想，为国人了解、研究及借鉴近代西方教育，为近代中国教育与世界教育迅速接轨开辟了一条重要渠道。

本章就近代中国留学生教育翻译活动如何兴起进行了论述。留学生教育翻译活动起始于甲午战争后。甲午战争前以传教士为主体，以"中西合作"为翻译方式的教育翻译存在着种种问题，国人在教育翻译中丧失主动权和话语权等现状，激发人们对教育翻译的主权问题的思考。随着教育救国的呼声日益高涨，国人对新知的渴求日益迫切，对西学翻译的必要性和可能性的认识日益深入，新教育对学制、新式教科书、师资等的需求日益强烈；随着留学教育的实行，催生了一大批教育翻译人才，形成了一个逐步自主独立、专业化的留学生翻译群体；近代中国留学生教育翻译活动应运而生。这些翻译主体的形成、翻译机构的构建、翻译期刊的创办等，均为留学生的教育翻译顺利开展奠定了人才和组织基础，从而保障了留学生的教育翻译成果得以及时面世，并对其时的教育改革与进步发挥着推进作用。

第二章

近代中国留学生教育翻译活动的发展演进

前章从多元系统论的视角分析了近代中国留学生教育翻译活动兴起的历史原因，探讨了近代中国留学生教育翻译主体的形成过程，介绍了教育翻译机构以及翻译成果传播媒体的概况。本章将对留学生教育翻译活动的发展演进轨迹进行探讨，其中包括教育翻译的价值取向、动机模式的类型及演变、翻译对象国的选择与转换、翻译方式的选择与变衍、翻译成果展现形式的变化、翻译主体多重角色的扮演等，以利于人们更清晰地认识和了解甲午战争后至全民族抗战爆发前40余年间中国留学生教育翻译的行动轨迹。

第一节 近代中国留学生教育翻译的活动轨迹

在不同的历史时期，出于不同的动机与目的，翻译时人们对作品的选择也就不同。由于此期翻译文本来源国呈变化的趋势，因此探讨留学生教育翻译的活动轨迹有助于我们更好地了解留学生教育翻译的发展脉络。从教育翻译的对象国变化的角度来看，1895年至1937年间留学生教育翻译大致可分为三个阶段，即留学生教育翻译意识的形成期和活动的开启期（1895—1900），以留日学生为主体的教育翻译繁荣期（1901—1914），以留欧美学生为主体的教育翻译全盛期（1915—1937）。现对这三个时期的发展脉络进行梳理。

一、留学生教育翻译意识的形成期和活动的开启期（1895—1900）

1895—1900年间是留学生教育翻译意识的形成期和翻译行动的开启期。甲午战争失败后，国人强烈地意识到学习西方的重要性，意识到通过翻译学习西方教育的必要性和可能性。翻译对象国主要是欧洲几个国家，虽就翻译主体和翻译数量来看，不能称之为"潮"，但是其影响力巨大。例如，创刊于1896年的《时务报》辟有《域外报译》栏目，创办于1897年的《知新报》设有《西国政事》栏目，每期都用大量篇幅报道西方国家政治、经济、文化等状况，翻译介绍一些西方启蒙思想家的著作。此外，《国闻报》《通学报》《农学报》《算学报》《求是报》《格致新报》等均纷纷介绍西方各国政党制度、外国文学以及西方科学知识等。此时期，最具影响力的是著名的"严复八译"，即《天演论》《原富》《群学肄言》《群己权界论》《社会通诠》《穆勒名学》《法意》《名学浅说》，这些书籍主要源自英国和法国，内容涉及西方近代经济学、政治学、法学、社会学、哲学、教育学等。其中前5部就在1895—1900年间完成翻译或开始翻译：《天演论》译自英国博物学家赫胥黎（T.H.Huxley）的《进化论与伦理学》；《原富》译自英国古典政治经济学家亚当·斯密（Adam Smith）的《国民财富的性质和原因的研究》；《群学肄言》译自英国著名社会学家斯宾塞尔（Herbert Spencer）的《社会学研究》；《群己权界论》译自英国资产阶级思想家、逻辑学家约翰·穆勒（John Stuart Mill）的《自由论》；《社会通诠》译自英国社会学家甄克思（E.Jenks）的《社会进化简史》；《穆勒名学》译自英国逻辑学家约翰·穆勒的《逻辑体系》；《法意》译自法国著名资产阶级启蒙思想家和法学家孟德斯鸠的《论法的精神》；《名学浅说》译自英国逻辑学家耶方斯（W.S.Jevons）的《逻辑入门》。上述译著所蕴含的新知识携带着新思想进入中小学课堂，给读者展现了一个崭新的世界。此期的教育翻译开启了维新启蒙时代国人全面引进西方哲学社会科学的历史。

本阶段留学生教育翻译处于意识的启蒙期、活动的开启期，同时也是翻译主体的转型期以及翻译内容的转化期。教育翻译的数量虽不多，但分量很重。当时翻译的时代特征主要表现为直接译自原著，翻译方式以自由翻译为主。有关教育方面的知识通过其他社会科学著作间接地引入国内，进入学校课堂，传播于社会，起到了积极的思想启蒙作用。

二、以留日学生为主体的教育翻译繁荣期（1901—1914）

由留日热潮带来的转口输入，使西学传入的规模空前扩大，数量急剧上升。据统计，从1900年到1911年，中国通过日文、英文、法文共译各种西书至少1599种，占晚清译书总数的69.8%，其中大部分是通过日文转译而来。[1] 据清末学者顾燮光的《译书经眼录》统计，1902年到1904年，中国共译西书533种，其中译自日文的为321种，约占总数的60%；译学校类书共48种，其中译自日文的达39种，约占总数的81%。[2] 这两组数据充分说明，20世纪

---

[1] 熊月之：《西学东渐与晚清社会》，上海人民出版社，1994，第13页。
[2] 叶志坚：《中国近代教育学原理的知识演进——以文本为线索》，浙江大学博士学位论文，2009年，第8页。

最初 10 余年间，西书翻译主要源自日本，其中教育方面的著作也绝大部分由日本转译。留日学生通过日本这一中转站，把西方教育史上形成的多种流派、多家学说大量地译介进来，为国人了解西方教育发展的历史与现状提供了可资借鉴的参照系。

以教育著作及讲义翻译为例，1901—1914 年是中国从日本大规模引进教育学的最初时期，也是最繁荣时期。据有关学者统计，1901—1915 年引进教育学科类著作约 119 本，占整个 20 世纪前半期引进总数 248 本的 48%，几乎达到半数。其中从日本转译的有 84 本（不包括编译），占总数的 71.2%。主要包括教育学（47 本）、教授法（28 本）、教育史（14 本）、学校管理法（11 本）、教育行政（5 本）、教授学（3 本）、学校卫生学（3 本）、儿童教育（3 本）、教育心理学（3 本）、教育学史（2 本）。翻译数达 10 本以上的有教育学、教授法、教育史和学校管理法。①

本阶段留学生教育翻译有如下四个特点：一是教育翻译的目的主要服务于教学，为新式教育提供新式教科书，包括普通教育、师范教育等。二是对西方教育学的翻译基本上采取了"拿来主义"的态度，存在着盲目引进，缺乏认真研究，唯以多为贵的状况。三是过分强调实用性，有片面追求短期效应，急功近利的倾向，大多是即译即用。四是翻译质量欠佳，译述上较为肤浅、粗糙，有漏译、误译的现象。

三、以留欧美学生为主体的教育翻译全盛期 （1915—1937）

从日本中转引入西方教育，虽节省了时间，加快了中国学习和借鉴西方教育的进程，但转道日本而不从其发源地直接引入西方教育，从长远来看，显然不利于中国教育的发展，不利于国人对西方教育的真正理解和选择吸收。五四运动所倡导的"民主"与"科学"精神，使中国教育开始以更加开放的心态，放眼全球以寻求教育新发展。他们开始关注世界各发达国家教育的利

---

① 侯怀银：《中国教育学发展问题研究——以 20 世纪上半叶为中心》，山西教育出版社，2008，第 36—45 页。

弊得失与发展趋势，经过明辨择善，把教育改革的参照重心由日本转向欧美，尤其是美国。教育翻译的对象国也由日本转向欧美，教育翻译进入直接从欧美尤其从美国引进的历程。因此，本时段从日本引进教育的数量急剧下降，开启了以留欧美学生为主体的欧美教育翻译的全盛期。

本阶段的教育翻译有着选择性、全面性、研究性和广泛性四个特点。第一，选择性。翻译者已能结合中国国情，适当进行选择。所谓结合中国国情，不仅体现在对译本的选择上，而且也体现在对翻译方式的选择上。留学生在翻译时，已能结合中国的实际，根据自身的需要取舍西方教育内容，做些变通或变异。如邹恩润（韬奋）在其编译的《职业教育研究》（商务印书馆1923年版）的"编译赘语"中就明确指出："本书内容多取材于先进国家关于职业教育之名著……并参酌以本国实际需要。"再如赵演在改译美国学者查浦曼（J.C.Chapman）、康茨（C.S.Counts）所著的《教育原理》（商务印书馆1935年版）时，"设法就中国情况而论，使读者觉得书中所讨论的即是中国的教育原理"[1]。虽然译者已声明"此种理想未能充分达到"，但它已说明该时期中国教育学者已重视引进与中国教育实践的结合，开始了教育中国化的早期探索。第二，全面性。除基础性教育理论的引进，留学生还注重应用性教育理论的翻译。该时期西方教育各学科几乎都被翻译过来，对此前文已有述及。第三，研究性。此期教育翻译动机模式属于服务研究型，译者为教育研究服务的意识进一步加强。教育测量、教育统计学、教育研究法等学科得到了翻译。例如，杜佐周编译的《麦柯教育测量法撮要》（民智书局1927年版）、朱君毅所译的美国塞斯顿（L.L.Thurstone）的著作《教育统计学纲要》（商务印书馆1928年版、1933年版）、朱君毅翻译的美国葛雷德所著的《心理与教育之统计法》（商务印书馆1934年版）、顾克彬翻译的美国欧提斯（A.S.Otis）著述的《教育测量统计法》（南京书店1934年版）、薛宏志所译的美国麦柯尔的著作《教育实验法》（商务印书馆1936年版）等。这些著作的直接引进，反映了当时国人对教育研究科学方法的需要日益增强，翻译者已加大从美国引进教育研究和教育实验法的力度。这也意味着此期的

---

[1] [美]查浦曼、康茨：《教育原理》，赵演译，商务印书馆，1935，第17页。

教育翻译不再仅仅为师范教育的教学服务，而已开始注意为教育研究服务。第四，广泛性。值得注意的是，此期教育翻译的视野较前期更为广阔。除引进以美国为主的教育学外，人们开始注意对苏联等国教育学的引进。例如，在20世纪20年代的《教育杂志》就开始译介苏俄教育。其主编周予同回忆说："石岑留学德国，《教育杂志》由我主编……我怂恿他（杨贤江——笔者注）从日文材料里客观地介绍苏俄的教育理论和制度，以为今后中国教育改造的参考资料。"[①] 在其鼓励下，杨贤江努力试图从日文材料里客观地了解苏联的新兴教育理论和制度，希望以此作为今后中国教育改革的参照与借鉴。下表是杨贤江在1929—1931年间以各种署名译介苏联教育的大致情况：

表2.1 杨贤江译介苏联教育著述一览表（1929—1931）

时间	篇目、书名	期刊、出版社	署名
1929年1月	《新俄之新学校》	《教育杂志》	李仁民
1929年11月	《苏联的大学生》	《新思潮》	柳岛生
1930年1月	《苏俄之学校、教师与学生》	《教育杂志》	李仁民
1930年7月	《苏联对于学龄前儿童的教养》	《妇女杂志》	杨贤江
1930年8、9月	《苏联新兴教育之一般理论》	《教育杂志》	李谊
1930年9月	《苏联最近教育制度之改革与批评》	《教育杂志》	叶公朴
1931年11、12月	《平克微支之教育心理观》	《教育杂志》	杨贤江
1931年	《新兴俄国教育》	上海中华书局	祝康

[资料来源]《教育杂志》《新思潮》《妇女杂志》等。

杨贤江对苏俄教育的介绍内容很广泛，涉及教育理论和实践的方方面面，包括普通教育和职业教育、学校教育和社会教育；既有译自苏俄教育家的教育论著，也有译自欧美和日本出版的苏俄教育论著。除此以外，其他如卢哲夫翻译了苏联平克微支著的《教育学新论》（辛垦书店1935年版）等。这些译介对近代中国"以俄为师"，导入马克思主义教育思想，具有十分重要的

---

① 商务印书馆：《商务印书馆九十年》，商务印书馆，1987，第282页。

历史意义。

1915—1937年间教育翻译对象国以欧美为主，但翻译者在翻译过程中对文本的选择、与中国教育实践相结合的意识、为教育研究服务的意识以及引入的视野等，均较前期有一定的进步。但是从20世纪30年代始，翻译数量呈下降的趋势。不少学者已经从引入走向创作，即在引进的基础上把主要的精力投入到教育学著作、教材和讲义的编写上。

至此，近代中国留学生教育翻译的活动轨迹清晰可见，即翻译意识的形成期及活动的开启期、以留日学生为主体的翻译繁荣期以及以留欧美学生为主体的翻译全盛期。该活动轨迹与中国教育在国际化进程中向西方学习借鉴的历史轨迹两相重合，同为一辙所出。

第二节 近代中国留学生教育翻译动机模式的演变

在翻译史上，由于时代背景不同，原语文本所承载的思想不同，译者的身份不同，因此出现了不同的动机模式。就中国翻译史而言，翻译的动机模式可以细分为"弘法布道型"翻译和"兴国启民型"两大类。历史上佛典汉译和以耶稣会士为主体的翻译高潮均与宗教信仰有着密切的关系，这两次翻译高潮属于"弘法布道型"翻译动机模式。[1] 近代中国知识分子的科技翻译、西学翻译高潮均与民族忧患、民族复兴有着密切的关系，这两次翻译高潮属于"兴国启民型"翻译动机模式。深而析之，后者还可以根据不同的时期细分为"富国强兵型"和"开启民智型"的翻译动机模式。[2] 自鸦片战争以来，中国翻译家的历史使命感贯穿于整个翻译过程中，他们大多是本着"国家兴亡，匹夫有责"的思想来开启和推进自身的翻译事业。洋务派主张"中学为体，

---

[1] 彭萍：《伦理视角下的中国传统翻译活动研究》，外语教学与研究出版社，2008，第81页。
[2] 彭萍：《伦理视角下的中国传统翻译活动研究》，外语教学与研究出版社，2008，第88—89页。

西学为用",通过译介西方的科技文献,发展中国的工业,制造出坚船利炮,把中国从西方列强的压迫下解救出来,达到技术救国的目的,因此,其主要翻译动机是"富国强兵型"。甲午战争后,中国知识分子逐渐意识到单单依靠"中学为体,西学为用"的模式已经无法解决中国所面临的问题,只有"开民智、新民德"才能挽救中国,达到救亡图存的目的,因此,其主要翻译动机是"开启民智型"。近代留学生的教育翻译便是以"教育救国""开启民智"为目的的一个典型代表,通过有目的的教育翻译活动,引入新的教育思想,革新传统的教育思想,建立适应我国国情的近代学校体系,培养和储备人才,以达到"教育救国"乃至"教育强国"的最终目的。笔者根据留学生不同时期的翻译目的以及翻译内容再细分为如下三种动机模式:启蒙思想型、服务教学型和服务研究型。下文将对这三种动机模式作进一步的阐述。

一、启蒙思想型的留学生教育翻译动机模式

甲午战争失败后,国家和民族面临生死存亡的关键时刻,寻求救国的真理成为当务之急,借助西学启蒙国人思想成为首选。启蒙思想型的留学生教育翻译动机模式的最杰出的代表人物当属严复。严复根据斯宾塞的社会有机体理论和教育理论,认为国家的优劣强弱在于民力的强弱、民智的高下和民德的良莠。但当时的中国"民力已苶,民智已卑、民德已薄"[①],中国要想富强,就必须从民力、民智和民德方面入手,对中国民众进行思想启蒙教育。美国学者史华兹对严复的启蒙教育思想作了如下解释:严复认为,中国面对的一切恶魔中,无知是最可怕的,因为只有知识才能克服中国的一切弊病,并且更明确的是,只有西方知识才能使中国摆脱使它受难的异常无知。[②] 对此,我们可以从严复选择翻译西学著作的目的中得到印证。例如,严复翻译《天演论》的目的是让国人明白"物竞天择,适者生存"这一有关自然进化的法则同样适用于当时中国社会;翻译《群学肄言》的目的是启蒙国人"合群保种"

---

① 皮后锋:《严复大传》,福建人民出版社,2003,第123页。
② [美]本杰明·史华兹:《寻求富强:严复与西方》,叶凤美译,江苏人民出版社,1996,第134页。

的救亡意识；翻译《群己权界论》的目的，是宣传个性解放，反对专制迷信，让国人懂得如何保障民众的自由；翻译《社会通诠》的目的是启发国人实行君主立宪，摆脱狭隘的民族主义思想。下面将以严复翻译《天演论》为例，进一步论述启蒙思想型的留学生教育翻译动机模式。

早在甲午战争前，严复就意识到进化史观是西方进步的思想源泉。甲午战争失败后，面对民族危亡的困境，严复更迫切希望通过译介西学来开启民智，于是决定选择翻译有关自然和社会的《进化论与伦理学》。其目的是将斯宾塞的社会达尔文主义与中国社会实际相结合，从而开启民智、自强保种。根据《进化论与伦理学》译成的《天演论》，自1898年问世后，在中国产生极好的接受效应，影响了一代又一代的中国人，以至维新派、资产阶级革命派以及无产阶级革命家、教育家都受到不同程度的影响。维新派康有为、梁启超通过《天演论》而眼界大开，找到了维新变法的理论依据；革命派黄兴、胡汉民、朱执信、陈天华、邹容等受到《天演论》影响而发生思想剧变。蔡元培、鲁迅、胡适、黄炎培以及后来成为无产阶级革命家的吴玉章、朱德、董必武、毛泽东等也都受其影响。进化论成为救亡图存、教育救国的理论依据。例如，胡适对《天演论》的影响有这样的回忆：

> 《天演论》出版之后，不上几年，便风行到全国，竟做了中学生的读物了。读这书的人，很少能了解赫胥黎在科学史和思想史上的贡献。他们能了解的只是那"优胜劣败"的公式在国际政治上的意义。在中国屡次战败后，在庚子辛丑大耻辱之后，这个"优胜劣败，适者生存"的公式确是一种当头棒喝，给了无数人一种绝大的刺激。几年之中，这种思想像野火一样，延烧着许多少年人的心和血。"天演""物竞""淘汰""天择"等等术语，都渐渐成了报纸文章的熟语，渐渐成了一班爱国志士的"口头禅"……我自己的名字也是这种风气底下的纪念品。①

青年时代的鲁迅视《天演论》为启蒙之书，在思想上受其影响极大。他回忆早年在南京水师学堂、矿路学堂上学时写道：

---

① 胡适：《四十自述》，亚东图书馆，1933，第99页。

>我也知道了中国有一部书叫《天演论》。星期日跑到城南去买了来，白纸石印的一厚本，价五百文正，翻开一看，是写得很好的字，开首便道：——赫胥黎独处一室之中，在英伦之南，背山而面野，槛外诸境，历历如在机下……哦！原来世界上竟还有一个赫胥黎坐在书房里那么想，而且想得那么新鲜？一口气读下去，"物竞""天择"也出来了，苏格拉第、柏拉图也出来了，斯多噶也出来了。①

《天演论》对青少年时代的黄炎培的世界观、人生观之形成也产生了巨大的影响。他经常熟练地引用《天演论》来阐发其教育思想，论证教育的职能以及教育必须与实践相结合的思想。在《我之人生观与吾人从事职业教育之基本理论》一文中，他说："悟世界之日在进化与其进化之由来。观万物在天演界因优胜而生存，因劣败而灭亡之可幸与可悲，而觉悟而认识我人应有之努力。"②青年毛泽东所受西方民主主义文化的影响也见之于《论人民民主专政》一文，他在文中说：

>自从一八四〇年鸦片战争失败那时起，先进的中国人，经过千辛万苦，向西方国家寻找真理。洪秀全、康有为、严复和孙中山，代表了在中国共产党出世以前向西方寻找真理的一派人物。那时，求进步的中国人，只要是西方的新道理，什么书也看。向日本、英国、美国、法国、德国派遣留学生之多，达到了惊人的程度。国内废科举，兴学校，好像雨后春笋，努力学习西方。我自己在青年时期，学的也是这些东西。这些是西方资产阶级民主主义的文化，即所谓新学，包括那时的社会学说和自然科学，和中国封建主义的文化即所谓旧学是对立的。学了这些新学的人们，在很长的时期内产生了一种信心，认为这些很可以救中国，除了旧学派，新学派自己表示怀疑的很少。要救国，只有维新，要维新，只有学外国。③

综上不难看出，严复的翻译及其成果对近现代中国社会思想界和教育

---

① 鲁迅：《鲁迅全集》（第二卷），人民文学出版社，1981，第405—406页。
② 中华职业教育社：《黄炎培教育文集》（第一卷），中国文史出版社，1994，第377页。
③ 毛泽东：《毛泽东选集》（第四卷），人民出版社，1991，第1469—1470页。

界起到了巨大的思想启蒙功效,是近代启蒙思想型教育翻译动机模式的典型代表。

二、服务教学型的留学生教育翻译动机模式

教科书的翻译以及伴随着教科书翻译而出现的教育著作的翻译属于此类。新式教育的兴起为教育翻译提供了直接需求。普通教育、实业教育、师范教育等教育机构的兴办急需大量的教科书,为缓解燃眉之急,留学生们积极地投身到教科书的翻译热潮中去。

从留学生教育翻译机构的宗旨与目的来看,如前文提到的《教育世界》等期刊的创办宗旨与目的就在于满足教科书的迫切需要;上海商务印书馆的编译所办馆宗旨也是组织编译大量的儿童读物、大中小学教科书等以满足学校教学需求。此外,《奏定学堂章程·学务纲要》也列有"选外国教科书实无流弊者暂应急用"的专门条目,强调了"目前不得不借用外国成书以资讲习"的原则,由是新式学堂采用西方教科书便以法令形式规定下来。京师大学堂在上海所成立译书局之翻译宗旨是"开启民智""借鉴他山,力求进步"[①]。其首要任务是:"所译各书,以教科为当务之急,由总译择取外国通行本,察译者学问所长,分派深浅专科,立限付译。"[②] 从留学生实际翻译活动来看,留欧学生严复组织的京师大学堂的教科书翻译目的不仅满足了本学堂的教学需要,而且是为全国各地的教学提供急需的教科书;留日学生在国内外组织成立的各种翻译机构,如译书汇编社、教科书译辑社等的翻译目的,都是为了满足当时学校对教材的需求。留学生个体的翻译动机亦如此,如严复的《天演论》、王国维的《教育学》、蔡元培的《伦理学原理》等的翻译目的,无一不是为新式教育的教学服务的。从留学生教科书翻译之内容来看,所译教科书包含基础教育和高等教育教科书,内容涉及自然科学知识和社会科学知识等。伴随着教科书的翻译,一大批教育著作也随之引入到国内。引进的教

---

① 王栻:《严复集》(第一册)诗文(上),中华书局,1986,第130页。
② 朱有瓛主编:《中国近代学制史料》(第二辑上册),华东师范大学出版社,1987,第860页。

育类教科书主要有教育学、学校管理法、教育行政、教育史、儿童教育、教育原理、教学论、课程论、德育原理、社会教育、职业教育、中等教育等。这些译作很大程度上满足了当时教学的需求，也为国人自编教科书提供了极有价值的参考。从留学生翻译成果之影响来看，教育翻译更新了新式教育的教学内容，缓解了新式学校的教材匮乏，推进了新式教材的更新发展，引入了新的词汇、思想和观念。

综上所述，留学生教育翻译机构的宗旨、翻译活动的实施、翻译内容以及翻译的实效都充分地体现了教育翻译为新式学校教学服务的动机。

三、服务研究型的留学生教育翻译动机模式

随着人们对教育的认识逐步深入，教育科学化的需要随之产生。留学生对教育的认识自始至终走在前列。严复首倡的科学的教育功能包含两层意义，其中之一便是在教育、教学、治学过程中导入科学的方法论；王国维的"夫哲学，教育学之母也"[1]这一命题的提出，正是他对哲学理论问题研究和对现实教育问题的思考相结合的结晶；蔡元培提出的"教育者，则立于现象世界，而有事于实体世界者也"[2]，无疑表现出其对教育本质和功能的认识。基于诸等认识，留学生教育翻译的视角逐渐拓宽，不仅大力引进教育学学科类著作，而且把目光投向教育学与其他学科交叉所形成的学科上，如教育社会学、教育哲学、教育心理学、教育统计学、教育病理学、教育环境学、教育财政学等。

笔者以心理学翻译为例，探讨留学生选择翻译心理学的动机。自清政府仿效日本创办新教育以来，西方教育学备受国人推崇。时人认识到："教育学者，研究一切社会中教育事业之起源、动因、活动变化及其影响之全部史迹之科学也。"[3]基于这种认识，德国赫尔巴特教育理论被国人广泛接受，因而对清末的教育认识与实践产生过较大的影响。赫尔巴特教育理论以实践哲

---

[1] 王国维：《论叔本华之哲学及其教育学说》，《教育世界》1904 年第 75 号。
[2] 高平叔：《蔡元培全集》（第二卷），中华书局，1984，第 133 页。
[3] 常乃直：《怎样建设新教育学》，《中华教育界》1928 年第 17 卷。

学和心理学为科学基础，使教育学作为一门独立学科跻身于科学的殿堂。心理学是教育学的方法论，是研究、优化教育的有效途径，是研究教育现象不可或缺的科学依据。曾经留学日本的缪文功在其自编的教育学著作《最新教育学教科书》中，认为教育即"依理性之教"，它是一门独立的科学，其辅助学科应以心理学和伦理学最为重要。冯世德也指出："教育虽成一独立之科学，然实行之际，不藉他学之补助，必致徒劳而无功。"①他认为和教育学关系密切的学科是群学、伦理学、心理学、生理学。所以，当时的留学生多选择翻译教育心理学。这种现象真实地反映了这段时期翻译引进心理学的动机与目的：一方面是为教学服务，满足实际教学需要；另一方面是服务教育研究，体现了心理学工具性的特点，为教育科学之辅助。

任何有意义的人类活动都有其特定的动机，许多中西哲学家和伦理学家都十分重视动机问题，出现了动机说一派。例如德国的康德、费希特，英国的T.H.格林、F.H.布拉德利；中国的孔子、孟子、老子、庄子、董仲舒、王阳明等都非常强调人的动机。亚里士多德在其久负盛名的《尼各马可伦理学》的开篇中指出："人的每种实践与选择，都以某种善为目的。所以有人说，所有事物都以善为目的。"②他进一步解释说：

> 那么每种活动和技艺中的那个善是什么？也许它就是人们在做其他每件事时所追求的那个东西。它在医术中是健康，在战术中是胜利，在建筑术中是一所房屋，在其他技艺中是某种其他东西，在每种活动和选择中就是那个目的，其他的一切都是为着它而做的。所以，如果我们所有的活动都只有一个目的，这个目的就是那个可实行的善，如果有几个这样的目的，这些目的就是可行的善。③

然而，人类活动的动机与人们所处的社会文化背景密不可分，因此，我们必须把活动置于社会背景中来判断，因为活动的发生显然是因为有其发生的必要性。作为有意识有目的的人类活动之一的翻译，理所当然也有其特定的动机，受到一定的目的驱动，其功能性在不同时期有不同的表现。翻译目

---

① 冯世德：《新教育学》，《教育》1906年第2号。
② [古希腊] 亚里士多德：《尼各马可伦理学》，廖申白译注，商务印书馆，2003，第3—4页。
③ [古希腊] 亚里士多德：《尼各马可伦理学》，廖申白译注，商务印书馆，2003，第17页。

的与动机具有一定的层级性,既有总体目的,也有具体目的。总体目的受社会的支配,有着鲜明的时代烙印,总体目的由各个具体目的共同来实现;具体目的呈多样化模式,具体服务于某些具体目标,各个具体目的的实现最终完成总体目的的实现。翻译目的与动机随着社会的变迁和经济发展而不同,有时强大而明确,有时微弱而隐约。就本研究时段的留学生教育翻译的动机与目的来看,由于中国教育正处于变革与转型时期,因此,教育翻译也相应地具有鲜明的目的性、选择性及阶段性。这就是为什么此期留学生教育翻译具有不同的动机模式并随着社会的发展而发生演变。

第三节　近代中国留学生教育翻译方式选择及演变

翻译不仅是语言形式的转换,而且是一种意图性和目的性很强的跨文化交际活动。任何一种翻译行为都有自己的目的。翻译目的不仅决定着翻译文本的选择,而且决定着翻译策略和翻译方法的选择。也就是说,译者可以根据需要选择适当的翻译策略和方法来实现预期的翻译目的。受翻译目的的操纵,留学生的教育翻译方式也呈现出不断演变的趋势,即从节译到全译、从变通的自由翻译到忠实于原文的严格翻译、从转译或间接翻译到直接翻译、从转译或直接翻译到重译或复译。这些翻译方式的选择与采用都是为了服务其翻译目的。

一、从节译到全译

节译是一种选择性翻译,也就是说,根据需要选择一部著作或一篇文章的某些章节或部分(段落)进行翻译,而其他部分则被删节或省略不取。选择节译的翻译方式原因有多种,有的是原著中有些不宜翻译出来的内容,有的是取目的语读者所需要的内容,有的是因为时间的限制或是译者对内容的熟悉程度的限制等。节译在清末教育翻译中较为普遍。例如，教育小说《馨儿就学记》是包天笑节译自19世纪法国作家埃克多·马洛（Hector Malot, 1830—1907）的小说的日译本；《苦儿流浪记》是包天笑节译自意大利作家亚米契斯（Edmondo De Amicis, 1846—1908）的《爱的教育》；《伦理学原理》是蔡元培节译自德国哲学家、教育家泡尔生（Friedrich Paulsen, 1846—1908）的《伦理学大系及政治学社会学之要略》；《妖怪学讲义录》是蔡元培节译自日本哲学家井上圆了的著作而成。节译方式的选择与运用，一方面是择其所需，另一方面是急其所需。它反映了当时留学生教育翻译的目的性、选择性、急迫性和时效性。

进入20世纪20年代，随着留学生翻译服务于教育研究的意识不断增强，教育翻译的方式逐渐从节译转向全译。例如，以留欧美学生为主体的翻译群体对基础性教育学科著作、应用性教育学科著作、欧美教育名家经典著作以及反映欧美教育革新运动的论著等实行大规模的全译。最具代表性的就是对杜威著作的翻译，如《实用主义伦理学》《明日之学校》《教育中的兴趣与努力》《德育问题》《哲学的改造》《教育科学之资源》《思维与教学》等都得到全译。此外，斯宾塞、康德、洛克、赫尔巴特、卢梭、蒙田等人的代表作也被完整译出。该翻译方式的选择与实施，目的是更全面而系统地学习和借鉴外国教育经验。

二、从变通的自由翻译到忠实于原文的严格翻译

从中国历史上出现过的几次翻译高潮来看，变通的自由翻译方式普遍存在，这一方式的选择是服务于其翻译目的的。就传播效果上看，自由翻译方式的采用可以丰富和扩充原文本的内容，减少信息传播的障碍，从而增强读者的接受效应。翻译是为时代而作的，向西方寻求真理，译介西方思想，译者不能全盘照抄，原封不动地输入，而应根据中国社会现状、国人的现实需要和理解能力，有目的、有选择、有取舍地摄取西方文化思想，以达到好的传播效果，从而实现救亡图存、教育救国的目的。变通的自由翻译多表现为增译、编译、改译等。

（一）增译

增译是指在译文中增补原语读者视为当然而译语读者却不知道或颇费猜测的意义和概念，使译文自然流畅，便于理解。严复在西学翻译中采用的就是这种变通的翻译策略。他之所以采用非常规的翻译方法，正是因为特殊的目的而采取的特殊的方式和手段。如严复所译的《天演论》共35篇，他将原文导论部分分为18篇，正文部分分为17篇，分别冠以篇名：察变、趋异、人为、互争、人择、善败、群治、进化等。对其中28篇添加了按语，有的按语只字片语，有的按语则比原文还长。其目的就是通过变通的翻译方式来表达自己的态度和看法，或是拿西方的现象和思想与中国的现实和传统观念进行一番比较，或是为了吸引中国读者的注意，引发人们对中国问题的关注，因而丰富了原作的内容，增强了读者接受效果，使国人更好地理解原文的精髓。这种变通的翻译方式使得严复把自己的写作与原文有机地交织在一起。正是通过这种方式，严复试图提醒译文读者警惕物竞天择、弱肉强食的残酷，达到唤醒民众、开启民智的目的。

（二）编译

编译是指翻译和编辑相结合的翻译方式。此方式在教科书翻译中较为常见。为了满足新教育对新式教科书的迫切需要，留日学生组织各种编译团体来编译教科书。这些教科书既有在日本印刷出版的，也有直接交付国内出版机构刊行的。例如，当时"上海的商务印书馆和中华书局两大出版机构'竞相为师范学校出版教育史课本'。其中大多数仍为对日本学者著作的移译和改编"[1]。再如，1904年3月11日，《东方杂志》所刊出的商务印书馆新书广告中有一类属于中国人原著。实际上，这些著作大多从日本著作编译而来。

---

[1] 杜成宪、崔运武、王伦信：《中国教育史学九十年》，华东师范大学出版社，1998，第10页。

表2.2　商务印书馆新书广告中中国人编译书目一览表

书　名	著　者	备　注
《近世陆军》	陶森甲编辑，出洋学生编辑所校订	—
《亚米利加洲通史》	戴彬编辑	—
《中国历史教科书》	商务印书馆编辑	中学堂用
《最新中国史教科书》	姚祖义编辑	高等小学堂用
《国史初级教科书》	商务印书馆编辑	高等小学堂用
《普通新历史》	普通学书室编辑	高等小学堂用
《瀛寰全志》	企英学馆编辑	中学堂用
《万国地理新编》	陈乾生编辑	高等小学堂用
《汉文教授法》	伟庐主人译辑	—
《格致教科书》	商务印书馆编译	
《矿物学教科书》	商务印书馆编辑	
《中国通览》	商务印书馆译辑	
《华英音韵学字典集成》	企英译书馆编校	
《华英字典》	商务印书馆编译	
《袖珍华英字典》	胡文甫、吴慎之编辑	
《日本近世豪杰小史》	商务印书馆编辑	
《农话》	陈启谦编辑	—

[资料来源]《东方杂志》1904年3月11日创刊号商务印书馆新书广告。

上表中《普通新历史》（高等小学堂用）为普通学书室编辑，明言："是书以日本中等学科教授法研究会所著《东洋历史》为蓝本，取其序次……"《瀛寰全志》（中学堂用）为企英学馆编辑，自称："并从日本定制铜版数百幅，插印卷内，美丽精致，光彩照人。"从该书所言的数百幅插图，可以想象其内容亦当以日本书为蓝本。《矿物学教科书》的出版说明称："是编与前书《矿质教科书》性质不同。前书注重纲要，此书务条分缕析，以便学者……用与前书相得益彰。"而《矿质教科书》"是据日本矿学诸书编辑而成"[①]。上表中所注明的"编辑""译辑"等其实都是指从日本书编译而成。

(三) 改译

由于文化的差异和概念的迥异，在翻译过程中对原文进行一些改动译出，或在文中以解释代翻译。这种翻译方式也是留学生比较普遍使用的方法。例如，严复将赫胥黎的《进化论与伦理学》改译成《天演论》，将《社会学研究》改译成《群学肄言》，将《论自由》改译成《群己权界论》，将《政治历史》改译成《社会通诠》。这些译名似乎与原著书名有些出入，但是为了让中国读者易于接受，严复采用改译的方式以符合受众的文化心理。最典型的便是《天演论》的译名选用。在中国文化里，"天"代表着"神圣而不可抗拒的力量"，故而有"天神""天道""天命""天理"等含义。鲁迅在翻译科学小说时，为让读者能够读懂科普读物，也采用了改译的方式，或"参用文言"，或"删易少许"[②]。《教育杂志》主持翻译的几部教育小说《馨儿就学记》《苦儿流浪记》《埋石弃石记》《孤雏感遇记》等，大多采用这种翻译方式。《馨儿就学记》乃译者包天笑依据意大利作家亚米契斯的《爱的教育》改译而成。原书有100节，译者只译取50节。更为甚者，译者将一切人名、地名、习俗、文物全都中国化了。小说的主人公是法国儿童，叫恩利科，改名为馨儿，其实馨儿是包天笑夭折的长子，名叫可馨。改译方式的选择与运用，使得该小说深受中国的中小学生欢迎。译者采用翻译加创作或改写等方式，选取适合国人易于接受的题材和观念，通过西学名著、教育小说等的翻译与传播，把西方教育思想以更易为读者接受的方式输入中国传统社会。此外，译者为了适应中国人的欣赏习惯和审美情趣，大篇幅地将作品中的自然环境描写、人物心理描写删掉，只注重故事情节的翻译。改译不仅被留学生用于启蒙性西学著作、教育小说等的翻译，同样也用于教育理论著作的引进。随着留学生在翻译过程中主体意识的不断增强，他们逐步开始结合中国教育的具体实践来引进国外教育理论，并采取恰当的翻译方式以达到最佳的引进效果。例如，

[①] [日] 实藤惠秀：《中国人留学日本史》，谭汝谦、林启彦译，生活·读书·新知三联书店，1983，第238页。

[②] 鲁迅：《鲁迅全集》（第十卷），人民文学出版社，1982，第152页。

赵演在翻译美国学者查浦曼、康茨著的《教育原理》(商务印书馆1935年版)时,就采用了改译的方法。他在译者序中明确表示:"鉴于该书例证,全系采自美国,且处处就美国情况立论,故译者采取改译的办法。一切外国材料不能适用者,尽行删除,易以中国材料。且设法就中国情况立论,使读者觉得书中所讨论的,即是中国的教育原理。"①

忠实于原文的严格翻译是与自由翻译相对应的一种翻译方式。较之自由翻译,严格翻译更紧扣原文,不随意增补和删节原文内容,以求忠实传达原作的思想。此方式在留学生后期的教育翻译中较为常用。随着翻译目的和翻译内容的变化,翻译者的语言能力、专业知识水平、文化素养以及翻译能力的提高,翻译者对翻译质量有了更高的要求。留美学生倾向于采用此翻译方法,他们不仅追求达旨,而且追求"信、达、雅"。例如,留美学生郑晓沧在翻译《予之教育信条》《人生教育》《教育之科学的研究》《儿童与教育》《设计组织小学课程论》《修学效能增进法》等,陆志韦在翻译美国桑代克的《教育心理学》和亨德的《普通心理学》时,孟宪承在翻译《教育哲学大意》《现代教育学说》《丹麦的民众学校与农村》《思维与教学》时,均采用了忠实于原文的严格翻译方式。

三、从转译或间接翻译到直接翻译

转译是指非直接译自原著的翻译,或者说是根据第三种语言做二次翻译,故而也称为二次翻译和间接翻译。转译现象普遍存在于国内外的翻译实践中。在国外,如《圣经》的翻译即为典型例子。《圣经》最初由希伯来语写出,然后翻译成希腊语和拉丁语。英文版的《圣经》不是直接译自希伯来语,而是转译自希腊语和拉丁语。在中国,佛经的翻译也是经历了从梵语到西域语言再到汉语的转译过程。清末民初,转译更是一种普遍现象。转译是留学生教育翻译中经常采用的一种翻译方式。鲁迅在《论重译》中针对穆木

---

① [美]查浦曼、康茨:《教育原理》,赵演译,商务印书馆,1935,第17页。

天先生①反对间接翻译的观点提出了自己对转译的看法：

> 懂某一国文，最好是译某一国文学，这主张是断无错误的，但是，假使如此，中国也就难有上起希罗，下至现代的文学名作的译本了。中国人所懂的外国文，恐怕是英文最多，日文次之，倘不重译，我们将只能看见许多英美和日本的文学作品，不但没有伊卜生，没有伊本涅支，连极通行的安徒生的童话，西万提司（笔者注：塞万提斯）的《吉诃德先生》（笔者注：《堂吉诃德》），也无从看见了。这是何等可怜的眼界。自然，中国未必没有精通丹麦、诺威（笔者注：挪威）、西班牙文字的人们，然而他们至今没有译，我们现在的所有，都是从英文重译的。连苏联的作品，也大抵是从英法文重译的。
>
> 所以我想，对于翻译，现在似乎暂不必有严峻的堡垒。最要紧的是要看译文的佳良与否，直接译或间接译，是不必置重的……②

转译的翻译方式在留日学生当中运用相当广泛。例如，《教育世界》的第1—40期译篇的内容全部译自日本，且多为1901年后日本政府以及地方机构所颁布的教育法规、准则条例；第41期以后，除译自日本外，还增加了介绍欧美各国以及世界其他国家的文字，大多数也译自日本人的著作或日本的报纸、杂志。如第44—48期译篇连载的《德国实业教育之大略》原为日本文部省参事官福原镣二郎所著；第43期《朝鲜之教育一斑》译自日本文部省书记官前往朝鲜考察教育归国后的考察报告等。再如，《东方杂志》在创刊号的前、中、后部刊出了商务印书馆新书广告。按原著者国别可分为三类：日本人原著、西洋人原著、中国人原著。其中西洋人原著部分基本上都是从日本书转译而来的。请参见下表：

---

① 穆木天在1934年6月19日《申报·自由谈》发表的《各尽所能》一文中说："有人英文很好，不译英美文学，而去投机取巧地去间接译法国的文学，这是不好的。因为间接翻译，是一种滑头办法。如果不得已时，是可以许可的。但是，避难就易，是不可以的。"

② 鲁迅：《鲁迅全集》（第五卷），人民文学出版社，1981，第504—505页。

表 2.3　商务印书馆新书广告中从日本书转译欧美书籍一览表

书　名	著　者	日本译者	中国译者
《群己权界论》	[英]穆勒约翰	—	严复
《社会通诠》	[英]甄克思	—	严复
《政治学》	[德]那特	李佳隆介、小崎哲藏	戢翼翚、王慕陶
《政治泛论》	[美]威尔逊	高天早苗	商务印书馆重译
《万国国力比较》	[英]默尔化	专门学校	出洋学生编辑所
《普鲁士地方自治行政说》	[德]莫塞	野村靖	商务印书馆重译
《泰西民族文明史》	[法]赛奴巴	武泽野之助	沈是中、俞子彝
《欧洲新政史上编》	[德]米勒尔	稻田孝吉、绫部竹之助	商务印书馆重译
《俄罗斯史》	[俄]伊罗瓦基伊	八代六郎	商务印书馆重译
《哲学要领》	[德]科培尔	下田次郎	蔡元培
《德国工商勃兴史》	[法]伯罗德尔	文部省	商务印书馆重译
《万国商业历史》	[英]器宾	林曾登吉	商务印书馆重译

[资料来源]《东方杂志》1904年3月11日创刊号商务印书馆新书广告。

以上译著中，只有严复、林纾等所译几种是直接译自原著，其他基本上是从日本转译的。由此可见，转译在当时留学欧美翻译人才缺少的情况下起到了十分重要的作用。

五四运动后，随着大批接受教育专业教育的留美学生加入到翻译队伍，转译或间接翻译的方式逐渐转化为直接翻译，即直接选择欧美教育著作，直接将欧美教育著作翻译成汉语。这种方式的采用有助于留学生直接学习借鉴欧美的教育经验，避免了因二次翻译而导致"原汁原味"的丢失。

四、从转译或直接翻译到重译或复译

重译或复译即是对已有的译本重新翻译。不同的人对重译具有不同的看法。20 世纪 30 年代，穆木天曾提出翻译者要有自知之明，根据自己语言、专业等方面的长处，译成"一劳永逸"的书。要不然，还是不要动手的好。[①] 依他之见，高水平翻译者遇到符合自己胃口的作品，就能译出"定本"，即所谓的"一译定终生"，完全不需要重译或复译。鲁迅先生则极力反对这一理论，他在《非有复译不可》一文中提出了自己对重译的看法：

> 记得中国先前，有过一种风气，遇见外国——大抵是日本——有一部书出版，想来当为中国人所要看的，便往往有人在报上登出广告来，说"已在开译，请万勿重译为幸"。他看得译书好像订婚，自己首先套上约婚戒指了，别人便莫作非分之想。自然，译本是未必一定出版的，倒是暗中解约的居多；不过别人却也因此不敢译，新妇就在闺中老掉。这种广告，现在是久不看见了，但我们今年的唠叨家，却正继承着这一派的正统。他看得翻译好像结婚，有人译过了，第二个便不该再来碰一下，否则，就仿佛引诱了有夫之妇似的，他要来唠叨，当然罗，是维持风化。但在这唠叨里，他不也活活的画出了自己的猥琐的嘴脸了么？
>
> 前几年，翻译的失了一般读者的信用，学者和大师们的曲说固然是原因之一，但在翻译本身也有一个原因，就是常有胡乱动笔的译本。不过要击退这些乱译，诬赖，开心，唠叨，都没有用处，唯一的好方法是又来一回复译，还不行，就再来一回。譬如赛跑，至少总得有两个人，如果不许有第二人入场，则先在的一个永远是第一名，无论他怎样蹩脚。所以讥笑复译的，虽然表面上好像关心翻译界，其实是在毒害翻译界，比诬赖，开心的更有害，因为他更阴柔。
>
> 而且复译还不止是击退乱译而已，即使已有好译本，复译也还是必要的。曾有文言译本的，现在当改译白话，不必说了。即使先

---

① 鲁迅：《鲁迅全集》（第五卷），人民文学出版社，1981，第 507 页。

出的白话译本已很可观，但倘使后来的译者自己觉得可以译得更好，就不妨再来译一遍，无须客气，更不必管那些无聊的唠叨。取旧译的长处，再加上自己的新心得，这才会成功一种近于完全的定本。但因言语跟着时代的变化，将来还可以有新的复译本的，七八次何足为奇，何况中国其实也并没有译过七八次的作品。如果已经有，中国的新文艺倒也许不至于现在似的沉滞了。①

尽管当时人们对重译看法不同，但是此翻译方式在民国期间乃至当今也较为普遍。清末时期从日本转译过来的一些教育著作，在民国时期得到了完整的重译。例如，重译的教育理论有斯宾塞的《教育论》（任鸿隽译）、洛克的《教育漫话》（傅任敢译）、赫尔巴特的《普通教育学》（尚仲衣译）和夸美纽斯的《大教授学》（傅任敢译）等，重译的教育小说有卢梭的《爱弥儿》（魏肇基译）和《爱的教育》（夏丏尊译）等，译者通过重译进一步加深了对原作的理解，语言表达会更符合当时读者的审美期待。因此，重译是对旧译作的挑战与超越，译者不仅需要一定的翻译功底，还需要一定的勇气。只有翻译者殚精竭虑、精益求精，才能将一部部超越之作奉献给读者。

本节介绍了留学生在教育翻译过程中普遍采用的翻译方式。1895—1937年间留学生翻译方式选择的总体趋势是从节译转向全译、从变通的自由翻译到忠实于原文的严格翻译、从转译或间接翻译到直接翻译、从转译或直接翻译到重译或复译。这一趋势充分说明：在传播西方教育过程中，留学生不断追求译作的全面性、系统性、完整性和准确性。

---

① 鲁迅：《鲁迅全集》（第六卷），人民文学出版社，1981，第275—276页。

第四节　近代中国留学生教育翻译成果展现形式的变化

近代中国留学生教育翻译成果的展现形式，经历了一个由报刊连载到单行本出版再到丛书出版的演变过程。早期的教育翻译成果往往以报刊连载形式出现，其特点主要是观点新、面世快，但完整性差，不免失之粗糙。到新文化运动前后，教育翻译成果主要以单行本出现。尽管单行本耗时长，译者往往要煞费苦心，几易其稿，但解决了报刊连载的粗糙与非完整性问题。到新文化运动后期，人们不再满足于过去零散的译介，开始对教育翻译成果进行编辑整理，追求翻译成果的科学性和系统性，因此，教育翻译成果开始以丛书的形式面世。

一、连载于报刊

报纸、杂志以反应敏捷、传递迅速、传播广泛见长，加之报刊刊行篇幅不长，译者易于供稿，边译边发，可以最快的速度与读者见面，不需要将完整的著作翻译完后再出版，能及时满足国人了解和学习国外先进的教育成果的需求，因而报刊连载在早期教育理论的传播过程中扮演了十分重要的角色。当时几乎所有的主要报刊都辟有教育专栏，讨论教育问题和评介教育书籍，尤其是整部书的连载，更是一个较为突出的现象。清末教育学科类翻译成果主要是通过报刊连载的。据不完全统计，清末译自日本的教育学著作中有三分之一通过报刊刊载的方式传入中国。刊载整部教育学著作译本的刊物主要有《教育世界》《直隶教育杂志》《学部官报》《教育公报》《四川学报·四川教育官报》《新民丛报》《浙江潮》《湖南学报》《教育》《大陆》等十余种。除此以外，利用杂志对重点人物、重点思想进行集中介绍，以专号的形式推出。例如，留学生翻译的教育学、教授法以及教育史等著作及讲义，其翻译成果大部分为报刊连载。《教育世界》1901年第9、10、11号连载了立花铣三郎编著、王国维翻译的《教育学》；1906年11月至1907年1月的第136、137、138、140、141、142号连载了《兰因氏之教育学》。又如，《新教育》于1919年4月专门推出"杜威专号"，集中介绍杜威的生平及其伦理学和教育哲学。《教育杂志》于1919年推出了"德谟克拉西专号"，译介了《教育与德谟克拉西》《德谟克拉西与学校课程》和《德谟克拉西与学校管理》等文章。[①] 此外，该杂志还推出了"实用主义教育专号""现代教育思潮号""学制课程研究专号"和"实验小学研究专号"等。另外，该时期的教育小说的面世大多也是首先在报刊上发表，然后由书局出版单行本。例如，1920年，夏丏尊翻译的意大利小说《爱的教育》最初就是在《东方杂志》1924年第21卷第2号至第23号上连载。对教育专号的传播最初也是通过报刊连载来实现的。因此，报刊连载在留学生教育翻译成果展现方面起到了十分重要的媒介作用。

二、发行单行本

单行本是图书出版的基本方式。单行本大致有三种形式：一是指将已经发表于报刊的连载作品重新集结成册，单独出版；二是指将同一作者出版的多本著作中的某一本翻译过来单独出版；三是指将一套系列丛书中的一本翻译过来单独出版。教育翻译以单行本形式出版主要出现在新文化运动前后。该时期教育理论类图书以单行本为主，各出版机构竞相参与其中，尤以商务印书馆和中华书局出版的教育学科专著和教育学科教材为多。例如，商务印书馆出版的《新教育学》和《学校管理法》（日本吉田熊次著，蒋维乔译）、《中外教育史》（日本中岛半次郎著，周焕之、韩定生译）、《学校卫生学》（商务印书馆编译所译）等。中华书局出版的《教育学教科书》（日本大濑甚太郎著，宋嘉钊译）、《教育学教科书》（宋嘉钊、张沂译）等。其时出版的单行本大多是教育学专著和教育学教科书，主要涉及教育学、教授法、学校管理法、

---

① 周谷平：《近代西方教育理论在中国的传播》，广东教育出版社，1996，第237页。

教育史、学校卫生学等。翻译主体是留日学生，主要译介内容是由日本导入的赫尔巴特教育理论。新文化运动之后，各出版机构也编译出版了一定数量的教育理论类图书。此期编译出版的著作以实用主义教育理论为主，翻译主体是留美学生。例如，近代中国最著名的文化教育出版机构——商务印书馆的教育译著（如名家教育经典、基础性教育学科著作、应用性教育学科著作、反映欧美教育革新运动的论著），均是以单行本的形式展现在读者面前。单行本的出版较为完整地展现了留学生教育翻译成果，为国人借鉴西方教育提供了便利。

三、出版系列丛书

较之单行本出版，丛书因其学术性、系统性、策划性等特征更能体现出版者的出版意图，具有较大的规模效应及市场效应，因此，教育类丛书的出版对近代中国教育改革以及教育科学的发展影响更为巨大。从丛书的出版时间来看，在教育理论著作以单行本形式出版的同时，教育理论类丛书的编辑出版也初露端倪。根据《中国近代现代丛书目录》附录"丛书出版年表（1902—1949）"的统计，1902—1949年共出版丛书272种，其中1902—1915年出版6种；1916—1922年出版10种；1923—1930年出版48种；1931—1937年出版93种；1938—1945年出版60种；1946—1949年出版40种；出版年代不详的15种。[1] 可见，1902—1937年间丛书出版数量呈上升趋势，占总数的58%。其中1931—1937年教育理论类丛书出版达到高峰。1937年以后，由于战乱的纷扰造成出版业发展不稳定，因此，丛书的出版也呈下降的趋势。

据现有资料，近代最早的教育理论类丛书是由上海广智书局于1902—1903年出版的"教育丛书"。该丛书收录了《心理教育学》（日本久保田贞则著）、《格氏特殊教育学》（德国格露孟开伦著，蔡俊镛译）和《教育学史》（日本金子马治著，陈宗孟译）。但是就整体而言，20世纪初期的丛书策划出版还处在起步阶段，不仅丛书数量和所收录的图书数量少，

---

[1] 上海图书馆：《中国近代现代丛书目录》，上海图书馆，1979，第951—1028页。

而且所涉及的教育科学分支学科也少，只有教育学和教育史两种。教育理论主要还是以教育学教材的形式体现，缺乏学术性著作，无法给丛书的出版提供动力。所以严格地讲，真正意义上的教育类理论丛书的出版则出现在新文化运动开始后。

近代教育理论类丛书种类繁多，最为常见的有两种：一是按照内容或主题出版。例如，"大学丛书""教育丛书""教育小丛书""新教育丛书""师范丛书""社会教育丛书""职业教育丛书""生活教育丛书""乡村教育丛书""比较教育丛书""现代教育哲学丛书"等，内容几乎涵盖教育学科的各个方面，既有专门学科类的教育丛书，也有综合学科类教育丛书。二是出版机构与大学或学术机构合作出版。例如，商务印书馆与厦门大学、北京师范大学、南京高等师范学校、东南大学、复旦大学等合作出版过各类教育丛书。

商务印书馆和中华书局无疑是近代教育理论类丛书出版的主力军。1916—1937年间商务印书馆出版丛书20多种，例如"教育丛书"（1916年）、"通俗教育丛书"（1916年）、"中华教育改进社丛书"（1923年）、"师范丛书"（1924年）、"北京师范大学丛书"（1924年）、"复旦大学心理学丛书"（1924年）、"东南大学教育科丛书"（1925年）、"大学丛书"（1929年）、"厦门大学教育学院丛书"（1930年）、"现代教育名著丛书"（1931年）、"乡村教育丛书"（1933年）、"幼稚教育丛书"（1933年）、"小学教育丛书"（1935年）、"中华儿童教育社丛书"（1935年）、"中华儿童教育社乙种丛书"（1936年）、"比较教育丛书"（1937年）、"公民教育丛书"（1937年）、"社会教育小丛书"（1937年）等。1917—1937年间中华书局出版丛书10多种，例如"教育丛书"（1917年）、"通俗教育丛书"（1917年）、"教育小丛书"（1921年）、"初等教育丛书"（1925年）、"国家教育协会丛书"（1926年）、"民众教育丛书"（1926年）、"中央大学教育学院丛书"（1932年）、"儿童教育丛书"（1933年）、"中华职业教育社职业补习教育丛书"（1936年）、"大学丛书"（1936年）等。[1] 除此以外，开明书店、民智书局、

---

[1] 上海图书馆：《中国近代现代丛书目录》，上海图书馆1979年版；《商务印书馆图书目录（1897—1949）》，商务印书馆1981年版；北京图书馆：《民国时期总书目（1911—1949）（教育·体育）》，书目文献出版社1995年版。

上海教育印书合作社、新生命书局等，也或多或少地出版了一些教育丛书。

以单行本形式展现翻译成果，缺点是难成系统，汇聚成丛书，使得相得益彰，蔚为大观，既便于读者考查，又利于文化积累。正如鲁迅所言："把研究一种学问的书汇集在一起，能比一部一部的自去寻求更省力；或者保存单本小种的著作在里面，使它不易于灭亡。"① 丛书展现形式具有如下特征：第一，丛书的学术性不断增强。前期的"教育丛书""师范小丛书""师范丛书"等主要是针对师范学校学生和小学教员的，而后期的"大学丛书"则是为了适应和满足大学教育学科的教学和科研需要，主要选择一批反映世界学术最新成果和适应国内教育学术研究需要的名家名著。第二，丛书组稿方式不断成熟。前期出版的"教育丛书"主要依赖报刊组织稿件，而后期则采取编委会组稿，有利于审查并遴选优质书稿，编委会取代了报刊成为出版方联系著译者的中介。第三，丛书选稿方式日趋灵活。前期出版的"教育丛书"只能是就现成的书稿进行选择和编辑，然后冠之以丛书书名。有的内容与丛书名不甚相符，有拼凑之嫌。"师范丛书"的编者则根据丛书的选题去寻求新著、新译或是组织人马进行著译。"大学丛书"的编辑更显示了编者的灵活性。有了前期单行本以及丛书出版的积累，编委会可以直接挑选质量上乘、符合标准的作品。第四，丛书稿源译者日趋专业化。出版机构与各大学教育学院或师范学院进行合作，共同推进教育学术发展。例如，"大学丛书·教育学院用书"中的译著者厦门大学、北京大学、东南大学、北京师范大学、大夏大学、中山大学、中正大学、齐鲁大学、安徽大学等高校，其中尤以厦门大学和东南大学成果最多。45种著作丛书中选自厦门大学教育丛书或由厦门大学教授编译的达11种，而选自东南大学教育科丛书或由东南大学教授编译的达11种。两所大学著译数几乎占总数的一半。②

留学生教育翻译成果展现形式的变化，不仅充分地体现了留学生在翻译借鉴国外教育经验的过程中日益走向成熟，而且体现了大众传媒日益繁荣。

---

① 鲁迅：《鲁迅全集》（第六卷），人民文学出版社，1981，第230页。
② 参见《教育杂志》第25卷（1936年）第7号封内广告"商务印书馆大学丛书·教育学院用书"。

第五节　近代中国留学生教育翻译群体的多重角色

翻译是一个复杂而系统的工程，翻译活动的顺利开展需要各方面的协作与统一。留学生在教育翻译过程中扮演着多重角色，即翻译活动的组织者、翻译文本的选择者、翻译行为的践行者、翻译理论的研究者、翻译文稿的审校者、翻译出版的发行者等。留学生在教育翻译活动中扮演多重角色的例子屡见不鲜，例如，严复既是教育翻译活动的组织者，又是教育理论、教科书的翻译者；王国维既是教育翻译活动的组织者，又是教育学著作及讲义、教育制度的翻译者；蔡元培既是教育翻译活动的组织者、翻译理论的研究者，又是教科书的翻译者和审稿者；胡适既是翻译活动的组织者、翻译理论的研究者，又是教育理论、教育演讲以及教育小说的翻译者；郑晓沧、陆志韦、孟宪承等既是教育著作的翻译者，又是教育翻译理论的研究者。正是如此等角色的扮演、转换与兼为，使得近代中国留学生的教育翻译得以有组织、有秩序、科学地开展。

一、教育翻译活动的组织者

留学生的教育翻译是一种有目的、有组织的活动。诸如严复组织京师大学堂的教育翻译活动，王国维组织《教育世界》的教育翻译活动，蔡元培组织商务印书馆编译所的翻译活动，胡适组织中国教育与文化基金会编译委员会的翻译活动，胡适和陶行知等人组织杜威访华期间的教育翻译活动等，都是根据现时教育变革的需要，依据一定的翻译目的或目标，来从事一种有组织、有程序的译界社会性行为。

严复不仅是翻译理论家、实践家，而且是教育翻译活动的组织者。1902年3月，京师大学堂重新开办，译书局也于同年10月成立。由严复担任总办，林纾、曾宗巩、魏易辅助严复工作。严复就职后，主持制定了《京师大学堂译书局章程》，阐明译书局翻译宗旨，即"开启民智""借鉴他山，力求进步"①。章程对译书局的设员、局章、职员薪俸和领译合同等进行了规定：总译一人，以总司译事。凡督率、分派、删润、印行及进退译员等事，皆主之。分译四人，分司翻译。其不住局而领译各书者，无定数。以教科书为当务之急。具体方法是：由总译择取外国通行本，察译者学问所长，分派深浅专科，立限付译。②翻译的内容被分为38类，严复组织翻译人员分门别类地进行翻译。

胡适组织和领导的留学生教育翻译活动也是一种影响深远的翻译行为。他曾有计划地组织了大规模的翻译活动，翻译了大量的西方名著，并集结成集。中国当时的翻译状况十分令人遗憾，从乔叟到哈代的作品在我国还都没有译本。即使有一两种莎剧的译作，但也并非出自行家之手。1930年，中国教育与文化基金会第六届年会在南京召开，胡适被推为名誉秘书长。在他的倡议下成立了编译委员会。编译委员会下设三部，即历史部、世界名著部、自然科学教材部。胡适担任编译委员会的负责人，聘请闻一多、徐志摩、叶公超、陈源和梁实秋出任委员兼翻译。编译委员会计划5年至10年完成《莎士比亚全集》的翻译。在其他四人打退堂鼓的情况下，梁实秋以人们难以置信的毅力花费37年的光阴，独立完成了此项宏伟工程。在题为《怀念胡适先生》的散文中，梁实秋动情地回忆说："领导我、鼓励我、支持我，使我能于断断续续三十年间完成莎士比亚全集的翻译者，有三个人：胡先生、我的父亲、我的妻子。"③的确，如果没有胡适的建议和鼓励，梁实秋根本就没有想到去翻译《莎士比亚全集》。不仅如此，胡适还组织和领导了留学生对杜威实用主义教育思想的翻译活动，从笔译延伸到口译，不仅丰富了留学生教育翻译的内容与形式，而且拓展了西方教育的传播渠道。

---

① 王栻：《严复集》（第一册），诗文卷（上），中华书局，1986，第130页。
② 北京大学校史研究室编：《北京大学史料》（第一卷），北京大学出版社，1993，第194页。
③ 梁实秋：《梁实秋散文》，中国广播电视出版社，1989，第349—350页。

二、教育翻译行为的践行者

留学生不但是教育翻译活动的组织者,而且是各项具体翻译行为的直接参与者和践行者,如课堂教学翻译、出国考察翻译、教育制度翻译、教科书翻译、教育著作翻译、教育演讲翻译、教育小说翻译等。

课堂教学翻译是新式教育兴起初期一种特殊的翻译现象。国内学堂所招聘的日本教习成为学堂教学中的重要力量。据汪向荣《日本教习》一书所称,曾担任过天津北洋师范学堂总教习的日本人中岛半次郎在 1909 年 11 月作过调查,其时在华任教的日本教习计有 311 人,而这只是个"近似值"。20 世纪三四十年代,汪向荣根据自己掌握的资料,在此数字上又统计增补为 460 余人,但实际数量还有"遗漏"。另据汪向荣同书第 108 页所列"1903—1908 年在中国的日本教习、顾问"表显示,自 1903 年到 1918 年共计 15 年间在中国从事教育活动的日本教习和顾问,多达 1697 人。[①] 由于语言障碍,这些日本教习往往不得不使用日语并借助翻译进行授课。留日学生王国维、曹汝霖、范源濂、章宗祥、周作民、鲁迅、夏丏尊等,都曾担任过课堂教学的翻译任务。例如,1890 年,罗振玉受命到湖北农务局下设的农务学堂任总理,由于学堂开设课程中日语课时少,学生学习两年多还不能直接听懂日本教习的授课,而学堂的译员不能胜任翻译工作,所翻译的讲义多有不通之处。对此,罗振玉获得张之洞许可后,从上海请来王国维和樊炳清担任翻译,两人对于翻译得心应手,不仅很快就胜任了工作,而且与日籍教员配合默契。他们的翻译活动有效地辅助了农务学堂的课堂教学,收到了较好的教学效果。又如,先后在京师法政学堂任职的日籍教员有 11 人,而在该校担任口译的归国留日学生相继有 14 人,他们是曹汝霖、章宗祥、范源濂等。值得一提的是,我国著名的思想家、文学家鲁迅于 1902 年留学日本,1909 年回国后经许寿裳推荐,出任两级师范学堂生理卫生教员,他既为初级班上化学课,又为高级班上生理课,此外,还担任植物学课日本教员铃木珪寿的课堂翻译。鲁迅并非机械

[①] 汪向荣:《日本教习》,中国青年出版社,2000,第 72—108 页。

地进行翻译，有时铃木珪寿讲错了，他在翻译时予以更正；有时学生提问不妥当，为避免铃木珪寿窘惑，他予以妥善处理。由于鲁迅既精通日语又具有植物学专业知识，所以他的翻译得到了师生们的一致好评。再如，留日学生夏丏尊曾于1908年任浙江两级师范学堂通译助教，为该校聘请的教育科日本教习中桐确太郎作课堂翻译。上述事例中的课堂翻译活动，有的发生在留学生出国留学之前，但大多都发生在留学归国之后。随着中日两国政府政策的变化，加上我国大批留日学生回国，许多课程教学逐渐由国人自己担任，因此，日本教习数量日益减少，课堂翻译也随之减少。

当然，参与课堂教学翻译的不止留日学生，留学其他国家的学生也或多或少地进行了一些课堂口译活动。例如，中国共产党成立之后，许多革命青年被派往苏联留学以向西方寻求革命真理和救国之途。由于大部分新生开始不懂俄语，因此，教员上课时会有翻译配合教学。担任翻译的大多是先入校且已会俄语的老生。陈绍禹（王明）、蒋经国、张闻天、伍修权、沈志远、孙冶方、李仲武等，都先后在莫斯科中山大学或莫斯科东方劳动者共产主义大学（简称"东方大学"）担任过俄文或英文课堂翻译。又如，著名藏学家于道泉（1901—1992）曾于1934年留学法国，后赴英国伦敦大学东方与非洲研究院任教，回国后，毕生从事藏学教学与研究。1924年，他在北京大学哲学系担任过梵文教授钢和泰男爵的课堂翻译。再如，钱稻孙（1887—1966）幼年旅居日本，后经国内转赴意大利留学，精通日、意、德、法文。其文采与译才兼修，文学素养深厚。回国后，他担任教育部视学，兼任北京大学医学院外籍教师的课堂翻译。后改为北京大学任教，担任日文和日本文学教授，并兼任国立北京图书馆馆长。20世纪三四十年代，中国自有的学校已不乏自己的师资力量，课堂翻译活动逐渐稀少，但仍未完全销声匿迹。

除此以外，出国考察随行翻译也是服务于中外教育交流的一种活动。1840年鸦片战争以后，特别是清政府被迫与一些国家建立正式外交关系后，为了更好地了解世界，国人出国访问考察日渐增多。留学教育开启前，出国考察翻译大多是聘请当地懂华语的外国人、旅居国外的华人以及我国驻外国使馆翻译等。例如，王韬访问欧洲和日本时的翻译，就是懂华语的外国人或我国驻日本公使署的日语翻译。他们是法国人备德、普鲁士人坚吴、英国人理雅各、英国人慕维廉、日本人钜鹿赫太郎等。20世纪初，由于同文馆已培养出了数百名分别通晓5种外语的人才，而且不少留欧美及日本的学生回国，我国在涉外活动中已经基本上不需要依赖于外来翻译。即使偶尔有少量的外来翻译的介入，也只是一种临时的补充。例如，1906年夏秋五大臣（镇国公载泽、户部侍郎戴鸿慈、顺天府丞李盛铎、湖南巡抚端方、山东布政使尚其亨）出洋考察时的口译，就主要由留学生担任。其中包括留英学生（伍光建、王宠佑）、留美学生（王祖建、张煜全）、留德学生（马德润、饶善明）、留日学生（唐宝锷、钱承志）等。随着中外教育交流活动日益频繁，出国考察者们考察外国教育时有发生，留学生为出国考察教育交流的顺利开展做出了一定的贡献。

上述两种教育翻译活动并非留学生教育翻译活动的主流，故而翻译活动比较零星，所涉及的人员不多，影响不是很大，但是这些留学生为学校课堂教学活动的顺利进行乃至中外教育交流活动的顺利开展，都做出了自己的贡献。近代中国留学生教育翻译实践活动，主要表现在对西方教育制度、教科书、教育著作及讲义、教学方法、教育演讲、教育小说等的翻译方面。这些内容将在第三章作重点介绍。

三、教育翻译理论的研究者

留学生不仅是教育翻译的组织者、践行者，而且是翻译理论与方法的研究者。现从留学生对教育翻译理论与方法的研究、译名统一问题的研究两个方面，来展示留学生如何扮演着教育翻译理论研究者的角色。

（一）翻译理论与方法的研究

随着教育翻译的不断深入，留学生开始关注教育翻译理论的研究。他们在大量的教育翻译实践活动中，通过对翻译实践经验的总结，对翻译的方式方法的思考，逐步形成了独特的翻译思想和理论。最杰出的代表是严复、蔡元培、王国维、鲁迅、胡适、郑晓沧、孟宪承、陆志韦等。

留英学生严复在翻译《天演论》之后，在其《译例言》中通过对其翻译过程的总结与反思，提出了著名的"信、达、雅"三字标准。"信、达、雅"

标准的提出，可谓开启近代翻译理论之先河，把我国历史上零散的翻译观点从理论上加以扼要、中肯而鲜明地概括，为日后从事翻译的人们制定了明确可信、具体切实的翻译标准，使我国的翻译事业从实践层面上升到理论层面。至今，这一标准被中国翻译界奉为圭臬。"信、达、雅"翻译标准是严复翻译理论的核心所在，除此以外，严复的翻译思想还包括其对可译性、翻译版权以及翻译管理等方面的认识。这些翻译思想对当代翻译理论建设和翻译实践指导都具有极大的借鉴作用。

留德学生蔡元培在长期教育翻译的基础上，对翻译的性质、翻译的分类以及翻译人才的培养等问题进行了认真的思考，提出了"译即易""横译""纵译""一译""再译"等翻译思想。例如，他所提出的"横译"即指异域语言的翻译，而"纵译"即指古今语言的翻译。他对翻译的分类与美国著名语言学家罗曼·雅克布逊（Roman Jakobson）的语内翻译、语际翻译和符际翻译的三分法相吻合，与英国著名翻译理论家乔治·斯坦纳（George Steiner）的语内翻译、语际翻译以及理解即翻译的理论也有相似之处。但蔡元培译论的提出要比罗曼·雅克布逊的理论早出半个世纪，比乔治·斯坦纳的翻译理论更早出60多年。由此可见，蔡元培对翻译认识的深刻性和观点的前瞻性。

留美学生胡适的翻译思想主要表现在三个方面。一是翻译难于创作。创作时只要对自己和读者负责就够了，而翻译者则要肩负三重担子，即原作者、读者和自己（译者）："译书第一要对原作者负责，求不失原意；第二要对读者负责任，求他们能懂；第三要对自己负责任，求不致自欺欺人。这三重担子好重呵！"① 二是主张白话文翻译。胡适认为："时代变的太快了，新的事物太多了，新的知识太复杂了，新的思想太广博了，那种简单的古文体，无论怎样变化，终不能应付这个新时代的要求。"② 三是翻译标准是"信"与"达"的统一。他认为"与其译而失真，不如不译"。"相信翻译外国文学的第一条件是要使它化成明白流畅的本国文字。其实一切翻译都应该做到这个基本条件……决没有叫人读不懂看不下去的文学书而能收教训与宣传的功

---

① 郭著章等：《翻译名家研究》，湖北教育出版社，1999，第49—50页。
② 杨犁：《胡适文萃》，作家出版社，1991，第129页。

效的。"①

除了对翻译的性质、翻译的标准等翻译理论问题进行探索，留学生对具体的翻译方法也加以研究。1929年，艾伟②发表了《译学问题商榷》一文，该文集中研讨了几位著名教育翻译家的翻译思想，如长期从事教育翻译的郑晓沧③、孟宪承、陆志韦④等的翻译思想。郑晓沧曾翻译《予之教育信条》（[美]杜威著）、《人生教育》（[美]密勒著，与俞子夷合译）、《教育之科学的研究》（[美]吉特著）、《儿童与教育》（[美]杜威著）、《设计组织小学课程论》（[美]庞锡尔著，与沈子善合译）、《修学效能增进法》（[美]韦伯尔著）等其他教育名著。就翻译方法而言，郑晓沧主张直译与意译相结合，内容上采取忠实于原文的直译，而形式上采取意译，"对于意义上，实质上，须直译；对于文字上，形式上，须意译"⑤。他认为，直译比意译要容易，但是直译者仅仅逐字逐句进行语言转换，不能算作上乘之作。意译较之直译难，因为翻译者必须对原著融会贯通，否则错误百出。翻译方法的选择应根据翻译材料而定，"如是自然科学或者社会科学只需信达可已；至于文学，有许多处须保存原来口吻，故有许多处须得直译，而仍要中国人看了能懂"⑥。由此可见，郑晓沧主张教育翻译以信达为标准，信即为"本意未失"，而达即为"语言流畅"。陆志韦则主张直译。直译比意译难，因而直译对于翻译者提出了更高的要求。他在翻译《教育心理学概论》（[美]桑代克著）和《普通心理学》（[美]亨德著）时均采用了直译。但他反对绝对的直译："至于拘泥外国文

---

① 姜义华：《胡适学术文集·新文学运动》，中华书局，1993，第521页。
② 艾伟（1890—1955）：湖北沙市人。1919年毕业于上海圣约翰大学。1921年赴美留学，先后获哥伦比亚大学心理学硕士学位和华盛顿大学哲学博士学位。主要著作有《初级教育心理学》《师范科教育心理学》《教育心理学》《教育心理学论丛》《教育心理学大观》《小学儿童能力测量》《英语教学心理学》等。
③ 郑晓沧（1892—1979）：浙江海宁县人，名郑宗海，字晓沧，著名教育学家。1914年6月毕业于北京清华学校文科。后赴美国留学，先后获美国威斯康星大学教育学学士和哥伦比亚大学师范学院教育学博士。
④ 陆志韦（1894—1970）：浙江吴兴县人，语言学家、心理学家、教育家。1913年毕业于东吴大学，后赴美国芝加哥大学生物学部心理学系留学，获哲学博士学位。积极致力于译介巴甫洛夫学说和西方心理学各个流派的理论和方法，被誉为我国现代心理学的开创者和奠基人之一。
⑤ 中国翻译工作者协会《翻译通讯》编辑部编：《翻译研究论文集（1894—1948）》，外语教学与研究出版社，1984，第166页。
⑥ 中国翻译工作者协会《翻译通讯》编辑部编：《翻译研究论文集（1894—1948）》，外语教学与研究出版社，1984，第172页。

法逐字对译，以至译文佶屈聱牙不堪卒读者，韦意不得称为翻译。"①对于采用何种译文语言，陆志韦主张"直译极不宜用文言（例如韦译《普通心理学》）；意译最好亦用白话"②。由此看来，陆志韦也主张教育翻译应遵循信达的翻译标准，采用白话文进行翻译。曾翻译过《思维和教学》（[美]杜威著，与俞庆棠合译）、《教育方法原论》（[美]克伯屈著，与俞庆棠合译）、《教育哲学大意》（[美]波特著）、《现代教育学说》（[美]波特著）、《丹麦的民众学校与农村》（[丹]贝脱勒著）的孟宪承③同样主张"忠实正确的翻译"，反对"拘泥于语法与结构的欧化"④。他认为初学翻译者用意译更为容易，但主张"初学以试直译为宜"⑤。在译文语言使用的问题上，他同样认为"直译以白话为适宜"⑥。上述三位留美学生对翻译方法有着相似的观点，主张"信达"的翻译标准，直译与意译相结合，采用白话文作为译文语言。但对直译和意译孰难孰易，他们的看法各不相同。

上述翻译理论与翻译方法研究者仅为留学生中的杰出代表。随着翻译者专业知识的日益丰富、语言基本功日渐扎实、中外文化背景知识的逐步掌握，他们对翻译的认识逐步深化，对教育翻译的方法与技巧的运用也日趋成熟，尤其是意译与直译的恰当使用，使得教育学术翻译走向规范、走向严谨。

（二）译名统一问题的研究

随着教育翻译活动的不断推进与深入，有关科学术语和专有名词的翻译问题引起了不少翻译家的重视。罗振玉、严复、蔡元培等人十分重视教育专有名词的翻译以及译名统一的问题，并探讨了教育科学术语和专有名词的翻译方法。

---

① 中国翻译工作者协会《翻译通讯》编辑部编：《翻译研究论文集（1894—1948）》，外语教学与研究出版社，1984，第162页。
② 中国翻译工作者协会《翻译通讯》编辑部编：《翻译研究论文集（1894—1948）》，外语教学与研究出版社，1984，第173页。
③ 孟宪承（1894—1976）：江苏武进县人，著名教育家。早年毕业于上海的南洋公学中院和圣约翰大学。1918年留学美国，获华盛顿大学教育学硕士学位。后又赴英国伦敦大学研究生院深造。主要著作有《教育概论》《教育通论》《教育史》《西洋古代教育》《大学教育》等。
④ 中国翻译工作者协会《翻译通讯》编辑部编：《翻译研究论文集（1894—1948）》，外语教学与研究出版社，1984，第165页。
⑤ 中国翻译工作者协会《翻译通讯》编辑部编：《翻译研究论文集（1894—1948）》，外语教学与研究出版社，1984，第171页。
⑥ 同②。

1902年，罗振玉在《教育世界》第22期中发表了专论《译书条议》，其中第三条是"定名"。他认为："翻译用语，必须划一。如地名、人名及银行、法律、心理、物理诸名目，必须一定，乃便观览。今宜取日本之《法律字典》等书翻译备用；其日本所无者，则选通人编定辟书，并列英、和、法三文，以资参考。此书一成，将来译书便易多矣。此实万不可缓之务。"①

1903年，严复在《京师大学堂译书局章程》中提出："所有翻译名义，应分译、不译两种。译者谓译其义，不译者则但传其音；然两者均须一律。""译书遇有专名要义，无论译传其意，如'议院''航路''金准'等语，抑但写其音，如'伯理玺天德''哀的美敦'等语，既设译局，理宜订定一律，以免纷纭。法于所译各书之后，附对照表，以备学者检阅，庶新学风行之后，沿用同文，不生歧异。"②

1903年，蔡元培在译《哲学要领》时，因"苏报案"避走青岛。"其时无参考书，又心绪不甚宁，所译人名多诘屈。而一时笔误，竟以空间为宙，时间为宇。"所以，蔡元培对此耿耿于怀，"常欲于再版时修正之"③。为了解决翻译中的译名统一问题，蔡元培曾多次谈到译名问题。例如，1915年在其编写的《哲学大纲》"凡例"中指出："本书译语，务取最习用者。习用者不可得，始立新语。为译语志要，附于书后，以备检核。"④1916年秋，他又在法国与李煜瀛合著《译名表》。该表分功用和方法两部分。"功用"部分指出"向用之译名法"的两个主要弊病：一是不能划一名词；二是不能由中文推求西文之原字。欲改正此弊，必有中西文对照之标准，则无论何人何地何时，凡译书者，皆可由此标准定名，于是名词未有不划一者。"欲救此弊，亦必有中西文对照之标准。"

此方面的研究成果斐然，李亚舒、黎难秋对此进行了梳理。在他们主编的《中国科学翻译史》中，收录了民国时期的双（多）语科学辞典200多种，其中直接涉及教育的辞典有《英汉对照教育学小词典》（上海民智书局1920

---

① 陈福康：《中国译学理论史稿》，上海外语教育出版社，2000，第147页。
② 陈福康：《中国译学理论史稿》，上海外语教育出版社，2000，第143—144页。
③ 蔡元培：《蔡孑民先生言行录》，山东人民出版社，1998，第7页。
④ 高平叔：《蔡元培全集》（第二卷），中华书局，1984，第345页。

年版）、《中国教育辞典》（中华书局1928年版）、《教育小辞典（英汉对照）》（上海民智书局1930年版）、《教育大辞书》（缩本）（商务印书馆1930年版）和《教育大辞书》（2册）（商务印书馆1930年版）、《英汉政治法律商业教育辞典》（沈阳北陵新华书店1930年版）等。此外，还有一系列专有名词词典，如《解剖学名词》（1917年）、《天文学名词》（1934年）、《物理学名词》（1934年）、《矿物学名词》（1936年）、《细菌免疫学名词》（1937年）、《发生学名词》（1937年）等。[①] 这些辞典的编定，在当时教育翻译活动中起到了积极的规范作用，极大地推动了西方教育思想在中国的有效传播。

  本章对近代中国留学生教育翻译的发展脉络、翻译对象国的选择及其演变、动机模式及其演变、翻译方式的选择及其变衍、翻译成果展现形式的变化以及翻译者多重角色的扮演等内容进行了探讨，从中我们对留学生教育翻译的发展轨迹有了一定的认识。这一发展轨迹展示了留学生在国际化进程中试图通过教育翻译学习借鉴西方教育的艰难探索历程。为了更为翔实地展现近代中国留学生教育翻译的真实情景，下章将重点对1895—1937年40余年间留学生教育翻译的主要内容加以梳理。

[①] 李亚舒、黎难秋：《中国科学翻译史》，湖南教育出版社，2000，第480—493页。

第三章

近代中国留学生教育翻译的主要内容

在近代中国从传统向现代变革的波澜壮阔的历史转型时期，中国教育也随之踏上了从传统向现代变革的历史征程，教育改革风起云涌，国人开始将目光投向西方，寻求一种全新的教育范式。在这一教育变革关键的历史时期，留学生教育翻译活动在外力的冲击下从边缘走向了中心。留学生的教育翻译，承载着"教育救国"的历史使命，并在不同的历史时期表现出不同的翻译动机和价值取向。那么，为了实现"教育救国""开启民智"的总体目标，留学生选择了哪些内容进行翻译，并通过借鉴西方教育而推进我国教育改革与发展的呢？本章将对中国留学生在1895—1937年40余年间教育翻译的主要内容进行梳理，以期探寻在中国教育早期现代化进程中留学生通过翻译引进和借鉴西方教育的具体内容。

第一节　对外国教育制度的翻译

清末民初，学制以及各种教育法规是教育界翻译及研究的热点之一。日本学制以及欧美诸多国家的学制和法规大量地被留学生们翻译介绍，而且大多刊登于留学生主持的《教育世界》和《教育杂志》等教育期刊。这些有关西方教育制度的翻译及其成果，使国人进一步加深了对外国教育制度的了解，传统的思想认识逐渐被崭新的教育观念所取代，进而影响了近代学制的变革。

一、留学生对日本教育制度的翻译

随着近代中日教育交流活动的开启，留学生开始关注并不断翻译论述日本学制的专著。1898年，上海《时务报》就组织翻译出版了由日本文部省制定的《日本学校章程三种》。据谭汝谦的《中国译日本书综合目录》记载，留日学生翻译的有关日本学制的书籍，从1899年至1903年有如下数种：北京京师大学堂翻译出版的《日本东京大学规则考略》（1899年）、天津翻译出版的《日本新学制》（1902年）、正学堂翻译出版的《日本东京师范学校章程》（附预备科）（1902年）、留日学生在东京翻译出版的《日本学制大纲》（1902年）、留日学生在东京翻译出版的《日本普通学科教授细目中学校令实行规则》（1903年）。[1]此外，1903年出版的《日本学校图论》一书，以图表的形式分门别类地翻译了"日本现行学校系统表""日本学龄儿童就学调查表""日本现行学校授业时间表""小学校教科课程表""中学校教科课程表"以及东京帝国大学、京都帝国大学、高等师范学校和日本各类专科学校的"图论"。这些图表更为直观地勾勒和描绘了

---

[1] 朱有瓛主编：《中国近代学制史料》（第二辑上册），华东师范大学出版社，1987，第26页。

日本学制。除少量有关学制的翻译成果以单行本出版外，教育期刊在此方面起到了重要传播作用。下面以《教育世界》为例，来展现留学生对日本教育制度翻译的具体情况。

《教育世界》自1901年5月创刊到1904年1月《癸卯学制》的颁布，所译介的教育法规和条例有96项左右，可以说，有关日本学制的所有规章制度几乎都被翻译到中国。其中包括"（1）文部省官制、文部省令、文部省直辖诸学校官制等；（2）小学校令、中学校令、师范学校令、实业学校令、帝国大学令等；（3）幼稚园、小学校、中学校、师范学校、高等女学校、女子高等师范学校、实业补习学校、工业学校、农业学校、商业学校以及盲哑学校等各级各类学校规程、规则；（4）地方学事通则以及市町村立小学校有关规则；（5）学校教员检定规则、俸给规定等；（6）学校教科书检定规则；（7）各级各类学校教授细目、学科及程度规则；（8）师范学校招生、毕业生服务、学费等规则；（9）文部省外国留学生规则；（10）各种教育团体规则、纲领等"[①]。下面笔者将以表格的形式较为详细而又直观地介绍《教育世界》所翻译的各级各类学校令和学校规则。

表3.1 《教育世界》翻译日本教育制度一览表

类　别	具体内容	期刊号
初等教育	《小学校令》	第2—3号
	《私立小学校代用规则》	第16号
中等教育	《中学校令》	第7号
	《中学校实科规程》	第7号
	《中学校编制及设备规则》	第11号
	《中学校令施行细则》	第33号

[①] 田正平：《中外教育交流史》，广东教育出版社，2004，第343—344页。

(续表)

类　　别	具体内容	期刊号
高等教育	《师范学校令》	第 5 号
	《高等师范学校规程》	第 6 号
	《女子高等师范学校规程》	第 6 号
	《高等女学校令》	第 7 号
	《师范学校简易科规程》	第 9 号
	《师范学校预备科规程》	第 9 号
	《帝国大学令》	第 15 号
	《东京帝国大学官制》	第 15 号
	《京都帝国大学官制》	第 15 号
	《大学预科规程》	第 16 号
	《高等女学校令施行细则》	第 17 号
	《东京府师范学校内规》	第 32 号
	《日本高等学校规则要览》	第 45 号
实业教育	《实业学校令》	第 11 号
	《实业补习学校规程》	第 11 号
	《发布实业补习学校训示》	第 12 号
	《工业学校规程》	第 12 号
	《农业学校规程》	第 12 号
	《商业学校规程》	第 12 号
	《商船学校规程》	第 12 号
	《徒弟学校规程》	第 12 号
	《日本实业补习学校条议》	第 20 号

[资料来源] 朱有瓛主编：《中国近代学制史料》（第二辑上册），上海：华东师范大学出版社，1987 年版，第 21—26 页。

该表中显示的仅是《教育世界》有关日本教育制度翻译成果的大致情形。从纵向来看，涉及初等教育、中等教育及高等教育；从横向来看，涉及普通教育、师范教育及实业教育。《教育世界》可谓是"晚清中国人了解日本教育的主要信息源之一"[①]。综上所述，留学生对日本教育制度的翻译涉及各级各类学校令和学校规则，其翻译成果主要通过期刊及时地向国人展现，为中国近代学制的制定提供了可资借鉴的蓝本。

二、留学生对欧美教育制度的翻译

留学生在对日本学制进行翻译的同时，也把学习借鉴的目光投向欧美教育。《教育世界》《教育杂志》等以留学生为主体的教育期刊对欧美教育制度的引鉴也倾注了极大的热情。例如，《教育世界》前期主要侧重于日本学制的翻译导入，但对欧美教育制度也略有涉及。如《法国乡学章程》（第9号）、《美国教育制度》（第41—42号）、《英国之夜学校》（第42号）等。从第43号起，《教育世界》开始把翻译的目光转向欧美国家，不仅广泛地介绍欧美国家的教育现状，而且较为详细地介绍了各类学校以及教育政策。翻译的对象国有英国、德国、美国、法国、意大利、澳大利亚、瑞典、丹麦、挪威等。下面以《教育世界》为例，展示留学生对欧美教育制度的翻译之大概。

---

① 田正平：《中外教育交流史》，广东教育出版社，2004，第344页。

表 3.2 《教育世界》翻译欧美教育制度一览表

类　别	具体内容	期刊号
初等、中等教育	《各国小学校记》	第 52—54 号
	《英、美、法三国视学制度考》	第 70—73 号
	《法国中学学科课程》	第 98—103 号
	《德国小学制度述略》	第 104 号
	《英国小学制度述略》	第 104 号
	《英国中等学校记》	第 128、132 号
	《美国小学状况》	第 139 号
	《德国小学教育》	第 140、141、142 号
	《法国小学强迫制度述略》	第 148 号
女子教育	《法国大学之女学生》	第 49 号
	《记各国女子之高等教育》	第 50 号
	《述法国女子教育》	第 69 号
	《论男女共校之利害》	第 71 号
	《德国女子中等教育》	第 81、83 号
	《世界第一之女子大学》	第 85 号
	《英国女子中等教育》	第 85、86 号
	《美国女子中等教育》	第 87、88 号
	《与友人论社会改良书——〈女子教育〉》	第 88 号
	《美国女子高等教育》	第 88、89 号
	《美国女子职业教育之一斑》	第 123 号
	《欧美女子教育沿革史》	第 126 号
	《记法国女子教育》	第 131 号
	《瑞士女子教育》	第 145 号
	《欧洲各国男女共学之现状》	第 151、152 号
	《德国女子教育之隆盛》	第 152 号
	《欧美女子教育谈》	第 155—156 号

(续表)

类　别	具体内容	期刊号
实业教育	《德国实业教育》	第 44—48 号
	《奥地利实业教育述略》	第 72 号
	《俄国实业教育述略》	第 73 号
	《法国实业教育政策》	第 82 号
	《记法国实业教育》	第 131 号
	《记比利时实业教育》	第 132 号
成人补习教育	《论苏格兰补习科课程》	第 70 号
	《德国补习教育制度》	第 117 号
	《普国注重补习教育》	第 125 号

[资料来源]金林祥、张蓉：《〈教育世界〉与西方教育的传入》，《河北师范大学学报》（教育科学版）2000 年第 4 期。

上述翻译成果显示，《教育世界》对欧美教育制度的翻译主要包括中小学教育、女子教育、实业教育以及成人补习教育等方面，其中，对女子教育尤为重视，翻译成果最多。这对清末学制中女子教育和中小学教育制度方面的改革与修正具有一定的指导作用。如 1907 年《女子小学堂章程》《女子师范学堂章程》的制定正式开启了女子教育；1909 年，仿德、法实行文理分科制；1911 年，决议实行义务教育等。此外，这些翻译成果也为清末实施实业教育和 1905 年推行成人补习教育提供了理论依据和示范。

《教育杂志》连续十几年设有《欧美教育专栏》，几乎每期都刊载欧美教育制度和法规的翻译。例如，《撒克逊小学（国民学校）制度》《美日教育制度之比较》《美国小学校制度》《英国学制精华》《论新学制中中等教育》《欧美教育制度概观》《德国新教育中之高等学校制度》《瑞典教育制度概观》《欧洲各国学制最近实施状况》《法国近年来的学制改革》《一九三二年后苏联教育制度之演变》《瑞典教育制度全貌》等。限于篇幅，此处不再作具体介绍。

第二节　对外国教育著作及讲义的翻译

中国留学生参与对西方教育理论的翻译始于19世纪80年代。1882年，颜永京翻译了英国史本守（即英国教育家斯宾塞）著的《教育论》中的第一篇"什么是最有价值的知识"，取名为《肄业要览》。该书是国人翻译西方教育理论的开端。但这一翻译活动是由传教士的翻译机构益智书会所组织，颜永京仅是被动地按照书会的安排进行翻译，而留学生的教育翻译从被动走向主动应该从留英学生严复起始。甲午战争后几年，严复进行了一系列的教育理论著作翻译，其中，1897年，严复翻译的斯宾塞教育理论可称为留学生翻译西方教育理论的发端，但大规模的教育理论翻译则始于留日学生。20世纪上半期留学生所翻译西方教育理论，主要包括赫尔巴特教育理论、杜威实用主义教育理论和马克思主义教育理论，而这三种理论的翻译，主要通过教育著作及讲义翻译来体现。因此，本节拟对1901—1937年间西方教育著作及讲义翻译的大致情况予以梳理。

一、基础性教育学科著作及讲义的翻译

基础性教育学科，主要是指教育中的基础理论学科、基本事实学科和对其他教育学科的发展具有指导意义的学科，"一般包括教育哲学及教育学原理、教育社会学、教育心理学和教育史学"[①]。该类译著所涉领域广泛，尤其是一些新兴学科，例如教育哲学、教育心理学、心理测量、教育心理实验、教育研究方法等。前期翻译者大多是留日学生，后期大多是具有留学欧美背景的教育专业人员，体现了留学生教育翻译的群体性和逐步专业化的特征。下文将对教育学、教育史以及教育心理学等基础性教育学科著作及讲义的翻译情况进行介绍。

---

① 田正平：《中外教育交流史》，广东教育出版社，2004，第633页。

(一) 教育学著作及讲义的翻译 (1901—1936)

第一个全面、系统而完整地翻译作为一门学科的教育学著作的留学生是王国维。对此,20 世纪 80 年代,教育学研究者就开始关注并进行了一些考证。例如,1984 年,雷尧珠提出最早在中国出现的教育学大都来自日本,并列举了刊载在《教育世界》上的日译本《教育学》,把日本文学士立花铣三郎讲述、王国维翻译的《教育学》列为第一本。[1]1991 年,周谷平明确提出作为一门学科的西方教育学的引进,应"以《教育世界》第9、10、11号(1901 年 9—10 月)连载的,日本文学士立花铣三郎讲述、王国维翻译的《教育学》为起点","目前尚无确凿史料证明有比之更早传入中国的教育学著作"[2]。其他学者的研究也多论证此观点的正确性。由此可见,留日学生王国维可谓是教育学著作翻译领域的拓荒者。继王国维之后,留日学生群体翻译引进了一大批教育学著作及讲义,下表是 1901—1936 年间以留日学生为主体的教育学著作及讲义翻译的具体情况。

表 3.3　教育学著作及讲义翻译成果一览表 (1901—1936)

时间	原著者	翻译者	著作及讲义	杂志、出版社
1901 年	[日] 立花铣三郎讲述	王国维译	《教育学》	《教育世界》第9、10、11号
1902 年	[日] 牧濑五一郎	王国维译	《教育学教科书》	《教育世界》第29、30号
1902 年	[日] 加纳友市、上田仲之助	—	《实用新教育学》	《教育世界》第24、25号
1902 年	[日] 天眼铃木力	张肇熊译	《教育新论》	上海文明印书局
1902 年	[日] 成濑仁藏	杨迁栋、周祖同译	《女子教育论》	上海作新社
1903 年	[日] 中岛半次郎	田吴照译	《普通教育学要义》	移山堂丛书
1903 年	[日] 熊谷五郎	范迪吉译	《教育学》	上海会文学社

---

[1] 雷尧珠:《试论我国教育学的发展》,《华东师范大学学报》(教育科学版)1984 年第 2 期。
[2] 周谷平:《近代西方教育学在中国的传播及其影响》,《华东师范大学学报》(教育科学版)1991 年第 3 期。

(续表)

时间	原著者	翻译者	著作及讲义	杂志、出版社
1903年	[日]富山房	范迪吉译	《教育学问答》《教育学新书》	上海会文学社
1903年	[日]下部三之介	冯霈译	《教育学问答》	广智书局
1903年	[日]松本孝次郎	—	《新编教育学》讲义	三江师范学堂
1904年	[日]小泉又一	周焕文等译	《教育学教科书》	北京华新书局
1904年	[日]中岛半次郎	季新益译	《教育学原理》	东京教科书译辑社
1904年	[日]波多野贞之助讲	颜可铸编辑	《教育学原理》	湖北速成师范讲义丛编
1904年	[日]吉田熊次	—	《新教育学释义》	《教育世界》第84、85号
1904年	[日]大濑甚太郎	—	《休氏教育学》	《通艺丛书》乙编，上海通社出版
1904年	[日]越智直、安东辰次郎	张肇桐译	《实用教育学》	文明书局
1904年	[日]中岛半次郎、尺秀三郎	季新益译	《教育学原理》	东京教科书辑译社
1904年12月—1905年1月	[日]江口辰太郎讲演	—	《教育学泛论》湖南师范学校讲义	《新民丛报》第58—60号
1905年	[日]波多野贞之助讲	直隶留学日本速成师范生编	《教育学讲义》	《直隶教育杂志》第1—4期
1905年	[日]波多野贞之助讲	湖北师范生合编	《教育学》	湖北学务处
1906年	[日]土肥健之助、小泉又一讲述	江苏师范生编辑	《教育学》	江苏学务处

(续表)

时间	原著者	翻译者	著作及讲义	杂志、出版社
1906年6—9月	[日]波多野贞之助讲	直隶游历绅士笔记	《教育学参考书》	《直隶教育杂志》第9—12期
1906—1907年	[日]大濑甚太郎著	江夏、杨彦洁译	《实用教育学》	《学部官报》第6、8、11、14、17、19期
1907年5—6月	[日]佐口美都子著	蔼辰译	《女子师范教育学》	《直隶教育杂志》第5、7期
1909年	[日]留寿惠吉著	傅真权译	《教育学》	抄本
1909年	[日]吉田熊次	蒋维乔编译	《新教育学》	商务印书馆1909年1版、1913年5版、1915年6版、1918年7版
1909年	[日]植山荣次	陈宪镕、许家惺译	《女子教育学》	群学社
1911年	[日]中岛半次郎著	韩定生译	《新编教育学讲义》	东京富山房出版
1911年	[日]柳政太郎著	蔼辰译	《实际的教育学》	《直隶教育杂志》第3、5、6、10、12期
1912年	[英]罗白氏	天一译	《实验教育学》	《教育杂志》第4卷第4期
1913年	[日]大濑甚太郎著	宋嘉钊译	《中华教育学教科书》	中华书局
1914年	[日]泽柳正太郎	彭清鹏译	《实际教育学》	吉林教育杂志社
1914年	[日]小山佐文二	宋嘉钊、张忻编译	《教育学教科书》	中华书局
1914年	[日]小泉又一	顾倬译	《师范学校教育学》	文明书局
1915年	[日]大濑甚太郎	刘本植、周之冕译	《新编教育学教科书》	中华书局

(续表)

时间	原著者	翻译者	著作及讲义	杂志、出版社
1923年	[美]巴格莱	杨荫庆译	《巴格莱氏教育学》（上卷）	北京共和书局
1927年	[美]桑代克	陈兆衡译	《桑代克教育学》	商务印书馆
1935年	[苏]品克微支	卢哲夫译	《教育学新论》	辛垦书店
1936年	[德]赫尔巴特	尚仲衣译	《普通教育学》	商务印书馆

[资料来源]《直隶教育杂志》《教育世界》《教育杂志》等期刊；平心：《全国总书目》，上海：生活书店1936年版，上海图书馆：《中国近代期刊篇目汇录》（第二卷）（上册），上海：上海人民出版社1979年版，商务印书馆：《商务印书馆图书目录》，北京：商务印书馆1981年版；中华书局编辑部：《中华书局图书总目》，北京：中华书局1987年版；北京图书馆：《民国时期总书目（1911—1949）（教育·体育）》，北京：书目文献出版社1995年版等。

从上表可以看出，教育学著作及讲义的翻译数量极其可观，位居引进著作之榜首；时间跨度长，从1901年留日学生王国维通过日本文学士立花铫三郎讲述和翻译《教育学》开始，到1936年留美学生尚仲衣直接翻译德国教育家赫尔巴特的《普通教育学》止；翻译对象国主要是日本，后期也涉及美国桑代克及苏联品克微支的教育学著作；翻译成果的展现形式主要是期刊连载以及书局单行本出版。

（二）教育史著作及讲义的翻译（1901—1935）

在对基础性教育学科著作及讲义的翻译活动中，留学生还十分注重教育史的翻译。1901—1935年间翻译总数为16本，其中1901—1914年间翻译9本，1915—1926年间翻译1本，1927—1935年间翻译6本。具体翻译成果见下表。

表 3.4 教育史著作及讲义翻译成果一览表（1901—1935）

时间	原著者	翻译者	著作及讲义	杂志、出版社
1901年12月—1902年2月	[日]原亮三郎编	沈纮译	《内外教育小史》	《教育世界》第15—18号
1901年	[日]熊势荣	叶瀚译	《泰西教育史》	金粟斋排印本
1902年	[日]熊谷五郎著	—	《十九世纪教育史》	《教育世界》第18号
1902—1903年	[日]中野礼四郎著	蔡垠寅、贺延谟译	《教育史》	《翻译世界》第1—4号
1903年	[日]金子马治著	陈宋孟译	《教育史》（上卷）	上海广智书局
1904年6—11月	[日]谷本富著	—	《欧洲教育史要》	《教育世界》第77—78、80—83、85—87号
1906年	[日]增户鹤吉讲授	张家树译	《教育史》	江苏学务处
1907年10月—1908年1月	[日]谷本富著	—	《欧洲教育史》	《教育世界》第158—160号、163、165号
1914年	[日]中岛半次郎著	周焕之、韩定生译，蒋维乔校订	《中外教育史》	商务印书馆
1922年	[美]格雷甫兹	吴致觉译	《近代教育史》	商务印书馆
1930年	[日]大濑甚太郎著	刘亮译	《欧美教育史》	民智书局
1934年	[日]阿部重考著	廖英华译	《欧美学校教育发达史》	商务印书馆

(续表)

时间	原著者	翻译者	著作及讲义	杂志、出版社
1934年	[美]E.H Reisner 著	陈明志、唐珏译	《近代西洋教育发达史》	商务印书馆
1935年	[日]小原国芳著	吴家镇、戴景曦译	《日本教育史》	商务印书馆
1935年	[美]古柏莱著	詹文浒译	《中外教育史》	商务印书馆
1935年	[英]科尔著	于熙俭译	《西洋教育思潮发达史》	商务印书馆

[资料来源]《教育世界》《翻译世界》等期刊；商务印书馆：《商务印书馆图书目录》，北京：商务印书馆1981年版；中华书局编辑部：《中华书局图书总目》，北京：中华书局1987年版；北京图书馆：《民国时期总书目（1911—1949）（教育·体育）》，北京：书目文献出版社1995年版等。

上述教育史著述主要涉及中国教育史、西洋教育史以及日本教育史，其中西洋教育史介绍居多，其翻译基本上贯穿本研究时段的始终。1901年由《教育世界》组织、沈纮翻译的《内外教育小史》，是我国近代最早引进的日本学者的教育史著述；而1935年由商务印书馆组织、于熙俭翻译的英国科尔著的《西洋教育思想发达史》，是本研究时段翻译的最后一部教育史著作。翻译对象国同样显示以日本为主，并由日本而转向欧美；翻译成果展现形式同样呈现出从期刊连载到书局单行本出版的演变轨迹。

（三）教育心理学著作及讲义的翻译（1902—1937）

教育心理学是基础性教育学科的另一主要内容。随着教育翻译的动机模式由服务教学型逐渐转向服务教育研究型，留学生对教育心理学著作及讲义的翻译引进愈来愈重视。1902—1937年间翻译总数为18本，其中1902—1914年间只翻译了3本，而1915—1937年间则翻译了15本，后者是前者的5倍之多。

表 3.5　教育心理学著作及讲义翻译成果一览表（1902—1937）

时间	原著者	翻译者	著作及讲义	杂志、出版社
1902 年	[日]久保田贞则著	—	《心理教育学》	上海广智书局
1905 年	[日]小泉又一编纂	房宗狱译	《教育实用心理学》	开明书局
1906 年 12 月—1907 年 1 月	[日]小蟠勇吉讲授	—	《教育的心理学》	《直隶教育杂志》第 19—21 期
1918 年	[美]桑代克著	何乐益译	《基于心理学的教学原理》	上海广学会
1921 年	[美]哥尔文、沛葛兰著	廖承世译	《教育心理学大意》	中华书局
1922 年	[美]斯达奇著	戴应观译	《教育心理的实验》	商务印书馆
1923 年	[日]松本亦太郎、酉崎浅次郎著	朱兆萃、丘陵译	《教育心理学》	商务印书馆
1924 年	[美]派尔著	朱定钧、夏承枫译	《学习心理学》	中华书局
1925 年	[美]史屈朗著	朱定钧、张绳祖译	《教育心理学导言》	商务印书馆
1926 年	[美]桑代克著	陆志韦译	《教育心理学概论》	商务印书馆
1929 年	[美]G.Stanley 著	李浩吾（杨贤江）译	《青年期的心理与教育》	世界书局
1934 年	[美]盖次著	陈德荣译述	《教育心理学》	世界书局
1934 年	[美]派尔著	张绳祖译	《实用学习心理学》	中华书局
1935 年	[美]里德著	水康民译	《小学各科心理学》	商务印书馆
1936 年	[美]波特著	孟宪承、张楷译	《教育心理学辨歧》	正中书局
1936 年	[美]盖次著	宋桂煌译	《教育心理学》	商务印书馆
1937 年	[美]詹姆斯著	温心园译	《教育心理学谈话》	中华书局
1937 年	[美]斯密斯著	王书林、郑德萍译	《教育心理学大纲》	商务印书馆

[资料来源]《直隶教育杂志》等期刊；平心：《全国总书目》，上海：生活书店1936年版；上海图书馆：《中国近代期刊篇目汇录》（第二卷）（上册），上海：上海人民出版社1979年版；商务印书馆：《商务印书馆图书目录》，北京：商务印书馆1981年版；中华书局编辑部：《中华书局图书总目》，北京：中华书局1987年版；北京图书馆：《民国时期总书目（1911—1949）（教育·体育）》，北京：书目文献出版社1995年版等。

如表所示，教育心理学著作及讲义的翻译始于1902年，最早的译本是日本久保田贞则著的《心理教育学》，由成立于20世纪初的上海广智书局出版发行。这是一家以发行翻译著作为主的出版机构。译著源本大多来自美国，译自日本的只有4本，且翻译活动主要发生在五四运动之后。翻译成果展现形式主要是书局以单行本形式出版。教育心理学翻译活动表明，教育翻译已逐步朝着服务教育研究的方向发展。

二、应用性教育学科著作及讲义的翻译

教育学科另一重要组成部分是应用性教育学科。20世纪，以应用研究为特征的教育学科迅速崛起，推动了教育学科的发展与繁荣。而反映世界教育科学发展的成果也主要是通过留学生的翻译被导入我国。教授法（教学法）的翻译贯穿整个时段，数量仅次于教育学著作及讲义的翻译，影响了整个教育改革与发展的全过程。最主要的内容有赫尔巴特形式阶段教授法（五段教授法）、设计教学法和道尔顿制。

（一）对赫尔巴特形式阶段教授法的翻译

赫尔巴特（Johann Friedrich Herbart，1776—1841）教育学说，主要由管理论、训育论、教授论三部分组成，这三部分构成了赫尔巴特教育学说的基本框架。日本赫尔巴特学派的重要代表人物立花铣三郎、牧濑五一郎、汤本武比古等在介绍和导入赫尔巴特教育学说和理论时，各自的侧重点虽有不同，所用的译名术语也不尽相同，但在叙述赫尔巴特及其学派的思想和理论时，或在阐发自己的教育观点和主张时，大都遵循赫尔巴特教育学说的基本框架。在日本翻译的赫尔巴特学派的若干著作中，教授论为日本学者侧重

介绍和论述。赫尔巴特曾把教学过程划分为明了、联想、系统、方法四个形式阶段;他的弟子戚勒(T.Ziller,1817—1882)把第一阶段的"明了"再分为"分析"和"综合"两个阶段,于是就成为"五段教授法";戚勒的弟子莱因(W.Rein,1847—1929)又把这五个阶段重新命名为预备、提示、联想、总括和应用。[1] 我国通过日本导入的赫氏法主要是莱因总结的五段教授法。1901年,《教育世界》组织翻译的日本学者汤本武比古的《教授学》重点论述的就是五段教授法。

五段教授法引入中国经历了三个阶段。第一阶段是1908年前留日师范专业学生传播阶段,主要通过讲义和口头谈话而传入;第二阶段是1908年至辛亥革命之前,伴随"单级教学法"而传入,主要目的是满足该书院兴学堂,普及基础教育,弥补师资严重不足;第三阶段是辛亥革命后的师范学校传播阶段。继赫尔巴特形式阶段教授法之后,以儿童为中心的各种新教学方法相继传入我国,其中以美国的设计教学法和道尔顿制对我国中小学教育实践的影响最大。

(二) 对设计教学法的翻译

设计教学法为美国进步主义教育家、杜威"最出色的弟子"威廉·赫德·克伯屈(William Heard Kilpatrick,1871—1965)所提出。克伯屈十分崇拜杜威,曾毫不隐讳地表达自己对杜威的敬仰之情:"就杜威在哲学史上的相应地位来说,我把他放在仅次于柏拉图和亚里士多德的位置上。至于他在教育哲学上的地位,他是世界上还未曾有过的最伟大的人物。"[2] 缘此,他成为实用主义教育理论的实践者并创造性地发展了杜威的教育思想,成功地运用到教学领域,从而创造了"设计教学法(Project Method)"。他也因此而享有"世界的教师们的教师"的美誉。他一生致力于对杜威教育思想的研究与实践,留下了很多有价值的教育著作。例如,《蒙台梭利体系考》(1914年)、《福禄培尔幼稚园理论鉴评》(1916年)、《设计教学法》(1918年)、《教育哲学史料》(1923年)、《教学方法原理》(1925年)、《为

---

[1] 肖朗、叶志坚:《王国维与赫尔巴特教育学说的导入》,《华东师范大学学报》(教育科学版)2004年第4期。

[2] William W. Brickman. *John Dewey: Master Education*, New York: Atherton Press,1961,P16.

变化中的文明服务之教育》（1926年）、《我们怎样学习》（1928年）和《我们的教育任务》（1930年）等。

1918年，克伯屈在哥伦比亚大学《师范学院院报》（第19期）上，发表了一篇题为《设计教学法，在教育过程中自愿活动的应用》的论文。该文被誉为20世纪最具影响力的有关教学理论的论文。文中所提出的设计教学法，引起了教育界广泛的兴趣和关注，也奠定了克伯屈在世界教育史上的地位。设计教学法的理论基础是杜威的实用主义教育思想和桑代克的教育心理学说，其指导思想是杜威的思维术和桑代克的学习论。克伯屈在《教育方法原论》的序言中就这样说道："在思想上，我最服膺的，乃是斯宾塞、詹姆士、杜威、桑代克与吴伟民诸家。杜威与桑代克二家，尤为我学说之基础，在本书字里行间，随时可见。"[①]

向来"注重介绍和阐扬教育方法的研究"的《教育杂志》对设计教学法的引进和倡导给予了极大的关注。该杂志早在1914年就刊登了教育家庄俞的《听考察欧美教育报告感言》。1913—1914年间，俞子夷、陈容、郭秉文等考察美国教育时，在美国的部分学校里见到了设计教学法的一些情形。回国后，应江苏教育会之邀，俞子夷在报告中首次向中国教育界提及设计教学法。其报告中提出了教育界必须重视的两个问题，即教育目的和教育方法。其认为教育目的在于改良社会，课程应减少，教材要相互联系，教学方法要注意自习，以养成儿童自动读书的习惯。[②]1920年，《教育杂志》第13卷第5号刊登了厚生所撰《设计法是什么》，这是该刊最早直接介绍设计教学法的文章。接着，该杂志介绍了设计教学法的基本原理以及在国外试行的情况，如《设计教学法的研究》（第13卷第7号）、沈子善的《设计教学法的真诠及其发达史》（第14卷第7号）等。此后，《教育杂志》还发表了杨贤江的《近代史的设计教学法》《设计教学法举例》等关于设计教学法的文章30多篇。此后，出版社也加入了设计教学法翻译的行列。例如，1923年，中华书局出版了美国克拉可韦瑞著，沈有乾翻译的《初等教育设计教学法》；1927年，商务印

[①] 台湾师范大学教育研究所：《西洋教育思想》（下册），台湾伟文图书出版有限公司，1979，第667页。
[②] 庄俞：《听考察欧美教育报告感言》，《教育杂志》第6卷（1914年）第6号。

书馆出版了克伯屈著、孟宪承和俞庆棠合译的《教育方法原理》,该书对设计教学法进行了全面而系统的阐述,中文译名是《教育方法原论》;1927年,中华书局出版了美国勃兰罗著、曹刍译的《设计教学法精义》等。

设计教学法是克伯屈从杜威"做中学"的教育思想出发,并在"问题教学法"的基础上所创新的一种教学组织形式和方法。采用这种教学方法进行教学的过程是:(1)学生根据其兴趣和需要,从实际生活环境中提出学习的目的(要解决的问题);(2)制订达到目的的工作计划;(3)在自然状态下,使用具体材料,通过实际活动去完成这项工作;(4)检查其结果。该方法是对传统教学方法的挑战。

设计教学法在中国的译介成果,主要是通过教育期刊以及出版社印行单行本向教育界传播,从1914年《教育杂志》首次提及,到1920年《教育杂志》刊文初次介绍,再到1927年克伯屈的《教育方法原论》由商务印书馆翻译出版,前后跨越了13年时间。其引入路径由间接而转向直接,即国人先从考察报告、介绍性文章中获取有关设计教学法之大概,然后直接翻译其创始人克伯屈的著作而获取真经。其翻译传播主体为留学生。设计教学法的引入为我国近代教育方法的改革提供了参考,在克服传统教学的弊端方面起到了一定的积极作用。

(三)对道尔顿制的翻译

道尔顿制(Dalton Laboratory Plan),作为美国进步主义教育运动的产物,源自于美国教育家帕克赫斯特女士(Helen Parkhurst,1887—1973)于1920年2月在马萨诸塞州道尔顿中学进行的实验。其理论基础是蒙台梭利(Maria Montessori,1870—1952)自由主义教育思想和杜威实用主义教育思想。道尔顿制的精神实质,是要使每一个学生能够对自己的学习速度和方法负起更大的责任,其主要特征是废除班级统一授课形式,由学生根据自己的具体情况自主决定学习内容和进度,没有教室,没有上、下课的限制,教师只起到顾问和指导的作用,随时解答学生提出的问题和碰到的困难,因材施教,培养彰显学生的个性。

道尔顿制最早传入我国的时间是1921年8月。其时《教育杂志》(第13卷第8期)《欧美教育新潮》栏目以《道尔顿案》为标题,率先将道尔顿制简要地介绍给中国教育界,但没有引起中国教育界的重视。1922年6月,鲍德澂根据《泰晤士报》《教育副刊》上的道尔顿计划撰写了《道尔顿制实验室计划》一文，刊发在《教育杂志》第 14 卷第 6 期上。该文可谓是国内第一次较为系统地介绍道尔顿制的文章。1922 年 8 月，留英学生余家菊根据自己在英国对道尔顿制的亲身感受撰写了《道尔顿制之实际》（《中华教育界》第 12 卷第 1 期）。1922 年 11 月，《教育杂志》主编周予同发行了"道尔顿制专号"，刊发了如下文章：舒新城的《什么是道尔顿制？》和《关于道尔顿制的著作》、金保赤的《英国施行道尔顿制之原因与其实际状况》、丁晓先的《小学校采用道尔顿制研究》、常乃惪的《道尔顿制功课指定的一个实例》、刘建阳的《道尔顿制之实际经验》、沈仲九的《国文科试行道尔顿制的说明》、刘勋的《社会常识科试行道尔顿制的说明》、朱光潜的《在道尔顿制中怎样应用设计教学法》、鲍德澂的《"道尔顿实验室计划"之原始及其现状》、钱鹤的《儿童大学施行"道尔顿制"之实际》、高卓的《实行"道尔顿制"所应注意之点》、孙俍工的《文艺在中等教育中的位置与"道尔顿制"》。[①]他们从不同角度对道尔顿制的基本原理以及在国外的实施情况进行了较为详细的介绍，简述了实验方法，使教育界对道尔顿制愈来愈关注。此外，出版社也对有关道尔顿制著作的翻译与出版感兴趣。1923—1930 年出版的有关道尔顿制的译著有：［美］杜威著，钱希乃、诸葛龙译的《道尔顿研究室制》（商务印书馆 1923 年版）；林本译的《道尔顿式教育的研究》（商务印书馆 1923 年版）；柯剑公译著的《道尔顿制详解》（大东书局 1924 年版）；［美］帕克赫斯特著，曾作忠、赵廷为译的《道尔顿制教育》（商务印书馆 1924 年版）；［英］林勤著，舒新城译的《个别作业与道尔顿制》（中华书局 1930 年版）等。

道尔顿制传入中国，同样与留学生及其翻译活动分不开。在最早的传入过程中，留英学生余家菊功不可没。1921 年冬，他以教育部公费生赴英留学，先入伦敦大学主修心理学，一年后转入爱丁堡大学专攻哲学。他留学期间进行了大量的翻译工作并撰写了有关道尔顿制、国家主义教育的文章。他是最早直接将道尔顿制介绍到中国的留学生。正如他自己在回忆录中所记载：

---

① 参见《教育杂志》第 14 卷（1922 年）第 11 号有关内容。

予于听课之余则收集新书,一日得斯垂三女子中学校长某女士所作《道尔顿制》一书,述其个别教授,以发展个性之办法。予喜其近似吾国私塾之精神,约期前往参观,并撰《道尔顿制》一文,寄中华书局《教育界》(《中华教育界》,笔者注),其时主编为左舜生。旋即将是书邮寄中国公学舒新城,新城实验之于附中,不久南京东大附中又实验之,由是风行全国。①

除传播主体为留学生外,成果展现形式也是从期刊面世到书局单行本出版。这些翻译为中国教育界对道尔顿制的研究以及实施实验提供了参考。

留学生对教授法或教学法著作及讲义翻译的情况参见下表详细的统计。

表3.6 教授法(教学法)著作及讲义部分翻译成果一览表(1901—1937)

时间	原著者	翻译者	著作及讲义	杂志、出版社
1901年12月—1902年2月	[日]藤泽利喜太郎	王国维译	《算数条目及教授法》	《教育世界》第14—18号
1902年	[日]东基吉	沈纮译	《小学教授法》	《教育世界》第35、36号
1903年	[日]通口勘次郎	董瑞椿译	《统合新教授法》	文明书局
1903年	[日]田口义治著	章镕译	《小学教授学纲要》	上海会文堂
1904年3月	[日]田口义治编纂	章镕译	《小学校教授法及管理法纲目》	《东方杂志》第1期
1905年7—8月	[日]佐藤善治郎著	毛邦伟译	《实验小学教授法》	《直隶教育杂志》第6—9期
1906年	[日]大桥铜造讲义	朱士珍笔述	《各科教授法讲义》	《直隶教育杂志》第12—17期
1906年5月	[日]渡边龙圣著	图书课员分译	《教授学总论》	《直隶教育杂志》第7期

---

① 余家菊:《余家菊景陶先生回忆录》,慧炬出版社,1994,第221页。

(续表)

时间	原著者	翻译者	著作及讲义	杂志、出版社
1906年9月—1907年7月	[日]小山左文二	汪为栋译	《教授法各论》	《直隶教育杂志》第13、17—22期
1911年	[日]中泽忠太郎著	周维城、陆承谟编译	《教授法批评要诀》	中国图书公司
1916年	[美]施脱兰欧著	俞子夷译述	《施脱兰欧教授法概要》	国光书局
1923年	[美]克拉可韦瑞著	沈有乾译	《初等教育设计教学法》	中华书局
1923年	[美]杜威著	钱希乃、诸葛龙译	《道尔顿研究室制》	商务印书馆
1924年	[美]帕克赫斯特著	曾作忠、赵廷为译	《道尔顿制教育》	商务印书馆
1924年	[日]入泽宗寿著	罗迪先译	《新教授法原论》	商务印书馆
1924年	[美]帕克著	俞子夷译述	《普通教学法》	商务印书馆
1926年	[美]格利哥莱著	严既澄译述	《教学的七个法则》	商务印书馆
1926年	[美]锐甫著	孙帮正译	《中学教学法》	商务印书馆
1926年	[美]约翰生·亨利著	何炳松译	《历史教学法》	商务印书馆
1927年	[美]密里著	程其保译	《中学教学法研究》	商务印书馆
1927年	[美]克伯屈著	孟宪承、俞庆棠译	《教育方法原论》	商务印书馆
1927年	[美]勃兰罗著	曹刍译	《设计教学法精义》	中华书局
1928年	[美]密利斯、密利斯夫人	程其保译	《中学教学法研究》	商务印书馆

（续表）

时间	原著者	翻译者	著作及讲义	杂志、出版社
1930年	[英]林勤著	舒新城译	《个别作业与道尔顿制》	中华书局
1931年	[美]巴格莱、克玉书合著	林笃信译	《教学概论》	商务印书馆
1934年	[美]舒慈著	苏笠夫译	《中等学校算学教学法》	商务印书馆
1936年	[美]纳尔逊·鲍新著	黄世全、赵望译	《现代中学教学法》	商务印书馆
1936年	[美]华虚朋著	龚启昌、沈冠群译	《文纳特卡新教学法》	中华书局

[资料来源]《教育世界》《直隶教育杂志》《湖南教育杂志》《东方杂志》等期刊；平心：《全国总书目》上海：生活书店1936年版；上海图书馆：《中国近代期刊篇目汇录》（第二卷）（上册），上海：上海人民出版社1979年版；商务印书馆：《商务印书馆图书目录》，北京：商务印书馆1981年版；中华书局编辑部：《中华书局图书总目》，北京：中华书局1987年版；北京图书馆：《民国时期总书目（1911—1949）（教育·体育）》，北京：书目文献出版社1995年版等。

上述翻译成果原著述主要来自日本和美国。1901—1915年间教授法主要译自日本；1916—1936年间教授（学）法主要译自美国。不仅数量极其可观，内容丰富，涵盖了几个主要的教学方法，如单级教授法、五段教授法、设计教学法、道尔顿制以及文纳特卡新教学法等，而且从教授法到教学法名称的转变，也可见教学法从以往注重教师的讲授逐步转向教与学并重，转而注重以学生为中心。

三、名家经典教育著作的翻译

留学生于20世纪20年代开始对欧美教育家的经典著作进行大规模翻译。20世纪初，欧美先后掀起"新教育运动"和"进步主义教育运动"，这两场大规模的教育改革潮流随之席卷全球。中国当时正处于新文化运动和五四运动时期，欧美的教育革新旋即引起一大批致力于教育改革运动的中国教育家的特别关注。此时，一批留学欧美学生，尤其是留美学生学成回国，教育专业翻译人才迅速成长起来，成为该时期翻译西方教育著作的主力军。这一时期，我国学术界引入了一批世界公认的教育经典著作和正在产生重大影响的教育学术著作。在此，仅以商务印书馆所出版的译著为例略作介绍。

表3.7 名家教育经典著作翻译成果一览表

出版时间	国别	原著者	译校者	译著名
1923年	美国	杜威	周谷城译	《实用主义伦理学》
1923年6月	英国	斯宾塞	任鸿隽选译	《教育论》
1923年8月	美国	杜威	朱经农、潘梓年译	《明日之学校》
1923年9月	美国	杜威	常道直译	《平民主义与教育》
1923年10月	美国	杜威	张裕卿、杨伟文译	《教育上兴味与努力》
1926年1月	德国	康德	瞿菊农编译	《康德教育论》
1928年3月	美国	杜威	邹韬奋译，陶行知校	《民本主义与教育》
1930年2月	美国	杜威	张铭鼎译	《德育问题》
1930年11月	法国	蒙田	雷通群编译	《孟氏幼稚教育法》
1931年9月	英国	罗素	柳其伟译	《罗素教育论》
1933年	法国	卢梭	魏肇基译	《爱弥儿》
1933年	美国	杜威	胡适、唐钺合译	《哲学的改造》

(续表)

出版时间	国别	原著者	译校者	译著名
1934年	美国	杜威	许崇清译	《哲学的改造》
1934年3月	法国	卢梭	赵演译	《教育与群治》
1935年	美国	杜威	丘瑾璋译述	《教育科学之资源》
1936年3月	德国	赫尔巴特	尚仲衣译	《普通教育学》
1936年	美国	杜威	孟宪承、俞庆棠译	《思维和教学》
1937年12月	英国	洛克	傅任敢译	《教育漫话》

[资料来源]北京图书馆：《民国时期总书目（1911—1949）（教育·体育）》，北京：书目文献出版社1995年版，商务印书馆：《商务印书馆图书目录（1897—1949）》，北京：商务印书馆1981年版等。

上述教育著述在世界范围内具有极高的学术地位和实际影响力，作品大多译自欧美教育名家，其中杜威的著作就有十种，斯宾塞、康德、洛克、赫尔巴特、卢梭、蒙田等人的代表作也均被完整译出。承担翻译任务的基本上是留美归国学生或其他教育工作者。大多作品直接译自原文，而非转译。这表明留学生教育翻译队伍专业化程度日益加深，也标志着我国教育界学习西方教育从间接学习逐步转向直接学习与借鉴。

四、反映欧美教育革新运动论著的翻译

19世纪末20世纪初，兴起于欧美的教育革新运动强烈地冲击着我国的传统教育，苏联成立后，其教育改革也引起了中国教育界的关注。中国教育界以开阔的教育视野翻译了不少反映教育革新运动的著作。在此，仅以商务印书馆所出版的译著为例来展现该类著作的翻译情况。

表3.8 反映欧美教育革新运动的论著翻译成果一览表

出版时间	国别	原著者	译者	译著名
1916年7月	日本	吉田熊次	华文祺等编译	《德国教育的精神》
1922年9月	比利时	华里阿·华斯孔遂洛	陈能虑译	《比利时之新学校》
1925年1月	德国	培伦子	陈振帮译	《德国工商补习学校》
1925年4月	美国	罗曼	李大年译	《欧洲新教育》
1926年7月	美国	毕德蔓	赵叔愚译	《乡村教学经验谭》
1926年8月	美国	培氏	沈荣龄译	《乡村学校的新理想》
1926年	日本	吉田熊次	蔡文森译	《德国教育之精神》
1928年6月	美国	尼林	许崇清译	《苏俄之教育》
1928年8月	美国	特尔曼	张采真译	《少年武士团》
1929年8月	美国	鲍锐斯、绥尔克	李之鸥译	《乡村学校行政与辅导》
1931年1月	丹麦	贝脱勒	孟宪承译	《丹麦的民众学校与农村》
1933年9月	瑞士	多特棱	柳其伟、林仲达译	《奥国的新教育》
1934年2月	日本	小川正行	张安国译	《德国新兴教育》
1934年4月	美国	顾芬丽	缪维章译	《墨西哥的民众学校》
1935年5月	德国	凯兴斯泰纳	刘钧译	《工作学校要义》
1936年3月	苏联	品克微支	尚仲衣译	《苏联的科学与教育》

[资料来源]主要参考台北"中央图书馆"：《近百年来中译西书目录》，台北：中华文化出版事业委员会1958年版；[日]实藤惠秀监修，谭汝谦主编：《中国译日本书综合目录》，香港中文大学出版社1980年版；商务印书馆：《商务印书馆图书目录（1897—1949）》，北京：商务印书馆1981年版；北京图书馆：《民国时期总书目（1911—1949）（教育·体育）》，北京：书目文献出版社1995年版等。

该类教育论著不仅译自日本、美国，而且源自欧美其他国家，如比利时、德国、瑞士、丹麦及苏联等。这充分说明留学生教育翻译的视野越来越开阔，从仅局限于引进和借鉴一两个国家的先进教育经验而逐步转向广泛地吸纳各国教育精髓。

综上所述，不难看出1901—1937年间教育学科类著作及讲义的翻译主要有如下几个特点：第一，翻译著作种类越来越多，学科分支越来越细。教育著作不仅局限于普通教育学类，而且更注重不同种类的教育著作，有基础性教育学科著作、应用性教育学科著作、名家教育经典著作、反映欧美教育革新运动的著作等。这表明，国人对教育学科的认识不断深化和细化，并试图对教育学科进行更科学、更细致、更深入的研究。第二，翻译渠道从间接翻译转向直接翻译。前期著作主要从日本转译，后期译著直接译自来源国，而非自他国转译。第三，翻译主体基本上是留日学生和留美学生。这批留学生，尤其是留美学生在国外接受了较为系统、完整的教育专业知识及其他相关专业的训练，故而翻译质量逐步提高。第四，五四运动前翻译引进的数量略高于五四运动至抗战前的翻译数量。翻译的内容虽各有侧重，但教育学、教授（学）法以及教育心理学一直是翻译引进的重点内容。第五，翻译目的也各有不同，前期以服务于师范教育的课程开设和教师的培养为主，后期则以服务于教育研究为主，旨在使教育研究逐步走向科学化。

本节对近代中国留学生对外国教育著作及讲义的翻译内容进行了大致的梳理。随着持续不断的翻译，外国教育具有代表性的教育理论，诸如赫尔巴特教育学说、杜威实用主义教育理论以及马克思主义教育理论等，都进入国人的视野；先进的教学方法，如五段教授法、设计教学法和道尔顿制等，被中国教育界所认知。这些理论和方法，对中国近代教育改革的推进，起到了巨大的指导和示范作用。与此同时，这些教育著作和讲义，也满足了新式学堂对师范教育教科书的需求，为国人自编教育类教科书及教材的本土化提供了范式，为教育研究提供了理论依据和方法论，并且为中国教育学及其学科体系的创建奠定了一定的基础。

第三节　对新式教科书的翻译

19世纪末20世纪初，随着国内新式学堂的日益增加，新式教科书便成了燃眉之急。尤其是学堂章程颁布、科举制度废除之后，自然科学、应用科学以及社会科学被列入必修课程。除了经学、文字训诂、辞章等，绝大多数课程都缺乏教科书。尽管此前以传教士为主体翻译引进了大量新式教科书，一部分教材也为各类新式学堂所采用，但是无论在数量上还是在质量上都无法满足我国新式学堂发展的需求。有鉴于此，留学生责无旁贷地成为翻译引进新式教科书的主体。他们对教科书的翻译标志着中国人开始摆脱对西方传教士的依赖，第一次以中国人自身的力量独立自主地开展翻译引进外国教科书的活动。1895—1937年间教科书翻译的主要内容涵盖自然科学、社会科学和应用科学领域，以满足新式学堂的基础教育和高等教育的需求。下文将具体阐述留学生所翻译的基础教育和高等教育新式教科书的主要内容。

一、对基础教育教科书的翻译

基础教育是一种普及性教育，是提高民族素质的奠基工程。基本目标在于提高整个民族的素质，其对象是普通大众，而不是少数精英；它强调的是基本素质的培养，而不是专业或某些专门人才的培养。因此，基础教育的教学内容、课程体系、教育观念与思想、教学方法以及评估等，都必须服从这一基本的价值目标。于是，反映基础教育阶段教学内容的教科书，对于能否实现基础教育的价值目标显得尤为重要。

辛亥革命前，中等以上各级学堂的教科书主要依赖翻译。大规模的基础教育教科书的翻译是以留日学生为主体，这些教科书主要译自日文或由日文转译。留学生编译的教科书一般在日本印刷，运回国内销售，但也有部分在国内印刷出版。那么，留日学生到底翻译了多少日本学校教科书呢？据谭汝谦的统计，

1896—1911年，中国共翻译日本书958种。"尚有许多译自日文的中小学堂教科书，由于资料异常匮乏，难以全面著录。"①"这时期的译品，多是初等或中等程度的书籍，可作启蒙或教科书之用。"②尽管具体翻译数量难以统计，但是笔者还是试图将留学生在1895—1911年间翻译基础教育教科书的情况，按国内、国外两处进行简要的梳理。

辛亥革命前，国内一些重要的翻译机构积极地投身于教科书的翻译，如商务印书馆、东文学社、文明书局等。商务印书馆在译介教科书方面发挥了其特殊的作用。1897年，商务印书馆创办之初，创办人夏瑞芳便请谢洪赉牧师翻译了《华英初阶》和《华英进阶》，供高等小学堂使用。1902—1911年间，商务印书馆译介了教科书数十种，包括历史、教育、哲学、博物、地理、伦理、数学等，其中有些是译自日本同名原著，有些则是根据日本同名原著编译。其中，1906年，清学部第一次审定初等小学教科书共计102种，由民营出版社发行的有85种，其中商务印书馆出版发行的就有54种。③1910年，清学部第一次审定中学堂、初级师范学堂暂用书目共84种，其中商务印书馆出版发行的有30种。④其中教科书译自日文的居多，例如吉田彦六郎编的《化学新教科书》（杜亚泉译）、大幸勇吉编的《改正近世科学教科书》（王季烈译）、杉荣三郎编的《经济学讲义》、服部宇之吉的《心理学讲义》等。有的教科书从1902年到1910年的销售数量达30万册。1907年，有外国传教士惊呼："到目前为止，获利最大的公司是商务印书馆，其所编印的优良教科书散布全国。"⑤1982年，叶圣陶忆述商务印书馆的影响和贡献时说：

> 全面评价商务的功绩，估计商务85年来对文化教育的贡献，不是浅薄如我的人能够做到的。我只能说，我幼年初学英语，读的是商务的《华英初阶》，后来开始接触外国文学，读的是商务的《说

---

① [日]实藤惠秀监修，谭汝谦主编：《中国译日本书综合目录》，香港中文大学出版社，1980，第61页。
② [日]实藤惠秀监修，谭汝谦主编：《中国译日本书综合目录》，香港中文大学出版社，1980，第63页。
③ 张静庐辑注：《中国现代出版史料》（丁编下卷），中华书局，1959，第384页。
④ 张蓉：《商务印书馆与清末新式教科书的发展》，《河北师范大学学报》（教育科学版）2001年第2期。
⑤ 《教育评论》（英文版）1906年第6期。

部丛书》……至于接触逻辑、进化论和西方的民主思想，也由于读了商务出版的严复的各种译本……我的情况决非个别的，本世纪初的青年学生大抵如此。可以这样说，凡是在解放前进过学校的人没有不曾受到商务的影响，没有不曾读过商务的书刊的。①

除商务印书馆外，罗振玉等人于1898年在上海创办的东文学社也加入翻译出版日本教科书的行列。该社翻译的大都是自然科学方面的教科书，如《普通动物教科书》《小物理学》《理化示教》等，均收入1903年国内出版的《科学丛书》中。另外，《教育世界》不仅对西方教育理论、教育法规以及教育状况的翻译十分重视，而且对教科书的翻译也极力提倡，曾翻译了《近世博物教科书》《普通物理学》《新编小学物理学》《近世化学教科书》等。这些教科书均译自日文，在20世纪初新式学堂普遍采用。再如，文明书局也是20世纪初国内翻译出版日本教科书的主要机构之一。1902年，该书局在上海创办，以出版小学教科书而著名。所出版的小学教科书后来都成为国民教育的普及读物。1906年，清政府学部公开审定通行教科书的书目中，小学教科书多为文明书局所出版。

科举制度废除后，留日学生开始大量翻译日本教科书以满足国内新式教育的需求。最为突出的是教科书译辑社、会文学社、湖南编译社等。如留日学生于1902年成立的教科书译辑社，主要任务是"专译中学教科书"。教科书译辑社事实上是译书汇编社分社，创办者为译书汇编社成员陆世芬。发行所设在东京本乡区丸山福山町十五番地。教科书译辑社出版的第一部书《物理易解》的版权保护书上有这样一段文字："据留日学生陆世芬等禀称：窃生等在日本东京纠合同志，设教科书译辑社，编译东西教科新书，备各省学堂采用。"②其实，《译书汇编》早在创刊号发行之时就有了编辑出版中小学教科书的打算："中国乏才，由无教育；教育之难，由于无书。同人现编辑小学、中学各种教科书，然兹事体大，海内名流有素，留意此事者，望赐函

---

① 叶圣陶：《叶圣陶出版文集》，中国书籍出版社，1996，第59—60页。
② [日] 实藤惠秀：《中国人留学日本史》，谭汝谦、林启彦译，生活·读书·新知三联书店，1983，第222页。

见教，以匡不逮。"① 教科书译辑社以翻译中学教科书为主，所编译的中学教科书包括语文、地理、历史、代数、几何、物理、化学、生理、教育学等多种学科。据《江苏》第1期登载，该社刊行所翻译的教科书有《中学地文教科书》（神谷市郎著）、《中学物理教科书》（水岛久太郎著，陈榥译）、《中学生理教科书》（［美］斯起尔原著，何燏时译补）、《中学化学教科书》（吉田彦六郎著）、《物理易解》（陈榥撰）、《中学代数教科书》（陈榥译）等。② 上述广告书目对所译教科书做了些说明，极具广告效应，如《中学物理教科书》称："是书为日本水岛久太郎原著，义乌陈榥译补。陈氏于日本帝国工科大学肄业，研究物理确有心得，故能说理透辟，措词明达，于数学公式尤所详备，洵理科之佳本也。至其装订华丽、绘图精致，尚其余事。"再如《中学生理教科书》称："是书为美国斯起尔原著，暨阳何燏时译补。说理既精，考证尤确，每篇悉附试验方法以供临时参考。插图四十幅，用最精铜板，明细可爱，洵中等生理教科之善本，前此得未曾有者也。"③ 教科书译辑社翻译的内容几乎涵盖了中学理科所有门类的教科书。

1903年，会文学社出版了留日学生范迪吉等译的《普通百科全书》，总计300多万字，以石印、线装方式出版，均是当时日本中学教科书和一般大专程度的教学参考书。编译这套百科全书的宗旨是："以开通民智，养成世界人民的新知识为公责"；"凡关于学理与政术与种种科学之发达进步者，皆在是书范围内涵容无遗"④。且收入的均为"日本最有力学者之名著，且系最新最近出之书，有学皆臻，无科不备，拾级以进，足供一般学者之取吸，足为专门科学之立脚点"⑤。内容涉及宗教、哲学、文学、教育、政治、法律、历史、地理、自然科学、实业（应用科学）及其他。具体书目见下表。

---

① 《简启》，《译书汇编》第1期（1900年12月6日）封底。
② 田正平：《留学生与中国教育近代化》，广东教育出版社，1996，第330页。
③ 吕顺长：《清末中日教育文化交流之研究》，商务印书馆，2012，第81页。
④ 邹振环：《近代最早百科全书的编译与清末文献中的狄德罗》，《复旦学报》（社会科学版）1998年第3期。
⑤ 同④。

表 3.9 《普通百科全书》一览表

内　容	书　名	著　者
宗教、哲学	《宗教哲学》	姊崎正治（译）
	《世界宗教史》	加藤玄智
	《西洋哲学史》	蟹江义丸
	《东西洋伦理学史》	木村鹰太郎
	《论理学问答》	富山房
	《哲学泛论》	藤井健治郎
文学	《帝国文学史》	笹川种郎
教育	《教育学》	熊谷五郎
	《教育学新书》	富山房
	《教育学问答》	富山房
	《教授学问答》	富山房
	《学校管理法问答》	富山房
政治、法律	《税关及仓库论》	岩崎昌
	《国法学》	岩崎昌、中村孝
	《民事诉讼法释义》	梶原仲治
	《议会及政党论》	菊地学而
	《法律泛论》	熊谷直太
	《行政裁判法论》	小林魁郎
	《商法泛论》	添田敬一郎
	《日本帝国宪法论》	田中次郎
	《政治泛论》	永井惟直
	《国际私法》	中村太郎
	《国际公法》	北条元笃、熊谷直太
	《民法总则篇释义》《民法物权篇释义》《民法债权篇释义》	丸尾昌雄

(续表)

内　容	书　名	著　者
政治、法律	《民法亲族编释义》《民法相续编释义》	田丰
	《日本法制史》	三浦菊太郎
	《政治史》	森山守次
	《经济泛论》	池袋秀太郎
	《财政学》	笹川洁
地理、历史	《日本历史》	木寺柳次郎
	《东洋历史》	幸田成友
	《日本风俗谈》	坂本健一
	《日本新地理》《万国新地理》	佐藤传藏
	《帝国文明史》	白河次郎、国府穗德
	《万国地理学新书》	田道新之助
	《帝国历史》	富山房
	《万国历史》	富山房
	《地理学新书》	富山房
	《帝国历史问答》	富山房
	《日本历史问答》	富山房
	《世界历史问答》	富山房
	《日本地理问答》	富山房
	《世界地理问答》	富山房
	《西洋历史》	吉国滕吉
	《日本旅行地理》	山上万次郎
	《万国旅行地理》	山上万次郎

(续表)

内　容	书　名	著　者
自然科学	《植物新论》	饭冢启
	《霉菌学》	井上正贺
	《日用化学》	井上正贺
	《动物通解》	岩川友太、佐佐木忠次
	《有机化学》	毛高德平
	《时学及时刻学》	河村重固
	《气中现象学》	小林义直
	《测量速成法》	小船井里吉
	《地质学》	佐藤传藏
	《星学》	须藤传治郎
	《分析化学》	内藤游、藤井光藏
	《动物学新书》	八田三郎
	《化学问答》	富山房
	《动物学问答》	富山房
	《矿物学问答》	富山房
	《数理问答》	富山房
	《植物学新书》	富山房
	《矿物学新书》	富山房
	《地文学新书》	富山房
	《地文学问答》	富山房
	《生理学问答》	富山房
	《物理学问答》	富山房
	《初等算术新书》	富山房
	《初等代数学新书》	富山房
	《初等几何学新书》	富山房
	《无机化学》	真岛利行
	《新撰三角法》	松村定次郎

(续表)

内　容	书　名	著　者
实业（应用科学）	《船舶论》	赤松梅吉
	《植物营养论》	稻垣乙丙
	《农艺化学》	井上正贺
	《土地改良论》	上野英三郎、有动良夫
	《森林学》	奥田贞卫
	《农学泛论》	恩田铁弥
	《肥料学》	木下乂道
	《农产制造学》	楠岩
	《气候及土壤论》	佐佐木祐太郎
	《应用机械学》	重见道之
	《商业经济学》	清水泰吉
	《简易测图法》	白幡郁之助
	《运送法》	菅原大太郎
	《畜产泛论》	高见长恒
	《畜产各论》	田口晋吉
	《栽培各论》	田中节三郎
	《商工地理学》	永井惟直
	《森林保护学》	新岛善直
	《农用器具论》	西村荣十郎
	《提要农林学》	本多静六
	《栽培泛论》	横井时敬
	《农业经济论》	横井时敬、泽村真
其他	《罫线学》	海野力太郎
	《美术新书》	富山房

［资料来源］［日］实藤惠秀：《中国人留学日本史》，谭汝谦、林启彦译，北京：生活·读书·新知三联书店，1983年版，第226—229页。

《普通百科全书》的总译述是留日学生范迪吉,因受会文学社之邀,主持了百科全书的翻译工作。其他留日学生,如黄朝鉴、李思慎、张振声、顾福嘉等人担任编辑,顾厚琨、郑绍谦担任校阅。他们都以"开启民智"为己任,为引入新知识,改革传统的教学内容尽自己的微薄之力。《普通百科全书》一经译出,即受到中外学者的高度赞赏和评价。郑绍谦在《普通百科全书》序中在比较同文、方言诸馆三四十年来所译诸书"一鳞一角、窥豹未全"的特征后,对《普通百科全书》予以高度评价:

　　夫学界之有进步,必有学皆臻,无科不备,宏篇巨帙,屡饫士林,俾博考广征,旁通触引,普通之既备,科学之渐精,始文明富强,国势隆盛焉。且前鉴东西,亦莫不贱步武而贵研精,轻一得而重互证;中国若犹是。从前是学者虽知涉猎普通,普通不备,况欲专精科学,科学何来。穷其影响之功,不过能步武有一得而已,何以研精,何以互证……①

　　日本学者更认为:"这套书可以作为本年度(1903年)汉译日本书最高成绩的代表。"②

　　1902年,留日学生组成了"湖南编译社",并编辑出版了《游学译编》。另外,该编译社也出版了很多单行本,仅从其出版单行本的广告看,就有《学校实践管理法》《史学原论》《国家学》《独逸国家法教科书》《国家生理学》《新编成城学校日语教程》等教科书。

　　综上所述,留学生对基础教育教科书的翻译主要内容涵盖自然科学、社会科学以及应用科学;翻译对象国主要是日本,翻译主体为留日学生。这些教科书或以单行本出版或以丛书形式面世,极大地满足了新式学堂对新式教科书的需要,为基础教育教科书的现代化奠定了基础。但需要指出的是,上述翻译机构翻译的内容也包含了部分高等教育教科书,故有重合之处。

---

① 邹振环:《译林旧踪》,江西教育出版社,2000,第115页。
② [日] 实藤惠秀:《中国人留学日本史》,谭汝谦、林启彦译,生活·读书·新知三联书店,1983,第229页。

二、对高等教育教科书的翻译

高等教育教科书的翻译活动最早始于南洋公学译书院。该译书院是近代中国历史上第一所高校出版兼翻译机构。南洋公学译书院先后翻译出版了《科学教学讲义》《格致读本》《中等格致读本》《历史讲义》《地理教本》《唱歌集》等西方教科书。至1903年，南洋公学译书院共译印图书约有60种，包括经济、地理、历史、军事、交通、教育、社会学、一般教科书等。[①] 所译成果中最著名的是严复翻译的英国政治经济学家亚当·斯密的名著《原富》（即《国富论》）一书。该书既作为学生的必读教材，在学校内使用，又作为一般性的学术著作，在校外发行。该书出版后引起了社会的巨大反响，各省各地的学校纷纷前来订购甚至抢购。

京师大学堂作为中国近代第一所国立大学，在教科书的翻译方面也扮演了十分重要的角色。其翻译内容主要包括自然科学、社会科学以及应用科学等。具体情况见下表。

表3.10 京师大学堂翻译教科书一览表

分类	学科	数量/本	合计/本	百分比
自然科学	数学	4	23	35.9%
	物理	8		
	化学	1		
	天文学	1		
	地理	6		
	生物学	3		

---

① 霍有光：《南洋公学译书院及其译印图书》，《西安交通大学学报》（社会科学版）1999年第4期。

(续表)

分类	学科	数量/本	合计/本	百分比
人文社科	教育学	20	40	62.5%
	历史	6		
	伦理	2		
	心理	1		
	文学	1		
	外交	2		
	财政经济	7		
	辞典	1		
应用科学	农业科学	1	1	1.6%

[资料来源]张运君：《京师大学堂和近代西方教科书的引进》，《北京大学学报》（哲学社会科学版）2003年第3期。

从1898年到1911年，京师大学堂共购买西方教科书大约2000余部，6000余册。对此，有关研究者据相关资料统计："1903年至1905年，大学堂购买的西方教科书，总数为574部1072本，其中社会科学和人文类421部，约占总数的73%，自然科学、应用科学类153部，约占总数的27%。"[①]该数据表明，人文社科类教科书是大学堂引进西方教科书的重点。如上表所示，1898—1911年，大学堂翻译出版的教育方面的书籍有20本，约占总数的31%，占人文社科类的50%。也就是说，京师大学堂翻译的人文社科类著作中一半是介绍教育理论和教育方法的。这些数据表明，19世纪末20世纪初，京师大学堂所引进的西方教科书中，人文社科类的数量超过自然科学和应用科学的数量。这一现状与洋务运动时期洋务学堂所引进的西方教科书以自然科学和应用科学为主形成了鲜明对比。这说明国人认识到具有现代政治、经济、社会以及教育综合知识的重要性，反映了中国人学习西方已从器物层次逐步

---

① 张运君：《京师大学堂和近代西方教科书的引进》，《北京大学学报》（哲学社会科学版）2003年第3期。

向制度和思想文化层次转变与升华。大学堂引进的教科书以日本为主要来源国。除了少量直接购自英、法、德、俄，其余几乎均与日本有关。从日本所引进的教科书，有的是由驻日使臣采买的，有的原作者并非日本人，但是由日本人翻译过来的。

据《教科书之发刊概况》一文介绍，京师大学堂译书局于1902年译成的教科书有"罕木勒斯的《密算法》1卷，威理斯的《形学》5卷，洛克的《平三角》1卷，非力马格纳的《力学》1卷，额伏烈特的《动静力学》、《气水学》、《热学》、《光学》、《电学》各1卷，垤氏的《实践教育学》5册，《欧洲教育史》3册，《中等矿物学教科书》、《东西洋伦理学史》及格氏的《特殊教育学》、《独逸教授法》各1册"[①]。其中部分教科书由上海译书分局所翻译。当时已经脱稿的还有额伏烈特的《声学》1卷、密理辛和什的《理财学》1卷、亨利丹那的《农术要理》1卷、哈白兰的《民种学》1卷[②]。

除留欧学生组织和参与高等教育教科书翻译外，留日学生也对此做出了贡献。例如，留日学生戢翼翚等于1900年在日本东京创立的译书汇编社，其主要职责就是翻译出版教科书，主要任务是"以翻译大学教材为主"。所译34种大学教科书主要涉及政治、教育、历史、社会学、法律、经济等领域，详情见下表。

表3.11 《译书汇编》第7期"已译待刊书目录"一览表

书名	原著者	书名	原著者
《政治进化论》	［英］斯宾塞尔	《明治历史》	［日］坪谷善四郎
《社会平权论》	［英］斯宾塞尔	《外交通义》	［日］长冈春一
《教育论》	［英］斯宾塞尔	《加藤讲演集》	［日］加藤弘之
《政党论》	［德］伯伦知理	《国际法论》	［法］罗诺而
《今世国家论》	［法］鲍罗	《自助论》	［英］斯迈尔
《理学沿革史》	［法］阿勿雷脱	《新闻学》	［日］松本君平
《欧洲文明史》	［法］尼骚	《国家学原理》	［日］高田早苗

---

① 王建军：《中国近代教科书发展研究》，广东教育出版社，1996，第70页。
②《大学堂译书局已译英文各书缮具清单恭呈》，京师大学堂档案（编号JS0000117）。

(续表)

书名	原著者	书名	原著者
《教育论》	[法]卢骚（梭）	《近世二英雄传》	[英]格里飞司
《平民政治》	[美]勃拉司	《经济学史》	[日]井上辰次郎
《教治泛论》	[美]威尔逊	《俄罗斯史》	[日]山本利喜雄
《社会学》	[美]吉精颜斯	《十九世纪》	[日]博文馆编
《教育论》	[美]如安诺	《丈夫之本领》	[日]铃木天眼
《东西洋教育史》	[日]中野礼四郎	《政教进化论》	[日]加藤弘之
《美国民政》	[美]莫里	《近世海军》	[日]福本诚
《国际论》	[日]陆实	《近世陆军》	[日]新桥荣次郎编
《国法学》	[日]有贺长雄	《万国国力比较》	[英]默尔化
《文明论概略》	[日]福泽谕吉	《国法学》	[日]岩崎昌、中村孝

[资料来源][日]实藤惠秀著，谭汝谦、林启彦译：《中国人留学日本史》，北京：生活·读书·新知三联书店1983年版，第219—220页。

教科书是伴随着学校教育的出现，基于教学过程的特定需求而产生的一种特殊载体，它是教师完成教学任务、学生获取系统知识的重要工具。传统的教科书主要包括大量的启蒙读物和以儒家经典为核心的科举考试用书，尽管也具有传道、授业的功能，但它们既忽视了学科知识的内在逻辑关系，又没有考虑到不同年龄学生的认知水平。因此，传统教材不符合新式学堂的教学要求，当时唯一的途径就是从国外直接翻译引进，为新式学堂提供应急之用，也为我国近代新式教科书提供范本。总之，清末以留学生为主体的大规模教科书翻译内容涉及自然科学、社会科学及应用科学等领域，不仅解决了清末新式学校教科书严重缺乏的难题，对这时期的教育内容革新起到积极的推动作用，推进了教科书现代化的进程，而且所翻译的教科书承载着现代科学文化知识，影响了许许多多的中国普通老百姓，在翻译教科书过程中产生或引入的新词汇、新术语因此也成为人们的日常生活用语。

第四节　对来华名家教育演讲的翻译

中外教育考察与学术访问是中外教育交流活动的主要形式之一。伴随着教育考察和学术访问，教育演讲由此成为传播教育知识和教育思想的重要渠道。1912—1937年间来华的外国教育家、教育专业人士对促进中外教育交流，推动这一时期的中国教育改革与发展做出了不小的贡献。按时间先后顺序有：1913年5月来自美国的孟禄（P.Monroe），1915年来自美国的克雷顿（Creigton），1916年5月来自美国的巴士第夫人（Mrs.Basty），1919年4月来自美国的杜威（J.Dewey）及其夫人和女儿，1920年来自英国的罗素（B.Russell），1921年来自菲律宾的颜文举等五人，1921年9月来自美国的巴顿（Burton），1922年来自美国的推士（G.R.Twiss），1922年9月来自美国的麦柯尔（W.A.Mecall），1925年7月来自美国的柏克赫斯特（H.Parkhurst），1927年1月来自美国的克伯屈（W.H.Kilpatrick），1931年2月来自美国的华虚朋（C.W.Washburne）。上述教育家和教育专业人士中，有的多次来华进行教育考察，如孟禄在1913年5月—1937年6月间曾先后11次来华；柏克赫斯特于1937年再度来华考察中国的初等教育发展。在教育考察期间，部分专家应邀进行了系列教育演讲，如孟禄、杜威、罗素、推士、麦柯尔等。他们的演讲介绍了欧美的最新教育理论、教育改革动向、科学教育方法等，这些都为中国教育界提供了有价值的理论和实践指导。本节主要对杜威、孟禄、罗素以及克伯屈在中国教育演讲的口笔译活动进行介绍。

一、对杜威来华教育演讲的翻译

五四时期来华演讲的著名学者有四位，他们是美国实验主义哲学家、教育家杜威，英国哲学家罗素，德国学者杜里舒（H.Driesch），印度诗人泰戈尔

(R.Tagore)。其中杜威①的演讲最具轰动效应。

20世纪上半叶，以杜威为代表的实用主义教育思想在中国得到极为广泛的传播与接受，其影响力超过了任何一种其他西方教育思想。对此，中外教育家均有同感。胡适曾在《杜威先生与中国》中写道："自从中国与西洋文化接触以来，没有一个外国学者在中国思想界的影响有杜威先生这样大的。"②北京大学教授、现代中国教育学者吴俊升在《增订杜威教授年谱》中也指出："中国教育所受外国学者影响之广泛与深远，以杜氏为第一人。杜氏所给予国外教育影响之巨大，也以中国为第一国。"③美国教育学者施瓦茨（B.Schwartz）也指出们，在20世纪中国的学术史上，约翰·杜威与现代中国之间的交往是最吸引人的事件之一。上述中外教育家的评论表明，美国教育家杜威对中国教育界的影响可谓领域最广、程度最深、时间最长。其影响力不仅在于其教育理论对中国教育的适应性，而且源于中国教育界尤其是留学生对其思想的吸纳与大力传播。其中有效的传播途径之一便是对其在华教育演讲的翻译。

1919年年初，杜威偕夫人爱丽丝（Alice C.Dewey）在日本讲学时，胡适、陶行知、蔡元培等人商定，以北京大学、南京高等师范学校和江苏省教育会等学校和教育社团的名义邀请他来华讲学。杜威于1919年5月1日抵达上海，从此开始了他的中国之行，直到1921年7月才离开中国。在中国两年多时间里，杜威的足迹遍及11个省，行程万里，演讲200多场次。其教育演讲可分为教育哲学、社会教育、学校教育、平民教育、职业教育、大学教育、现代教育、伦理教育、学生自治、教师职责十个部分。为了较为直观地展现杜威来华演讲的具体内容以及留学生担任的翻译情况，特列表如下。

---

① 杜威（John Dewey，1859—1952）：20世纪美国著名的教育家、哲学家、伦理学家、心理学家和社会政治家。1875—1879年在佛蒙特大学学习；1882—1884年在霍布金斯大学攻读哲学博士学位，后先后在密执安大学、明尼苏达大学、芝加哥大学任教。1894年，被芝加哥大学聘为哲学、心理和教育系主任；1896，创办了芝加哥实验学校；1904年，出任哥伦比亚大学哲学系和教育学院教授。他先后担任美国心理学会和全美哲学会会长，创办了全美教师联合会、纽约教师学会、全美大学教授协会等团体。
② 葛懋春、李兴芝编：《胡适哲学思想资料选（上）》，华东师范大学出版社，1981，第181页。
③ 杜威：《民主主义与教育》，王承绪译，人民教育出版社，1990，第23页。

表 3.12 杜威来华教育演讲的翻译一览表（1919—1921）

时间	演讲内容	邀请单位	翻译者
1919 年 5 月 3—4 日	平民主义的教育	江苏省教育会	蒋梦麟
1919 年 5 月 7 日	平民教育的真谛	浙江省教育会	郑晓沧
1919 年 5 月 14 日	在仓圣明智大学的演说	上海仓圣明智大学	
1919 年 5 月 18 日、19 日、21 日、24 日、25 日、26 日	平民主义之教育 经验与教育之关系 真正之爱国 共和国之精神	南京高等师范学校	陶行知
1919 年 6 月 8 日、10 日、12 日	美国之民治的发展	北京学术讲演会	胡适
1919 年 6 月 17 日、19 日、21 日	现代教育的趋势	京师学务局	
1919 年 7 月 19 日	与贵州教育实业参观团之教育谈	旅京贵州教育实业参观团	
1919 年 7 月 29 日	教授科学的方法	南开学校	张伯苓
1919 年 8 月 10 日	学问的新问题	新学会	胡适
1919 年 9 月 20 日	大学任务之性质	北京大学	
1919 年 9 月 20 日—1920 年 3 月 6 日	社会哲学与政治哲学（系列讲演，共 16 讲）	北京大学、教育部、尚志学会、新学会	
1919 年 9 月 21 日—1920 年 2 月 22 日	教育哲学（系列讲演，共 16 讲）		
1919 年 10 月 3 日	在哲学研究会欢迎会上的演说	北京大学哲学研究会	
1919 年 10 月 9 日	世界大战与教育	山西省督军署	
1919 年 10 月 10 日	品格之养成为教育之无上目的	山西省立师范学校	
1919 年 10 月 11 日	教育上的自动	山西国民师范学校	
1919 年 10 月 12 日	学校与乡里	山西师范传习所	
1919 年 10 月 12 日	教育上试验的精神	全国教育会联合会	

(续表)

时间	演讲内容	邀请单位	翻译者
1919年10月13日	高等教育的职务	山西大学	胡适
1919年10月—1920年（具体月日不详）	伦理学（系列讲演，共15讲）	不详	
1919年10月20日	在庆祝杜威六十岁生日晚餐会上的演说	北京大学、教育部、尚志学会、新学会	
1919年11月14日	学生自治	北京高等师范学校	
1919年11月14日—1920年1月30日	思想之派别（系列讲演，共8讲）	北京大学哲学会	
1919年11月22日	在美国大学校友宴会上的演说	美国大学校友会	
1919年12月17日	大学与民治国舆论的重要	北京大学	
1919年12月29日	新人生观	济南学术演讲会	
1920年3月5—23日	现代的三个哲学家（系列讲演，共6讲）	北京大学	
1920年4月7日—5月16日	教育哲学（系列讲演，一周五次）、试验伦理学（系列讲演，一周两次）、哲学史（系列讲演，一周两次）	南京高等师范学校	刘伯明
1920年4月11日	新人生观	南京学术讲演会	
1920年5月7—8日	社会进化之标准 近代教育之趋势 教育之要素 教育家之天职	江苏省教育厅 江苏省教育会	
1920年5月16日	平民主义之精义	江苏省议会	郭秉文

(续表)

时间	演讲内容	邀请单位	翻译者
1920年5月18日	学生自动之真义、教育家之天职	镇江劝学所	刘伯明
1920年5月20日	教育与社会进化的关系、"自动"的真义	扬州劝学所、江苏省立第五师范学校、江苏省立第八中学	
1920年5月25日	学校与环境	常州劝学所、常州商会、常州青年社	
1920年5月26日	学生自治之真义、新人生观		
1920年5月29日	教育者之天职	江苏第二师范学校（上海）	
	职业教育之精义	中华职业教育社	
1920年5月30日	职业教育与劳动问题	中华教育社	
1920年5月30日	在三教育团体公宴会上的演说	江苏省教育会、新教育共进社、中华职业教育社	郭秉文
1920年5月31日	专门教育之社会观	上海同济学校	刘伯明
	科学与人生	上海圣约翰大学	
1920年6月1日	新人生观	江苏省教育会	
	工业与文化之关系	南洋公学	
1920年6月2日	普通教育与职业教育之关系	上海沪江大学	
	社会进化	上海青年会	
1920年6月3日	公民教育	上海浦东中学	
	德谟克拉西之意义	江苏省教育会	
1920年6月4日	学校与社会之关系	松江劝学所、教育会等四团体	徐守五

(续表)

时间	演讲内容	邀请单位	翻译者
1920年6月6日	教育者之责任	南通县中等以上学校	刘伯明
1920年6月7日	社会进化问题		
1920年6月8日	工业与教育之关系		
1920年6月10日	小学教育之新趋势	嘉兴县教育会	郑晓沧
1920年6月11日	社会哲学与政治哲学 社会主义与社会进步	杭州公立法政专门学校	
1920年6月12日	德谟克拉西的真义	浙江省教育会	
1920年6月13日	德谟克拉西的社会分子应有的性质、造就发动的性质的教育	浙江省立第一师范学校	
1920年6月14日	科学与人生之关系、社会主义	浙江省立第一师范学校校友会	
1920年6月17—19日	教育的新趋势、教材的组织	徐州八县教育会联合会、铜山县教育会	
1920年6月21日	在江苏省立第三师范学校欢迎会上的演说	江苏省立第三师范学校	刘伯明
1920年6月22—25日	试验主义、学生自治、学校与社会、近今世界教育思潮	无锡教育会、无锡劝学所、江苏省立第三师范学校	
1920年6月27日	教育行政之目的	吴县教育会、吴县劝学所、江苏省立第一师范学校	郑晓沧
1920年6月27日	小学教育之趋势		
1920年6月28日	教育者的责任		
1920年6月28日	学生自治的组织		潘慎文
1920年6月29日	学校与社会		郑晓沧
1920年6月29日	教育与实业		
1920—1921年（两学期）	讲授"教育哲学"科目（教材选用 *Democracy and Education*）	北京高师教育研究科	未翻译

(续表)

时间	演讲内容	邀请单位	翻译者
1920年10月26日、28日、29日，11月1日	教育哲学（系列讲演，共6讲）	湖南省教育会	刘树梅 曾约农
1920年10月27日	学生自治		刘树梅
1920年10月27日	在湖南省教育会欢迎会上的演说		
1920年10月30日	教员是领袖或指导者		曾约农
1920年10月30日	科学与近世文化之关系		
1920年10月30日	在湖南八团体欢迎会上的演说	省农会等八团体	赵运文
1920年11月1日	在湖南中华工会的演说	湖南中华工会	曾约农
1920年11月1日	在湖南报界联合会欢迎会上的演说	湖南报界联合会	
1921年（具体月日不详）	论中国的美术	北京高等师范学校美术讲演会	胡适
1921年（具体月日不详）	教授青年的教育原理	北京女子高等师范学校	
1921年4月13日	教育者为社会首领	福建省立第一师范学校	王淦和 倪耿光
1921年4月14日	自动的研究	福州青年会	
1921年4月14日	在福建协和大学欢迎会上的讲演	福建协和大学	
1921年4月15日	天然环境、社会环境与人生之关系	福州青年会	
1921年4月15日	民治的意义	福建尚友堂	

（续表）

时间	演讲内容	邀请单位	翻译者
1921年4月18日	习惯与思想	福州青年会	王湆和倪耿光
1921年4月18日	民本政治之基本	福建私立法政学校	
1921年4月19日	教育与实业	福州青年会	
1921年4月19日	教育与国家之关系	福建青年会	
1921年4月20—22日	自动与自治	福建省立第一中学	
1921年4月20日	国民教育与国家之关系	福建青年会	
1921年4月21日	美国教育会之组织及其影响于社会	福建省教育会	
1921年4月29日	自动道德之重要之原因	广东教育委员会	韦钰
1921年6月12日	科学的教授	中国科学社	胡适
1921年6月22日	教师职业之现在机会	北京高等师范学校学生自治会	王卓然
1921年6月30日	在北京五团体公饯会上的演说	北京大学、北京高等师范学校、北京女子高等师范学校、尚志学会、新学会	胡适
1921年7月18日	教育者的工作	山东省教育厅	王卓然
1921年7月19—21日	社会之要素（分下列三方面内容）：教育之社会的要素、学校科目与社会之关系、学校的行政和组织与社会之关系		
1921年7月22日	教育心理之要素		
1921年7月23日	学校与社会之关系		

[资料来源]田正平主编：《中外教育交流史》，广州：广东教育出版社2004年版，第523—531页。

一般而言，学术报告内容学术性和专业性强，涉及的知识面广，信息量大。演讲者一般讲完一大段才有停顿，讲完一段，立即就要翻译。这对口译者无论在专业、语言基本功还是心理素质方面都是一种巨大的挑战。翻译要达到"信、达、雅"的标准极为不易。但是充当杜威教育演讲翻译的均是当时中国教育界的名流，其中大多是哥伦比亚大学的毕业生，例如胡适、陶行知等。他们对杜威所讲内容相当熟悉，对杜威的演讲风格也不陌生。杜威虽是世界著名的哲学家、思想家、教育家，但不善言辞。留美学生潘光旦回忆了当时在清华学校听杜威的实验主义哲学演讲的情形："他说话声音很低，又单调，不但听不清，还起了'摇篮曲'的作用，一起讲五次，我在座入睡过四次。"[①]但是杜威的演讲经胡适、陶行知、蒋梦麟、郑晓沧、刘伯明等人的翻译后，妙语连珠，从而在一定程度上掩盖了或者说弥补了杜威演讲自身的缺陷。传说，赵元任的夫人杨步伟的一位女友约她去北师大听杜威讲演，杨步伟起初拒绝："我不懂哲学，又不懂英文，何必花时间去听。"女友答道："你不用愁这个那个的，有一位北大教授胡适之先生做翻译，不但说的有精神，而说到一般人都可以懂哲学，并且他本人非常漂亮有丰采，你非去听一次不可。"[②]杨步伟听从劝告一起去了，听后对胡适的翻译赞不绝口。由此可知，杜威众多的听众中有相当一批人是胡适的崇拜者，胡适在传播杜威的教育思想过程中起到了极其重要的作用。杜威在江苏地区演讲的内容主要由其学生陶行知担任翻译。美国学者布朗称："当杜威访问南京时，陶行知作为主人和翻译。这或许是陶行知同杜威理论最持久的一次直接正式接触。"[③]有的翻译者虽不是杜威的学生，却也是实用主义思想的忠实信徒，如担任杜威在南京和江苏等地演讲的主要翻译者刘伯明[④]就属此类。鉴于他的哲学及语言功底，由他担任杜威在南京高等师范系列演讲的口译和笔记，可以说是再恰当不过的人选。

---

① 潘光旦：《清华初期的学生生活》，载钟叔河、朱纯编《过去的学校》，湖南教育出版社，1982，第87页。
② 白吉庵：《胡适传》，人民出版社，1993，第142页。
③ [加]许美德、[法]巴斯蒂等：《中外比较教育史》，上海人民出版社，1990，第194页。
④ 刘伯明（1885—1923）：江苏南京人。曾赴日本留学，后又于1911年入美国西北大学攻读研究生，主修哲学和教育，1913年获得硕士学位。1915年获得博士学位。同年回国后在金陵大学任国文部主任，教授哲学、文学、教育学等课程。1921年担任东南大学副校长、代校长。他国学基础深厚，通晓英、法、德、希腊等多种语言。在哲学方面有较深的造诣，其博士论文题目为《老子哲学》，著有《西洋古代中世哲学史大纲》等。

除教育演讲的现场口译，杜威的演讲还不断被翻译整理后通过各种媒体进行传播，到1919年6月，仅江苏、浙江两省，就雨后春笋般地出现了近200种期刊……杜威在华期间，这些流行的刊物转载了杜威的讲演，并把它们传播到中国的每一个学术中心。例如，上海《时事新报》的副刊《学灯》，自1919年6月开始就连续刊登杜威演讲译记稿长达一年之久。除报刊连载外，各种杜威在华演讲录、演讲稿集也先后出版。例如：上海新学社1919年10月推出的《杜威在华演讲集》收录了杜威在上海、南京、杭州、北京等地的12篇演讲，还包括杜威夫人的2篇演讲。1920年8月，《北京晨报》出版的《杜威五大讲演》收录了杜威在北京大学等地的5次演讲译记稿，其中包括《社会哲学与政治哲学》（由胡适口译，毋忘和伏庐笔记）、《教育哲学》（由胡适口译，伏庐笔记）、《思想之派别》（由胡适口译，绍虞笔记）、《伦理讲演纪略》（口译者不详，C.C.笔记）、《现代的三个哲学家》（由胡适口译，伏庐笔记）。杜威夫人的《初等教育》也被收录其中。1920年11月，上海泰东图书局出版的《杜威三大演讲》，收录了杜威在南京高等师范数十次演讲的译记稿。这三大演讲有各自的单行本，泰东图书局出版的是合集。这三大演讲分教育哲学、哲学史和试验伦理学三部分。这一系列演讲自始至终由刘伯明一人译记。1921年9月，上海泰东图书局出版了张静庐编的《杜威罗素演讲录合刊》。1921年10月，商务印书馆出版了《杜威教育哲学》。杜威的女儿露西对杜威教育演讲的翻译有如此回忆："听他讲演的，不仅有学生和教师，而且还有其他知识阶层的代表。这些地方的报纸也充分报道了杜威的讲演活动。在许多情况下，杜威所作的讲演都由一位速记员记录下来，然后发表在一些广泛发行的小册子上。"①

除口笔译杜威教育讲演，中国教育界为了配合其演讲，在杜威讲演期间还陆续发表了论文或译文来扩大其影响。例如，1919年5月、6月，《教育杂志》连载了真常的译文《教育上之民主主义》；1919年6月，《教育潮》发表了杨贤江翻译的杜威在日本演讲《理科教授之目的》的译文；1919年7月6—9日，《民国日报·觉悟》转载了蒋梦麟的论文《杜威之道德教育》；

---

① [美]简·杜威：《杜威传》，单中惠编译，安徽教育出版社，1987，第51页。

1919年，北京高等师范学校的《教育丛刊》第1集刊载了王文培的论文《杜威博士对于实业教育之意见》、陈兼善翻译的《杜威学校与社会之进步》以及夏宇众翻译的《杜威教育学说之实地试验》；1919年，温州的"永嘉新学会"在《新学报》第1期上发表了许文锵的论文《杜威教育的观念》；1920年10月，《中华教育界》发表了《杜威的实验学校》和《杜威教育哲学讲演大纲》；1920年12月，《中华教育界》登载了译文《杜威论工业教育在德谟克拉西的需要》；1921年7月，《东方杂志》刊载了胡适的《杜威先生与中国》的演讲词。特别值得一提的是，陶行知在《新教育》《时报》《教育周刊》《世界教育新思潮》等杂志上，先后发表了《试验主义与新教育》《介绍杜威先生的教育学说》《试验教育的实施》《新教育》等文章，系统地介绍了杜威的教育哲学。

杜威在中国的访问、演讲以及留学生对其演讲所做的各种口笔译的确都十分成功。对他的在华演讲，当时中华教育界就有此评论说："皆发挥平民教育之趣旨，民治国家之精神。博士学识渊邃，宗旨纯正，议论稳和，又能对症下药，适应新潮。足以起吾国学界之衰，而矫其失。"①其传播与影响也极其深远，各媒体和研究杜威的专家对此进行了报道与评论。例如，在杜威离开中国的前一个月，美国纽约发行的《中国学生月刊》（*Chinese Students' Monthly*）写道：

> 杜威先生在中国的行程是非常成功的。从他抵达中国到现在，所到之处都受到了热烈的欢迎。一些银行家和编辑经常去他的住处拜访；一些教师和学生则集聚在他的教室里；一些社团竞相接待他，听他的讲演；一些报纸竞相翻译并刊登他的最新言论。他的发言和讲演被竞相阅读，他的传记被精心撰写。人们认真地评论他的哲学，并毫不费力地记住他的名字。②

美国在上海的一家杂志《密勒氏评论报》（*Millard's Review*）对杜威在中国的演讲予以这样的评论："杜威教授通过他的演讲并经过翻译被上

---

①《杜威在闽讲演录》，福建教育厅1921年印行。
②Barry Keenan，*The Dewey Experiment in China: Educational Reform and Political Power in the Early Republic*, Harvard University Press, 1977, P34.

千万的中国人所了解。他的讲演都刊登在这个国家一流的报纸杂志上，被许多人研究和学习。可以估计，通过口头、书写、印刷等形式，杜威的讲演所触及的人成千上万。"[1] 美国研究杜威的著名学者乔治·戴克休（George Dykhuizen）在《约翰·杜威的生平与精神》（*The Life and Mind of John Dewey*）中指出：

> 杜威对中国教育思想实际的影响，很多既被记录下来又持续下来。杜威在中国的访问和他的关于教育的讲演无疑加强了那些人的努力；那些人在杜威来华前一些年就已传播他的思想，并把他的思想运用于中国的学校中。在杜威访华后，那些人更加努力去指出杜威的教育哲学在中国是一种占统治地位的教育思想。[2]

上述报道和评论充分反映了杜威的教育演讲在中国传播的范围之广，影响力之大。究其原因，留学生教育翻译起到了根本性的作用。总而言之，杜威访华时教育演讲的口笔译对杜威实用主义教育思想的传播起到了推波助澜的作用，通过留学生的翻译，国人对实用主义教育理论有了进一步的认识和理解。这对实用主义教育思潮在中国的形成、中国近代教育改革以及中国特色理论的构建，均产生了巨大的影响。

二、对孟禄来华教育演讲的翻译

美国著名教育史家、比较教育学家、哥伦比亚大学教授、师范学院院长保罗·孟禄（Paul Monroe，1869—1947）生于印第安纳州，1897年获芝加哥大学哲学博士学位，曾就读于美国富兰克林学院，到过德国留学。1902年就任哥伦比亚大学教授，1923年任该校师范学院院长。他曾先后访问中国、菲律宾、日本、土耳其以及南美许多国家。孟禄主要从事教育史研究，教育著作有《教育史教科书》（1905年）、《教育学百科全书》（1910—1913年）、

---

[1] Barry Keenan, *The Dewey Experiment in China: Educational Reform and Political Power in the Early Republic,* Harvard University Press, 1977, P30.
[2] George Dykhuizen, *The Life and Mind of John Dewey,* Southern Illinois University Press, 1973, P204.

《中等教育原理》（1914年）等。在《教育史教科书》中，专以一章论述中国古代教育，阐述古代中国教育思想、制度和方法。1927年出版了两本与中国教育有关的书籍：《中国，一个发展中的国家》（China, A Nation in Evolution）和《比较教育学论集》（Essays in Comparative Education）。1924年9月—1941年，孟禄一直担任中华教育文化基金董事会副董事长，并于1924—1937年间多次来华参加年会、常会等，参与该会的领导工作。

孟禄曾于1913年、1921年、1924年、1925年、1926年、1927年、1928年、1929年、1931年、1935年、1937年、1939年、1940年、1941年共14次前来中国进行教育调查、讲学和从事文化交流活动。可以说，在来华的美国教育家中，他是来华次数最多、在华时间跨度最长、所到地区范围最广、与中国各界接触最广泛的学者。在14次的中国之行中，1921—1922年的那一次是孟禄在华活动时间最长、范围最广、影响最大的一次。他于1921年9月5日抵达上海，并于1922年1月7日回国，足迹遍及上海、北京等9省18市200多处教育机构和教育设施，演讲共计60余次。其中在1921年9—12月间，孟禄在上海、北京、南京、无锡等地先后做了《共和与教育》及《旧教育与新教育的差异》等20余次演讲。他的讲演针对性强，不同的学校、不同的场合、不同的对象演讲内容各不相同。这些演讲都大力宣扬资产阶级民主主义教育思想，并触及我国当时教育的热点话题，对各级各类教育的问题，尤其对学制改革以及中学科学教育改革提出了实际的指导和建议。因此，孟禄来华教育演讲对中国近现代教育改革与发展产生了极其重大的影响。下表将较为详细地展现1921年孟禄在中国教育调查期间的演讲以及翻译情况。

表3.13　1921年孟禄在中国教育调查期间演讲翻译一览表

时间	演讲内容	演讲地点	翻译者
1921年9月7日	共和与教育	上海江苏省教育会	陶行知
1921年9月8日	教育与实业之关系	上海商学界欢迎会	余日章
1921年9月13日	教育上之新潮流与师范生	北京高等师范学校学生自治会	王文培
1921年10月2日	影响教育问题之新势力	保定第二师范附属小学	

(续表)

时间	演讲内容	演讲地点	翻译者
1921年10月6日	学生的机会与责任	太原国民师范学校	王文培
1921年10月8日	青年报国之要素	太原第一中学	
1921年10月14日	女子教育与家庭教育	开封女子师范学校	
1921年10月14日	教育与压迫中国的世界新潮	开封清政学校	
1921年10月17日	晚近教育的新趋势和新觉悟	南京高等师范学校	陶行知
1921年10月18日	女子教育	江苏第一女子师范学校（南京）	刘伯明
1921年10月19日	中国之学生运动	南京公共演讲厅	
1921年10月22日	旧教育与新教育之差异	江苏第一师范学校（南京）	陶行知
1921年10月31日	平民主义在教育上的应用	广东省教育会	
1921年11月5日	新教育与科学	广东高等师范学校	汤茂如
1921年11月15日	中等教育之功用与科学之能力	福州第一中学	
1921年11月23日	科学教育	浙江省教育会	陶行知
1921年11月27日	好的教员	江苏省立第三师范学校（无锡）	
1921年12月2日	共和国家与女子教育	河北省立第一女子师范学校（天津）	凌冰
1921年12月13日	交通与教育之关系	交通大学北京学校	
1921年12月14日	女子教育	北京女子高等师范学校附中	
1921年12月23日	教育在社会的政治的涵义	北京美术学校	胡适
1921年12月24日	大学之职务	北京大学	
不详	对于学制改进方面之意见数则	不详	廖世承

［资料来源］《新教育》第4卷第4期（1922年4月），王卓然：《中国教育一瞥录》，上海：商务印书馆1923年版。

孟禄此次访华的翻译者有陶行知、余日章、王文培、刘伯明、汤茂如、凌冰、胡适以及廖世承[①]。他们几乎全是留学生,并具有教育学专业知识。其中,北京高等师范学校教育科教员王文培、南开大学主任凌冰、南京高等师范学校教育科主任陶行知曾留学美国哥伦比亚大学师范学院,均是孟禄的弟子。孟禄在南京演讲时,陶行知正担任中华教育改进社总干事,又具有美国教育学硕士的学术背景。因此,无论从教育学专业知识方面,还是从英语翻译水平方面来看,陶行知担任孟禄演讲的口译都是十分合适的人选。凌冰(1891—1993),河南固始人,民国著名教育家、学者。曾毕业于清华留美预备学校,赴美留学,先入斯坦福大学、哥伦比亚大学,后入克拉克大学,获教育心理学博士学位。余日章(1882—1936),湖北蒲圻(今赤壁)人,"平民教育之父"晏阳初的启蒙老师。1905年毕业于上海圣约翰书院。1908年入美国哈佛大学攻读教育学,后获硕博士学位。对于此次孟禄来华对中国教育的影响,担任翻译工作的陶行知曾有如是之说:"此次博士来华,以科学的目光调查教育,以谋教育之改进,实为我国教育开一新纪元。"[②]

孟禄不仅重视教育理论的传播,更注重对中国教育实践的指导,他希望传递给中国的不仅是理论知识,更重要的是实际运用。他多次来华演讲,其目的就是给予中国教育发展以具体指导和建议。孟禄访华期间的演讲涉及诸多方面,如教育行政、学校制度、中等教育、大学教育、科学教育、女子教育、家庭教育等,这些演讲通过留学生的翻译给予了中国教育全面而深刻的指导,推动了中国教育制度的创新,推动了教育教学改革与创新,直接促进了中国教育向近现代教育的过渡。所以说,孟禄来华及其演讲带来了中国教育从思想层面到制度层面,再到实践层面的全方位的变革,为中国教育走向大众化、民主化、科学化提供了一条可资借鉴的路径。

---

① 廖世承(1892—1970):字茂如,江苏嘉定(今属上海)人。中国近现代著名的心理学家和教育家。1909年入南洋公学,1912年考入清华学校(今清华大学)高等科,1915年毕业后赴美入布朗大学,专攻教育学、心理学,获硕士、博士学位。留美时曾获得曼宁奖生(James Manning Scholarship)荣誉。1919年回国后任南京高等师范学校、东南大学教育科教授,是当时著名的中等教育专家。
② 陶行知:《在孟禄与中国教育界同人饯别会上的讲话》,载华中师范学院教育科学研究所主编《陶行知全集》(第一卷),湖南教育出版社,1984,第173页。

正如阿部洋所言，孟禄和杜威一起"同解放前中国教育界结下了不解之缘，对中国教育的发展发挥了巨大的作用。直至今日在中国的教育界仍然拥有美国的巨大影响力的基础，其原因之一，应当说就是通过孟禄等人的努力所积累的始于'解放'前的漫长的教育交流传统或遗产"[①]。

三、对其他人物来华教育演讲的翻译

中国教育界除对杜威、孟禄的教育演讲倾注了极大的热情外，对其他重要人物的访华也同样予以关注。由于篇幅所限，笔者在此仅对英国著名的哲学家罗素、美国著名教育家克伯屈访华期间的教育演讲的翻译活动进行简要介绍。

（一）罗素访华教育演讲的口译

罗素（Bertrand Russell，1872—1970），英国人，20世纪西方最著名、最有影响的哲学家之一，也是一位社会活动家和政论家。他在数理逻辑研究领域曾做过开创性的贡献，因而被誉为"现代世界至极伟大的数理哲学家"[②]。其哲学观点大抵早期属于新实在主义，晚年逐步转向逻辑实证主义。1920年10月，应江苏省教育总会、中华职业教育社、新教育共进社、中国公学等7个团体联合邀请来华访问，先后在上海、南京、长沙、北京等地做演讲20余次。演讲内容十分丰富，涵盖知识面广，涉及哲学、教育、宗教、数学逻辑以及最新物理学成就。罗素在中国著名的"五大演讲"是《哲学问题》《心之分析》《物之分析》《数学逻辑》与《社会结构学》。他的"五大演讲"不仅向中国人传播了现代科学知识，更重要的是倡导了科学精神。其传入中国的数理逻辑、相对论、现代心理学、心理分析方法等，均是20世纪初最先进的科学理论，认为中国教育最紧要的是培养国人具有科学态度和科学精神，他在江苏省教育总会所做的《教育之效用》演讲中，指出教育除要传授实用知识外，更紧要的是教人做"合格的人"和"合格的国民"，从而能够实现"由下及

---

① [日]阿部洋：《保尔·孟禄与中国的近代教育》，钟启泉译，《外国教育资料》1996年第1期。
② 卫道治主编：《中外教育交流史》，湖南教育出版社，1998，第315页。

上"的健康政治。为达到这一目的,他认为教育方针"既不是教人学会压抑,又不是教人学会服从","最要者,在乎教人能学会自由,能学会自由后不复以压制施诸他人"①。罗素主张中国改良的方法,应当是开发中国财源,从教育入手,从平民教育入手,提倡实业与教育。罗素的中国之行轰动一时,一度成为中国知识界、教育界关注的中心。

罗素访华期间,全程由留美学生赵元任②陪同并担任专业翻译,其间张廷谦、瞿世英、任鸿隽、杨端六等担任口译。1920年,英国哲学家罗素来华巡回讲演,此时赵元任正在清华学校任教,清华学校派他给罗素当翻译。这位"中国语言学之父",会说多种汉语方言,并精通多国语言。他掌握语言的能力非常惊人,能迅速地通过一种语言的声韵调系统,总结出一种方言乃至一种外语的规律。为达到听众接受的最佳效果,每到一个地方,他都用当地的方言来翻译。有人认为他口齿清晰、知识渊博,善于运用方言表述,翻译传播效果比杜威演讲翻译效果更好。留美学生任鸿隽③也担任了罗素访华演讲的部分翻译任务。1921年担任罗素在北京大学系列演讲《物之分析》的接待以及译记工作。任鸿隽将整理的译记稿先后发表在《科学》杂志第6卷第2、4期上。罗素在长沙演讲时的口译人员杨端六(1885—1966),又名杨冕、杨超,湖南长沙人。早年留学日本,并加入中国同盟会。1916年留学英国,1920年回国后担任上海商务印书馆《东方杂志》的编辑。罗素访问长沙时,他刚从英国回国,就担任罗素访华时的口译。

除口译外,罗素的演讲还被翻译并整理出版,如孙伏园翻译了演讲《心之分析》(1921年北京大学新知书社出版),任鸿隽翻译整理了《物之分析》

---

① 《教育之效用》,《晨报》1920年10月24日。
② 赵元任(1892—1982):江苏常州人,我国著名的语言学家、文学家、史学家。1910年考取清华学校庚子赔款留学美国的官费生,进入美国康奈尔大学主修数学。1914年获理学学士学位。1918年获哈佛大学哲学博士学位。1919年任康奈尔大学物理教授。1920年回国担任清华学校数学教授。1921年8月,赵元任再度进入哈佛大学学习语言学。1922年在哈佛大学教授中文,创制国语罗马拼音式。1923年晋升为哈佛大学中文系教授。1925年回国,任清华学校国学研究院导师。1926年正式开始从事语音研究工作。
③ 任鸿隽(1886—1961):著名的教育家和化学家,我国现代科学事业的倡导者和组织者。1908年留学日本,于东京高等工业学校主修化学。1911年回国,曾任孙中山临时总统府秘书。1913年留学美国,入康奈尔大学主修化学,1916年获学士学位,当年进入哥伦比亚大学,1918年获化学硕士学位。回国后,历任北京大学校长、东南大学副校长、四川大学校长、教育部专门教育司司长、中华教育文化基金会干事长、中央研究院总干事兼化学研究所所长等职。

（1922年商务印书馆出版）。此外，罗素的许多著作被翻译成中文，商务印书馆出版的"共学社丛书"里列有"罗素丛书"5种，包括王星拱翻译的《哲学中的科学方法》（1921年）、程振基翻译的《政治理想》（1921年）、郑太朴翻译的《战时之正义》（1921年）、陈与漪翻译的《德国社会民主党》（1922年）以及傅钟孙和张邦铭翻译的《罗素算理哲学》。此外，还有胡愈之翻译的《社会主义与自由主义》（1920年）、关桐华翻译的《罗素的相对原理观》（1922年）、何道生翻译的《我的信仰》（1926年）以及李元翻译的《科学的将来》（1928年）等。

罗素回国后，出版了《中国之问题》一书，认为西方现代科学知识的传入给中国带来了许多必需的刺激，然而必须反对对西方的机械式的模仿，应保留中国传统文化中有价值的东西，希望中国根据自己的需要来采用西方的教育制度。[①]这对我国如何借鉴国外教育经验并保持自己的本色，无疑具有巨大的启示作用。

（二）克伯屈来华教育演讲的翻译

继杜威、孟禄来华之后，世界进步主义教育运动著名领导者克伯屈先后两次来华访问。第一次应中华教育改进社的邀请于1927年3月来华访问。克氏在其昔日弟子陶行知、凌冰、程其保、朱经农、陈科美等陪同下，前往广州、上海、南京、杭州、北京等地考察了各级各类学校，并对学校的建筑、经费、设备、师资等问题提出了具体的意见与建议。在华3个月的考察期间里，克伯屈发表了大小演讲100多次，大力宣传其教育思想和教学理论。第二次是1929年，克伯屈再度来华访问，其间，对陶行知创办的南京晓庄试验乡村师范学校以及其他试验学校进行了考察，讨论中国教育问题，并发表大小教育演讲20余次。

克伯屈来华之际，留学生纷纷著文介绍克伯屈及其学说。曾毕业于美国康奈尔大学教育学专业的杨荫庆等人所著的《克伯屈学说之介绍》，其中收录的文字包括杨荫庆的《欢迎克伯屈的理由》、陈科美的《介绍克伯屈教授》、韩定生的《克氏教育的哲学》、汤茂如的《克氏的教育哲学教学法》、邱椿

---

① 卫道治主编：《中外教育交流史》，湖南教育出版社，1998，第317页。

的《教育学说的根本原则》、凌冰的《克氏与设计教学法》、王西征的《关于克氏来京的取予》7篇。该书由北京文化学社于1927年5月出版。瞿菊农①编的《克伯屈讲演录》，由中华教育改进社于1927年7月出版，其中克伯屈的7篇演讲被收录在内，包括《文化变迁与教育》《现代教育方法的批评》《中国目前之教育问题》《我对于印度及中国的印象》等。此外，该书附有陈科美译记的三次教育问题讨论会记录以及克伯屈教授在京讲演日记。克伯屈的访华对设计教学法在中国的试行起到巨大的推动作用。

综上所述，以杜威、孟禄为代表的教育家的来华考察及其演讲涉及诸多中国教育问题，如教育观念、教育方法、教育制度、教学内容等，从初等教育、中等教育到高等教育，从普通教育到职业教育各个层面和领域，都给中国教育界予以指导，提出建议。留学生对他们在华期间教育演讲所做的口笔译，为西方教育思想、教学理论等在中国有效的传播和接受，提供了有力的帮助，因此也极大地推进了中国当时正在进行的轰轰烈烈的教育改革运动。

第五节　对教育小说的翻译

教育小说翻译的兴起始于20世纪初中国传统教育向现代教育转型的历史时期。废科举，兴学堂，学习借鉴国外的教育理论和先进的教育方法，对中国落后的教育现状进行改革，已成为社会的必然。除了为教学和教育研究服务的教育理论著作和讲义、教科书、教学方法、教育演讲的翻译，作为课堂教学有力补充的课外读物——教育小说的翻译也应时而生。新式学堂需要大量与学生特别是儿童生活息息相关的新式读物，使儿童在阅读中受到教育与

---

① 瞿菊农（1901—1976）：江苏常州人，中国近现代教育家。1922年毕业于燕京大学研究科。1926年获美国哈佛大学哲学博士学位，曾任清华大学、北京大学、上海自治学院、北京师范大学、北京女子师范大学教授，湖南大学文学院院长、中华平民教育促进会研究部主任、代总干事长，重庆乡村建设育才院院长，联合国教科文组织中国代表团顾问兼秘书长。毕生从事哲学、教育理论的教学与研究工作，推行平民教育多年，专长中外哲学史、教育哲学、中外教育史。著有《教育哲学》《教育学原理》《乡村教育文录》《现代哲学》《西洋教育思想史》，与人合著《中国古代教育史》，并译有《西洋哲学史》等。

激励，达到寓教于乐、潜移默化的效果。清末民初，大量的外国教育小说经留学生翻译而进入国人的视野，承载着传播新教育思想的历史使命。外国教育小说在为学校教育提供课外读物的同时，也把外国先进的教育思想、教育观念、教育方法以文学的形式生动、形象地引入中国。多种报刊、书局等传播媒体积极参与到借助教育小说发挥教育功能、传播新教育思想的行列。本研究时段的教育小说的内容，主要涉及教育救国、少年励志、自然主义教育思想、爱的教育等，使现代化的教育思想、教育观念、教育内容以及教育方法等透过这些小说的翻译以及阅读而浸入国人的心田，潜移默化地影响着近代教育改革与发展。

一、以教育救国为主题的教育小说的翻译

"教育救国""开启民智"是清末民初留学生教育翻译的价值取向之所在，许多翻译者试图借助翻译和传播外国教育小说对国人实行教育启蒙，达到宣传"教育救国"思想之目的。例如，王国维主编的《教育世界》从1905年的第5期开始，以连载的形式刊登了裴斯泰洛齐（Pstalozzi）的作品《林哈德和葛笃德》（Lienhard and Gertrude）的译文，译者将小说取名为《醉人妻》。篇首的"译者识"中表明了其翻译的目的："全篇宗旨，首在改良社会。借一村落为世界之缩影，而谓改良之道，必由家道以推及学校。"[①] 即通过对作为社会细胞的家庭进行教育，使之开明起来，最终实现改良社会之目的。这是该小说在中国的首译，虽然译者采取节译的方式，但是让国人通过通俗易懂的方式，受到教育大师的思想熏陶。1935年，"著译等身"的教育家傅任敢将该小说重译为《贤伉俪》并在《教育杂志》上连载，1937年由商务印书馆以单行本的形式将该小说再次奉献给读者。又如，翻译健将包天笑根据日译本转译了《馨儿就学记》。该小说是意大利作家亚米契斯（Edmondo De Amicis）的代表作《爱的教育》（Cuore）。包天笑采用了改译的翻译手段以实现其翻译目的，即"我愿诸君敦品励行，咸潜心于学业，他日学成，为世所用，

[①] 陈鸿祥：《王国维传》，人民出版社，2004，第200页。

足以起我衰敝之祖国，藉与列强竞争，勿使他姓男子，来蹒吾土，是岂诸君与鄙人之幸，抑亦吾国前途，均蒙其福也"①。该译本在商务印书馆创办的《教育杂志》上连载，从1909年第1期连载至1910年的第13期。再如，1912年胡适翻译的都德的《最后一课》，以普法战争为背景，歌颂了法国人民强烈的爱国主义精神。胡适选择翻译该小说，是因为小说的历史背景和人物处境与中国当时的社会状况极为相似，试图借助文学作品激发国人爱国、救国的情感。

二、以少年励志教育为主题的教育小说的翻译

在留学生所翻译的教育小说中，有一部分是讲述儿童历经苦难成长的故事。其目的是对青少年实施励志教育，鼓励他们为实现目标而不畏艰难。例如，包天笑翻译的《儿童修身之感情》里描述了一个年仅13岁的意大利儿童冒着艰危去三千里外的北美洲寻找母亲的故事。再如，包天笑根据日译本翻译的第二部教育小说《苦儿流浪记》，原名为《孤雏感遇记》，连载于《教育杂志》1910年2月第1期至11月的第10期。1915年由商务印书馆初版时正式更名为《苦儿流浪记》。该小说的原作者是19世纪法国作家埃克多·马洛（Hector Malot）。小说描写了一位名叫雷米的弃儿，从小由一个农户的妻子抚养。他8岁那年，养父受伤残废，失去了工作。凶恶的养父把他卖给一个流浪的卖艺人维泰利斯，从此他和卖艺人带了几只小动物到处流浪。这个卖艺人是个善良的老人，他待雷米很好，教他读书弹琴。维泰利斯在一次卖艺中，遭冤入狱。出狱后，老艺人又不幸冻死。雷米被一个花匠救去。后来，花匠因一次天灾，花房全部损坏，还不起债，也被送进监狱。雷米只得又去流浪。他遇到许多困难，毫不灰心，最后找到了亲生母亲。小说情节曲折生动，成功地刻画了一个不向命运低头的令人难忘的少年形象。这些教育小说，通过主人公历尽艰难坎坷，但逐渐变得坚强、勇敢、乐观的经历，塑造了一个又一个努力奋斗、不轻言放弃、不向命运低头的少年形象。这类

---

① 包天笑：《馨儿就学记》，《教育杂志》1909年第1期。

教育小说的翻译,不仅丰富了学生的课外读物,而且起到了极好的励志教育功效。

三、以自然主义教育思想为主题的教育小说的翻译

自然主义教育思想的核心是要求教育要遵循儿童身心发展的规律,摆脱封建教育对儿童身心发展的摧残和束缚,该思想随着教育小说的翻译而渐入国人的视野。此类教育小说最著名的可谓卢梭(Rousseaux)的《爱弥儿》。最早译刊该小说的是《教育世界》,1903年,其《小说》栏目就刊发了由罗振玉节译的法国启蒙思想家卢梭的《爱美耳钞》(今译《爱弥儿》)。1923年,魏肇基又根据英文节译本翻译成《爱弥儿》(《爱弥儿:论教育》),由商务印书馆出版。[①]小说讲述了一个出身于贵族家庭的儿童通过接受良好的教育而最终成长为一个充满理想、敢于与封建特权和压迫做斗争的坚强战士的故事。书中系统地叙述了儿童各时期身心发展之特点,以及与之相适应的教育任务、内容和方法,并提出了许多具体建议。《爱弥儿》所论述的自然主义教育理论引起教育思想上的伟大革命,影响了几代著名的教育家,如康德、裴斯泰洛齐和杜威等。他们都在不同程度上受到了卢梭的启发,注重研究儿童的心理和生理特点,并以此作为教育的理论依据,使教育逐步走向科学化。例如,受卢梭的影响,瑞士著名教育家裴斯泰洛齐强调新教育应以发展人的本性为要务,应发展人的内在力量,使人与大自然相结合,使之成为有益于社会的善良公民。随着以自然主义教育思想为主题的教育小说的译介,卢梭的自然主义教育思想迅速在中国传播,并在中国社会产生了深刻的反响。我国著名的教育家陶行知构建的生活教育理论以及陈鹤琴的"活教育"理论,都或多或少地得益于其影响。

---

① 田正平、陈桃兰:《清末民初教育小说的译介与新教育思想的传播》,《社会科学战线》2009年第3期。

四、以"爱的教育"为主题的教育小说的翻译

以"爱的教育"为主题的教育小说的翻译一直受到留学生的关注。该类小说的译介将现代教育观念与教育方式引入中国。最为突出的是意大利教育小说《爱的教育》的翻译。早在1903年，包天笑就根据日译本《爱的教育》中的"每月故事"之一转译为《三千里寻亲记》，后将其易名为《儿童修身之感情》（文明书局1905年版）。《教育杂志》从第1909年第1期至1910年第13期（除第2期外）连载了包天笑根据日译本意译、改写的版本，取名为《馨儿就学记》。这是当时在中国第一个比较完整的译本，虽然算不上真正意义上的翻译。1910年，商务印书馆发行单行本，之后多次再版，截至1938年，《馨儿就学记》的出版已达10版以上。由此可见其受欢迎的程度，包天笑也因此而受到教育部的嘉奖。继包天笑之后，留日生夏丏尊在参照该小说的日译本和英译本的基础上，完整地转译了这部小说，并首次使用《爱的教育》这一译名。其展现形式同样遵循的是先期刊连载，后发行单行本的模式。即小说先在《东方杂志》1924年第21卷第2号至第23号上连载，后于1926年3月由上海开明书店出版单行本。截至1936年7月，发行达21版之多，出版后在教育界产生极大的反响，深受中小学教师、家长以及学生的欢迎。夏丏尊所译的《爱的教育》是近现代流行最广、影响最大的译本。小说没有跌宕起伏的情节、感天动地的故事或可歌可泣的人物，而是通过平凡的小人小事彰显出非凡的大爱大美，用真情实感传递给读者震撼心魄的爱的力量。又如，包天笑翻译的另一部教育小说《埋石弃石记》，塑造了充满爱心的教师沈宝铨的高大形象，他因热爱学生、关心学生而得到学生的尊敬和喜爱。小说把教师比作"建筑屋宇时埋入土中之基石""筑堤时投入水中之弃石"，从而彰显了教育职业之崇高和伟大。总之，这类教育小说以一个又一个感人至深的故事，表现了师生之情、邻里之亲、父母家人之爱等主题思想。这种宽广无边的爱，使小说无处不洋溢着恢宏的人道主义精神和温馨的人性之美。

教育小说翻译的成果，主要通过报刊、出版机构进行传播。其中，期刊是传播教育小说最主要的传播媒体，大部分教育小说通过期刊连载而面

世。此外，晚清时期另一大众传媒报纸的大量涌现，使得教育小说的传播渠道更为宽广。许多综合性报纸也设有《文艺副刊》专栏，其中有些专栏也刊载部分翻译的教育小说。为了比较清晰地展现教育小说翻译的大致情况，笔者按照传播媒体从事教育小说翻译的先后或多寡为序将翻译成果大致归纳如下。

表 3.14 教育小说翻译成果一览表

时间	译著	展现形式
1904—1906 年	《姊妹花》《村学究》《制造书籍术》《醉人妻》《迷津筏》《爱与心》《吾家千里驹》《造恶秘诀》等	《教育世界》
1909—1935 年	《馨儿就学记》《二青年》《罗本舅舅》《孤雏感遇记》《埋石弃石记》《科学者之家庭》《石工安琪罗》《续爱的教育》《依利亚特的故事》《巴莎杜麦诺夫》《贤伉俪》等	《教育杂志》
1913—1915 年	《儿童历》《蔷薇花》《留声机》《劳》《英儿汤姆》等	《中华教育界》
1913—1915 年	《最后一课》《佛兰可》《青年镜》等	《湖南教育杂志》
1914—1916 年	《五伟人》《少年旅行谭》《拉哥比在校记》等	《学生杂志》
1907—1908 年	《含冤花》	《月月小说》
1908 年	《好男儿》	《小说林》
1908—1909 年	《学问贼》《青年美谭》	《竞业旬报》
1911 年	《孝子碧血记》	《小说时报》
1916 年	《弃儿记》	《环球》
1916 年	《塾师》《柳原学校》	《小说大观》
1917 年	《青年镜》	《小说月报》
1924 年	《爱的教育》	《东方杂志》
1903 年	《苦学生》	作新社
1903 年	《冶工轶事》	文明书局

(续表)

时间	译著	展现形式
1905 年	《青年镜》	广智书局
1906 年	《儿童教育鉴》	文明书局
1907 年	《女学生旅行》	上海时报馆
1912 年	《割地》（《最后一课》）	《大共和日报》

[资料来源]《教育世界》《教育杂志》《中华教育界》《学生杂志》《湖南教育杂志》《月月小说》等。

留学生在翻译教育小说的时候，采用译、著参半的自由翻译方式，选取适合国人接受的题材与观念，把西方教育思想以易于读者接受的方式引入，这对于新旧交替时期的中国教育具有极其重要的意义。例如，许多教育界学者如蔡元培、陈鹤琴、陶行知对《苦儿努力记》（注：原译名为《苦儿流浪记》）的译本极为推崇。蔡元培为该书题词称："《苦儿努力记》于旅行中读之，并为儿辈撮讲，处处见努力之效，旧译本署'流浪记'，非也。此译隽畅，读之甚快。"① 著名教育家陈鹤琴认为："我们应该明了教导儿童重要的原则，如暗示法、替代法、鼓励法等。这书便用许多暗示法替代法鼓励法等，教苦儿怎样去努力。"② 著名教育家陶行知还专门为合译本题写了书签。《爱的教育》也对传播新教育思想起到了很好的作用。民国时期著名记者、作家曹聚仁在自传中称："夏师所翻译的《爱的教育》出版以来，销路一直那么好，从未减退过；这是一部中学生最适当的课外读物。多少带点温情主义，却富有人情味。"③ 夏丏尊自己认为该小说的翻译对于当时的教育体制和教育方法的改革具有深刻的意义：

> 学校教育到了现在，真空虚极了。单从外形的制度上方法上，走马灯似地更变迎合，而于教育的生命的某物，从未闻有人培养顾及。好像掘池，有人说四方形好，有人又说圆形好，朝三暮四地改

---

① 邹振环：《影响中国近代社会的一百种译作》，中国对外翻译出版公司，1996，第232页。
② 同①。
③ 曹聚仁：《我与我的世界》，人民文学出版社，1983，第147页。

个不休，而于他的所以为池的要素的水，反无人注意。教育上的水是什么？就是情、就是爱。教育没有了情、爱，就成了无水的池，任何四方形也罢，圆形也罢，总逃不了一个空虚。[1]

总之，留学生对以教育救国、少年励志、自然主义教育以及爱的教育为主题的教育小说的翻译，为教育翻译史书写了一页辉煌灿烂的篇章。

本章对1895—1937年40余年间中国留学生教育翻译的主要内容进行了大致的梳理。教育翻译异常活跃，内容相当丰富，除本章归纳的主要翻译内容外，还有前章提及的学校课堂教学翻译、教育交流中出国考察翻译等。这些翻译内容反映了近代新式教育兴起与发展过程中对西方教育借鉴的方方面面，其内容包含了器物、制度以及思想的引入与借鉴，具有阶段性和渐进性。

---

[1] 邹振环：《影响中国近代社会的一百种译作》，中国对外翻译出版公司，1996，第332—333页。

第四章

近代中国留学生教育翻译与中国教育改革

前三章对近代中国留学生教育翻译的兴起、发展以及翻译的主要内容进行了论述和梳理,那么,留学生的教育翻译对中国近代教育改革产生了什么样的影响呢?本章将主要以中国近代教育改革为中心,阐述留学生的教育翻译所收获的成效。20世纪上半叶的中国教育改革大致涉及学制改革、教育行政机构改革、教育宗旨改革、高等学校管理改革、教学方法改革等。本章主要从近代学制的嬗变、教育宗旨的演变、教学内容的革新、教学方法的变革及实践四个方面,来探讨近代中国留学生教育翻译活动对近代教育改革所产生的深远影响。

第一节　近代留学生教育翻译与教育制度的嬗变

近代中国学校教育制度的改革贯穿整个20世纪初期，是教育改革的首要内容。学校教育制度简称"学制"，它涉及"一个国家各级各类学校的系统及管理规则，规定着各级各类学校的性质、任务、入学条件与修业年限以及它们之间的关系"[①]。从某种意义上说，学校教育制度是"政府发展教育有了法令化的'施工蓝图'"[②]，直接影响着教育的发展水平。近代学制改革是教育救国思想的具体体现，国人逐渐意识到中国传统的教育制度已经不能适应中国社会向近代变迁的需要，于是开始大力引进西方的教育制度，并对现有的学院制度进行改革。近代，我国进行了多次学制改革。例如，1904年颁布的《癸卯学制》，是在"以日为师"的历史背景下，以现代新学制取代了传统的旧学制；1912—1913年陆续制定颁布的《壬子·癸丑学制》，旨在克服《癸卯学制》中存在的弊端，进一步完善学制体系；1922年颁布《壬戌学制》，用类似美国的学制来代替仿日学制；1928年又推行所谓的《戊辰学制》，对《壬戌学制》进行了局部修改。在学制变革的过程中，不仅包含了对中国传统教育制度的批判和扬弃，也包含了对西方教育制度的学习与借鉴，有力地推动了中国教育从传统走向现代化的进程。其中，留学生的教育翻译是近代学制改革的一大重要推手。现仅就《癸卯学制》《壬子·癸丑学制》和《壬戌学制》的制定与出台，论述留学生教育翻译对其产生的影响。

[①] 周洪宇、申国昌：《20世纪中国教育改革的回顾与反思》，《华中师范大学学报》（人文社会科学版）2011年第3期。
[②] 喻本伐、熊贤君：《中国教育发展史》，华中师范大学出版社，2000，第367页。

一、借鉴与移植：《癸卯学制》的出台

书院改制极大地推动了近代新式学堂的发展，新学堂的发展又呼唤近代学制的出台。中国近代第一个以中央政府名义制定的全国性学制系统于1902年出台，因该年是壬寅年，又称《壬寅学制》。它具体规定了各级各类学堂的性质、培养目标、入学条件、在学年限、课程设置和相互衔接关系。由于该学制制定仓促，存在诸多不足，公布后未及实施。中国实行的第一个近代学制于1903年制定，1904年颁布实施，称为《癸卯学制》，亦称"奏定学堂章程"。《癸卯学制》是随着清末新政的推行而颁布的，包含各级各类学堂章程，如《蒙养院章程》《初等小学堂章程》《高等小学堂章程》《中学堂章程》《高等学堂章程》《大学堂章程》《师范学堂章程》《实业学堂章程》等。按照这些学堂章程，形成了一个完整的近代学校系统。以留日学生为主体编辑的《教育世界》杂志在1901—1903年间，刊出介绍日本各种学校规章制度的文章达90多篇，介绍日本学制的专著《日本学校章程三种》《日本新学制》《日本学制大纲》《日本东京师范学校章程附预备科》等也被译介至中国。这些译介成果对中国历史上第一个学制的制定起到了有益的借鉴作用。1902年留日学生在东京翻译出版的《日本学制大纲》便是一个很好的例子：

> 《日本学制大纲》见示，辞约而事核，全国学校若持筹而指数也。使吾国人……足不涉日域可坐窥此邦学制之盛美，亦一快已。日本学校屡改而益进，其制尽取之欧美，近则取德国者独多。兴办才卅年，而国势人才已骎骎与欧美埒。……日本取欧美新法立学之本意也。今学制大备，欧美人多艳称之……①

中国教育改革家对日本"取百家之长"的学制推崇备至，决定模仿日本建立新的学制。清末新教育体制的确立，无疑是对延续两千年之久的封建传统教育的根本性变革。《癸卯学制》中有关学校设置、教育内容以及教学方法的规定大多借鉴于日本近代学制，与中国传统教育模式有着本质的差别。

---

① 璩鑫圭、唐良炎编：《中国近代教育史资料汇编·学制演变》，上海教育出版社，2007，第138页。

其一，章程拟定出一个包括学前、小学、中学以及大学的完整的普通教育系统，学业有固定年限，入学有年龄限制，各级学校之间相互衔接。其二，设置了专门教育实业学堂，各级实业学堂培养农、工、商等近代社会所需人才。其三，在学科和课程设置中，包括文、理、体、美等为近代学校所必设学科，更多地吸收了西方先进的科学文化知识。其四，开设师范学校培养师资，按程度编班，实行班级授课制。其五，教学方法注意借鉴西方幼儿教育经验，循循善诱，注重讲解，防止死记硬背的注入式教学，注重实验或实地实习等。

现将中国教育史上第一个颁布并实行的《癸卯学制》与日本学制加以比较，借以考察中国在学制制定和课程设置过程中对日本学制系统和课程设置的借鉴与移植。

表4.1 癸卯学制系统与日本学制系统之比较

	《癸卯学制》系统	日本学制系统
研究生院	五年（清代称"通儒院"）	修业年限五年
大学	分科大学及大学选科三年	法科四年、医科四年、工科三年、文科三年、理科三年、农科三年
高等学校	高等学堂及大学预科三年、译学馆及方言学堂六年、高等实业学堂三至五年（预科一年）、大学实科三年、实业教员讲习所三年、优级师范学堂六年	音乐学校三年（预科一年）、高等师范学校三年（预科一年）、女子高等师范学校四年、高等学校三年、医科专门学校四年、外国语学校三年、美术学校四年（预科一年）、高等农业学校本科四年（预科一年）、高等商业学校三年（预科一年）、高等工业学校三年
中学	中学堂五年、初级师范学堂五年、中等实业学堂四至八年	中学校五年、师范学校四年、师范女子学校三年、高等女学校三至五年、实业学校甲种三年（预科一年）
高等小学	高等小学堂四年、实业补习普通学堂四年、初等实业学堂二至三年	高等小学校四年、实业学校乙种三年、实业补习学校三年、徒弟学校四至六个月
初等小学	初等小学堂五年、艺徒学堂一至四年	寻常小学校四年、盲哑学校五年
幼稚园	蒙养院三年	幼稚园三年

[资料来源] 根据陶行知所制学制图整理而成，《新教育》第4卷（1922年）第2期。

通过比较，可以清楚地发现《癸卯学制》系统与日本学制系统是如此惊人的相似。两者均涵盖了初等教育、中等教育和高等教育；学制的基本结构与框架一致。从纵向看，分为三段七级；从横向看，分普通、师范、实业三大系统。不同的是，日本学制系统在级与级之间层级分明，而《癸卯学制》系统在级与级之间有交叉重叠的现象。

《癸卯学制》不仅在形式上仿效了日本学制，而且课程设置在很大程度上也模仿了日本。如果把《癸卯学制》规定的普通中学课程与日本明治32年（1899年）《中学校令施行规则》中所规定的普通中学课程作一对照，即可看到这一点。

表4.2　中日两国中学课程设置比较表

中国	日本	中国	日本
修身	修身	博物	博物
读经讲经	国语及汉文	物理及化学	物理及化学
外国语	外国语	法制及经济	法制及经济
历史	历史	图画	图画
地理	地理	中国文学	唱歌
数学	数学	体操	体操

[资料来源]吕达：《中国近代课程史论》，北京：人民教育出版社1994年版，第165页。

如上表所示，中日两国中学课程设置中，有10门课程一模一样，相似度达到83%。除此以外，清末各类学堂不仅各种规章制度多仿自日本，就连教室的宽度、桌椅的高低均以日本学校的标准做参考。例如1902年在通州创办的通州师范学堂，又如1906年在天津创办的北洋师范学堂，均处处刻意模仿日本。其目的就是使学生不用长途跋涉赴日，也能身临其境学习。由留日学生李士伟起草制定的北洋师范学堂章程，与日本高等师范学校的规则大同小异；课程设置也同样承袭后者。

《癸卯学制》是甲午战争失败后，国人以"教育救国""开启民智"为价值取向，学习借鉴西方教育，不断摸索并积极翻译引进日本教育制度的产物。

它以日本明治维新时期的学制为蓝本,借鉴和吸纳了日本学制中成功的经验,并试图结合本国国情,在普通教育、师范教育和实业教育等方面进行一些变通。尽管该学制有些地方仅停留在形式模仿阶段,有些地方与中国实际国情不相符,但是它的建立实现了传统的封建教育从求仕主义到国民主义价值取向的转换。它的颁行标志着近代教育在中国的制度化和合法化,标志着中国传统教育制度的终结和现代教育制度的产生。因此,《癸卯学制》是借鉴与移植的产物,它的出台推进了中国近代学校教育制度改革,为中国教育早期现代化奠定了基础。留日学生所译介的日本教育法规、各级各类教科书、教育学、教育史等论著,均对《癸卯学制》的出台起到了一定的借鉴和范型作用。

二、借鉴与融合:《壬子·癸丑学制》的确立

中华民国建立后,为了适应政体变革的需要,改革清末学制已势在必行。建立一个资产阶级性质的学制,以彻底打破腐朽没落的封建旧教育体制,弘扬资产阶级的自由、平等精神,是时代赋予的使命。《癸卯学制》自颁布后,虽经多次补充修订,但批评的声音不绝,国人开始思考转向取法欧美教育制度。《教育杂志》上一则《余谈》就揭明了这一转变:"昔日之言教育者,曰日、曰英、曰德,今日之言教育者,曰法、曰美;昔日之言教育者,曰养成立宪国民,今日之言教育者,曰养成共和国民;言立宪故取日、英、德之学制,言共和故取法、美之学制,此今昔之所以不同。"①最初意向是借鉴欧美学制,"拟遍采欧美各国之长,衡以本国情形,成一最完全之学制"②。为了制定"一最完全之学制",教育部不仅邀请了著名教育家,而且招聘了从英国、美国、德国、法国、日本等回国的留学生,各就所长,将世界各国先进学校的教育制度翻译出来以供参考。但是当时欧美归国留学生主要学习工科,缺少专门学习教育之人,对欧美各国学制缺乏深入了解,不能准确把握其学制精髓。通过翻译发现欧美各国教育条文与我国情形不相符。因为欧美学制是在资产

---

① 《余谈》,《教育杂志》第3卷(1912年)第11期。
② 蒋维乔:《民元以来学制之改革》,载陈学恂主编《中国近代教育史教学参考资料》(中册),人民教育出版社,1987,第164页。

阶级发展时期制定的，其目的是培养资本主义经济迅速发展所需要的人才，而日本学制是为了扫清封建旧教育制度的余毒，巩固新生资产阶级政权而制定。相较而言，日本学制更符合中国社会实际。另外，虽说自1908年后，留日热潮已逐渐消退，但从其时归国的留学生总人数来看，留日学生仍然占首位。其时参加审定《壬子·癸丑学制》的主要人员中就有16名曾留学日本或考察过日本教育。教育界知名人士、教育行政领导以及各级各类学校的负责人均受日本教育影响很深，如留学生蒋维乔、范源濂、袁希涛等。由是，在1912年7月教育部于北京召开的全国临时教育会议的讨论中，与会者均认为日本学制原本模仿欧洲各国，且"取西洋各国之制而折衷之，取法于彼，尤为相宜"[1]。最终，教育部在参照日本学制的基础上，结合中国国情制定了《壬子·癸丑学制》。该学制不仅确立了全国学校系统，而且明确规定了各级各类学校的教育宗旨、入学资格、修业年限、课程设置等，较全面地反映了当时形势对封建教育改革的要求。

《壬子·癸丑学制》的体系结构、教学方法等具有日本模式的特征。例如：从整个学校系统框架来看，仍由普通教育、实业教育、师范教育三个相对封闭、独立的子系统构成，没有明显的综合沟通功能，相对提高了职业教育与师范教育的地位；从课程设置来看，中小学的课程设置不仅名称基本沿用日本的教育术语，而且在教学时数分配上也有相似之处；从教学方法来看，民初主要流行的还是清末从日本引入的赫尔巴特学派传统的形式阶段教授法。当然，欧洲教育的影响也并存。例如：重视社会教育、美育；取消高等学堂，改设大学预科；大学以文理科为主；大学设评议会、教授会；等等。由此可见，《壬子·癸丑学制》的确立是借鉴与融合的产物，融合了日、欧教育特色，是中国近代教育史上第一个真正意义上具有资产阶级性质的学制，一定程度上实现了从传统教育向现代教育的转型，起到了除旧布新、继往开来的历史作用。

尽管民初教育改革的初衷是力图跳出清末学制的窠臼，摆脱日本模式的影响，但是由于种种原因，《壬子·癸丑学制》仍然带有日本学制的痕迹。故而1913年新学制颁布之后，就有学者指出："我国现时学制，采自彼邦者

---

[1] 高平叔编：《蔡元培教育论集》，湖南教育出版社，1987，第649页。

颇多，观客岁新制之教育法令，可以知矣。查新制小学教则，及课程表之科目时数，皆与日本明治年间文部省所发布者类似。"① 也有人批评说："民国颁布学制之前，曾开临时教育会议一次，对于日本的学制，也是仍旧随意抄袭。"② 蔡元培也坦言："至现在我等教育规程，取法日本者甚多。"③ 不管怎样，《壬子·癸丑学制》的颁行促进了中国教育的发展，使民国学校教育摆脱了封建专制的桎梏，为辛亥革命后教育的发展奠定了基础。无论学校数量还是学生人数都普遍增加，从而推动了中国教育早期现代化的进程。但在实施的过程中，该学制自身存在的缺陷日益暴露出来。1915年，湖南省教育会提出了《学校系统改革案》，指出了该学制的六大弊病。如学校之种类太简单，不足谋教育多方面之发展；修业年限不合理，小学过长，中学过短；中等教育过于偏重普通教育，以升学为主要教育目标；整齐划一过度，灵活性不足；模仿痕迹过深，与本国实际结合不够；等等。④ 该学制已表现出与日益发展的社会经济生活和生产需要不相适应之处，人们希望对现有学制进行改革，出台一种新学制以解决上述问题。

三、借鉴与变通：《壬戌学制》的制定

学制亟待改革的内在原因是中国教育自身发展的需要。民国初年的军阀混战、政权更迭、经济低迷等无法为教育提供一个良好的发展机遇。《壬子·癸丑学制》本身存在的诸多问题也日益凸显出来，已越来越不能适应社会经济与生产发展的需要。民族资本主义的发展、新文化运动的兴起，迫使国人对传统教育进行深刻的反思，从而酝酿出改革现行教育制度的呼声。其时，恰逢美国先进的教育理念及教育制度"风靡全球"，美国著名教育家杜威、孟禄等联袂访华并做教育演讲，美国实用主义及进步主义教育思潮猛烈地冲击

---

① 朱有瓛主编：《中国近代学制史料》（第三辑上册），华东师范大学出版社，1990，第161页。
② 璩鑫圭、唐良炎编：《中国近代教育史资料汇编·学制演变》，上海教育出版社，2007，第1074页。
③ 蔡元培：《全国临时教育会议开会词》，载高平叔编《蔡元培教育论著选》，人民教育出版社，1991，第17页。
④ 璩鑫圭、唐良炎编：《中国近代教育史资料汇编·学制演变》，上海教育出版社，2007，第851—852页。

着中国教育。因此,"中国教育界在洪流潮水般的进步主义教育改革大趋势面前,作了一个明智的取舍,在经历中国与外国、西方与东方、现代与传统的多方位比较后,中国的知识分子最终选择了美国教育模式作为摆脱旧式体制,迅速走上教育现代化之路的范本"①。

1922年9月,教育部召开全国学制会议,会议对湖南教育会的《学校系统改革案》进行讨论修改,在广泛征询意见的基础上,最终于11月正式公布,称为"壬戌学制",亦称"新学制"。由于采用的是美国式的六三三分段法,故又称"六三三学制"。《壬戌学制》是一场由知识分子精英和教育家主导推动的、自上而下的学制改革。其制定过程及主要内容都深刻体现了美国实用主义教育理论的影响,主要表现如下:

(一)清末教育宗旨的废除

1904年颁布的《癸卯学制》明确规定:"立学宗旨,无论何等学堂,均以忠孝为本,以中国经史之学为基。……而后以西学瀹其智识,练其艺能,务期他日成才,各适实用……"②其教育宗旨的核心是忠孝思想,体现了"中学为体,西学为用"的纲领。1906年清末颁布的"忠君、尊孔、尚公、尚武、尚实"的教育宗旨,即以封建的伦理道德为基准,其精神强调的是维护封建国家的利益。1912年蔡元培提出的"五育"并举的教育方针,体现了反封建的精神,符合资产阶级的要求。在新形势下,中国教育家就废除教育宗旨达成了共识,在全国教育会联合会第五届年会上决定废止清末的教育宗旨,代之以"教育本义"③。因此,新学制的改革令中就略去了教育宗旨,取而代之的是"教育准则七条"。教育宗旨的废除显然受到杜威教育无目的论的影响。

(二)七项标准的出台

新文化运动后,在胡适等人的努力下,全国教育会联合会最终制定了著名的《壬戌学制》。该学制是依照以下七项标准制定的:第一,适应社会进化之需要;第二,发挥平民教育精神;第三,谋个性之发展;第四,注意国民经济力;第五,注意生活教育;第六,使教育易于普及;第七,多留各地

---

① 卫道治主编:《中外教育交流史》,湖南教育出版社,1998,第228页。
② 朱有瓛主编:《中国近代学制史料》(第二辑上册),华东师范大学出版社,1987,第78页。
③《第五届全国教育会联合会议决案》,《教育杂志》第11卷(1919年)第11号。

伸缩余地。这七项标准正式代替了之前的教育宗旨，体现了民主与科学的精神，尤其是受到实用主义教育思潮的影响。例如，"适应社会进化之需要"反映了杜威教育理论中"学校即社会"的观点，要求学校教育反映社会发展、适应社会需要、培养人才的主张；"发挥平民教育精神"明显是杜威平民主义教育思想的具体体现；"谋个性之发展"不仅是杜威教育哲学的重要观点，而且是杜威倡导的儿童个体自由发展、教育即生长的具体表现；"注意生活教育"强调教育就是生活，应把社会生活的内容当作教育的主要内容，强调学生与校外生活密切联系；"使教育易于普及"是教育走向大众化的体现。由是可见，上述标准均与杜威的教育思想密切相关。同时，该学制所依据的七项标准与1920年美国进步主义教育协会发表的著名"七点原则声明"，在教育理念上存有相同之处。这七点声明是：第一，学生有自然发展的自由；第二，兴趣是全部活动的动机；第三，教师是一个指导者，而不是一个布置作业的监工；第四，进行有关学生发展的科学研究；第五，对儿童具体的发展给予更大的注意；第六，适应儿童生活的需要，加强学校与家庭之间的合作；第七，在教育运动中，进步学校是一个领导。这"七点原则声明"同样强调注重儿童身心及社会发展规律，体现民主与科学精神。七项标准的出台同样印证了学制改革对美国实用主义教育思想的借鉴。

（三）"六三三制"的采纳

新学制对美国"六三三制"的借鉴与采纳，体现了"我国教育界接纳世界教育改革最新成果的主观愿望和当时中国社会某些方面的客观需求"[①]。其具体特征可以概括为以下几方面：其一，学制体系结构更合理，符合我国青少年身心发展特点。初等教育阶段更合理、务实，小学分初、高两级共6年，义务教育以4年为准；中等教育是新学制的核心和精粹。中学分初、高两级共6年，每级各3年，中学开始实行选科制和分科制；缩短高等教育年限，取消大学预科。其二，强调了"以儿童为中心"的教育理念。例如，全国教育会联合会第五次会议的决议案指出："从前教育只知研究应如何教人，不知研究人应如何教；今后之教育应觉悟人应如何教，所谓儿童本位教育是

[①] 田正平主编：《中外教育交流史》，广东教育出版社，2004，第575页。

也。"①该决议案体现了杜威的"教育即生长"和"以儿童为中心"思想的影响。从以教师、教材、知识为中心转变成以学生为中心，调动学生学习的兴趣和积极性，使其个性得到充分发展，成为具有创新精神的人。其三，强调了职业教育的重要性，兼顾升学与就业。职业教育形式多样，如在小学较高年级开始的职业准备教育，初级中学兼设的职业科，高级中学职业科、职业学校，大学及专门学校附设的职业专修科以及补习学校的职业科，所有这些职教成分形成了一个较为完整的职业教育体系。该体系与杜威所主张的职业教育和普通教育相结合的思想相吻合，使普通教育职业化，职业教育普通化。美国"六三三制"的借鉴与采纳，再次显示出实用主义教育思想的影响力。

总而言之，《壬戌学制》的内容不仅很大程度上吸纳了其时美国等西方国家最先进的教育理念、制度和内容，体现了"民主"与"科学"的精神，特别是杜威的实用主义教育思想，而且还结合了中国的国情，反映了当时社会的客观需求。虽然在一定程度上借鉴了美国的"六三三制"，但它"并不是盲从美制"，具有中国特色。如小学六年，四二分段，初小四年作为普及义务教育阶段；完整的师范教育体系；学制中留有伸缩余地的规定和富于弹性的特点；等等。在其产生的整个过程中，教育界对此进行了长期的酝酿和讨论，并经过许多省市认真试行，最终集思广益而成。因此，陶行知评价它是"应时而兴的制度""颇有独到之处"②。因为在其制定过程中，教育界人士对待外国的教育经验采取了"明辨择善，决不可舍己从人，轻于吸收"③，也不是以某一国学制为蓝本进行简单的移植。《壬戌学制》的制定，是借鉴与变通的产物，它基本符合中国国情，具有一定的合理性和稳定性。此后，虽然国民政府时期颁布了其他学制，但实际上仍然以《壬戌学制》为基础，除进行局部调整外，该学制的主体部分基本上未作任何变化。

---

① 璩鑫圭、唐良炎编：《中国近代教育史资料汇编·学制演变》，上海教育出版社，2007，第860页。
② 陶行知：《我们对于新学制草案应持之态度》，载华中师范学院教育科学研究所主编《陶行知全集》（第一卷），湖南教育出版社，1984，第189—190页。
③ 陶行知：《我们对于新学制草案应持之态度》，载华中师范学院教育科学研究所主编《陶行知全集》（第一卷），湖南教育出版社，1984，第190页。

从近代三大学制嬗变的历史来看,留学生的教育翻译对中国教育制度的改革做出了巨大贡献。其主要表现有:

其一,教育翻译从教育观念上影响了学制的制定。例如,通过留学生翻译而引入的赫尔巴特的教育思想、杜威实用主义教育思想等,帮助人们改变了传统的教育观念,从而较好地引导了学制的制定。以儒学为根基的中国教育,一般来说,是力求养成学生尊重传统、效仿先贤的服从精神和培养学生适应环境的能力;而西方教育则刻意培养学生的批判精神和超越精神,以促进事物的新陈代谢和改造环境,反映的是"物竞天择"的精神气息。[①]通过留学生的教育翻译,新的教育观念潜移默化地影响了中国有识之士,并逐渐被中国教育界所接受,从而逐渐地改变了人们的思想观念。例如,教育应该与社会生活相结合,为经济和社会发展服务;教育的目的是改造生活、改造社会,培养新型国民,促进人的全面发展;人人均有享受教育的权利,改变少数人独享教育权利的现状;教育应注重学生身心发展、个性差异等。这些新的教育观念在近代学制的酝酿和制定过程中都起到了一定的影响作用,并在学制中得到不同程度的体现。

其二,教育翻译为学制制定者提供了可资借鉴的蓝本。近代三大学制都是依据日本以及欧美的教育制度并在一定程度上结合本国实际进行移植、融合和变通而确立的。留学生通过翻译而引入外国的学制章程、规定、原则、标准等,给学制制定者提供了极有价值的参考。这一点上文已有所叙,不再赘述。

其三,教育翻译引发了国人对中国教育制度改革的研究与探索。教育翻译成果激发了中国教育界对本国教育制度改革的思考,在消化和吸收的基础上,开始研讨、交流并刊载有关学制改革的文章。这些研究成果通过学制研究专栏或专号迅速地引起关心学制改革的政府及人士的关注,成为学制制定的重要参考资料。例如,《教育世界》创办人罗振玉在其刊载的教育翻译成果的启发下,以学制以及初等、中等教育的课程设置为中心进行了一系列的研究。其研究成果主要有《教育私议》《各省设立寻常小学堂议》《设师范

---

① 李华兴主编:《民国教育史》,上海教育出版社,1997,第802页。

急就科议》《拟订寻常小学堂课程表》《拟订寻常中等学堂课程表》《拟订高等小学堂课程表》《学制私议》《小学校拟章》《中学校拟章》《师范学校拟章》《论中国亟宜兴实业教育》等，这些研究成果借鉴了日本的教育经验，对各级各类学校的兴办以及课程设置等问题予以探讨，为清末学制的建设出谋划策。又如，留日学生陆费逵在主持《教育杂志》《中华教育界》期间，积极学习和传播西方教育理论与教育制度，教育理论素养因此大大提高，逐渐能对中国学制建设等教育问题发表评论性文章，这为其日后参与民国期间学制改革奠定了理论基础。再如，蔡元培、余家菊、陶行知、胡适等留学生在翻译或研读教育翻译成果的过程中，丰富了自身的教育理论知识，加深了对外来学制的研究与分析，发表了大量有关学制改革的研究文章，对民国期间学制的讨论与制定做出了历史性的贡献。

其四，教育翻译培养了一批学制改革人才。留学生翻译介绍外国教育理论和教育制度的过程，实际上也是提高自身教育理论水平、丰富自身教育知识的过程。例如，《教育世界》上发表的有关日本学制的资料，翻译者大多是留学生，主要有来自东文学社的王国维、樊炳清、沈紘和湖北自强学堂教习胡钧、陈毅等人。在翻译介绍日本学制和各种教育书籍的过程中，他们也逐渐成了新教育的行家里手。具体而言，王国维通过翻译日本赫尔巴特学派代表人物立花铣三郎的《教育学》等日本教育学著作，打下了坚实的教育理论基础。因此，在《癸卯学制》颁布后不久，"王国维就对张之洞自鸣得意的经学科、文学科大学（堂）章程提出尖锐的批评，表现出深厚的教育理论素养和对资产阶级教育思想的深刻理解"[1]。陈毅、胡钧直接参与了《癸卯学制》的制定，是张之洞制定学制的得力助手。这一点可从王国维所言"今日之奏定学校章程，草创之者沔阳陈君毅而南皮张尚书实成之"[2]中得到印证。陈毅曾翻译了日本学制方面的法令、规程、规则等20多种，发表于《教育世界》上，其中包括日本的《师范教育令》。张之洞称之为："于教育一门尽心讲求，细密详实，所有办理大中小学堂之法，心中皆有规则，不为空谈，

---

[1] 钱曼倩、金林祥主编：《中国近代学制比较研究》，广东教育出版社，1996，第89页。
[2] 朱有瓛主编：《中国近代学制史料》（第二辑上册），华东师范大学出版社，1987，第823页。

一时才隽罕能几及……"①因此，他担当起了起草学制的繁重任务。胡钧曾受张之洞的派遣随罗振玉赴日考察教育，回国后致力于日本学制章程以及教科书的翻译，曾在《教育世界》上发表其翻译的日本《小学校令》等学制方面的法令。基于此，制定《癸卯学制》时，张之洞向朝廷推荐他说："考求学堂教育，各要政，精思卓识，所得良多。于测绘学、算学、译东书学最长，治事之才尤为精敏……"②又如，1922年新学制的制定者都深受美国实用主义教育理论的影响。起草学制讨论稿的是胡适，参与学制讨论的有陶行知、廖世承、余家菊、俞子夷、舒新城等。他们都或多或少地参与了教育翻译活动，有的还是教育翻译活动的领军人物和得力干将。由此可见，留学生的教育翻译为近代学制的制定与实施提供了人才保障。

综上所述，《癸卯学制》《壬子·癸丑学制》和《壬戌学制》的嬗变，充分体现了中国教育界对教育制度现代化的不懈探索与追求。中国教育早期现代化是一个不断对传统教育继承和扬弃的历史过程，是一个不断追赶世界先进教育水平的历史过程，是一个与整个社会现代化相适应的历史过程。制度是理论和思想的表现形式，是连接理论与实践的中介与桥梁，是教育实践的规范与原则。因此，每一次大的教育改革运动，都必然会催生出体现新的教育理论及总结新的教育实践成果的新学制。学制的改革充分地体现了我国近代教育发展不断走向民主与科学、走向多元与开放。在此历史进程中，教育翻译为学制的制定提供了理论依据、可资借鉴的蓝本，引发国人的思考，培养了学制改革人才。中国教育制度由模仿日本，逐步转向以欧美特别是美国为范型，并朝着与中国社会实际相结合的方向迈进。

---

① 张之洞：《保荐经济特科人才折》（卷五十六，奏议五十六），载苑书义、孙华峰、李秉新主编《张之洞全集》（第二册），河北人民出版社，1998，第1486页。
② 张之洞：《保荐经济特科人才折》（卷五十六，奏议五十六），载苑书义、孙华峰、李秉新主编《张之洞全集》（第二册），河北人民出版社，1998，第1485—1486页。

第二节 近代留学生教育翻译与教育宗旨的演变

教育宗旨[①]的演变是清末民初教育改革的另一项重要内容。教育宗旨或教育方针是一个国家教育行动纲领的总概括和各级各类学校教育的行动指南。其重要性不言而喻，这也是近代中国教育界始终注重教育宗旨的改革与更新之原因所在。例如，1906年，清政府首次确立"忠君、尊孔、尚公、尚武、尚实"的教育宗旨；1912年，中华民国临时政府制定了"注重道德教育，以实利主义教育、军国民教育辅之，更以美感教育完成其道德"的教育宗旨；1929年国民党"三大"提出了三民主义教育宗旨。本节将主要以德智体"三育并提"、德智体美"四育并重"以及"五育并举"的教育宗旨的最终确立为例，来探析近代中国留学生教育翻译对教育宗旨的确立及演变所产生的影响。

一、进化论的启示与近代德智体"三育论"的形成

中国近代第一个提出从德、智、体三要素出发来构建教育目标模式的人是留英生严复。严复在同西方的接触、观察和比较中意识到西学的重要性，在他看来，天学、地学、人学三学都很重要，但相较而言，人学尤为重要。严复所说的天学、地学，指自然科学，人学则是指社会科学，如政治学、经济学、哲学、社会学等。引进人学之所以尤急切，是因为自第二次鸦片战争至甲午战争几十年的时间里，所引进的西学基本上是天学和地学。严复认为，"西人之所以立国以致强盛者，实有其盛大之源"。这盛大之"源"，即源于西人的社会科学。所以，他认定中国战败不仅是兵器不及敌国，更主要的

[①] 近代所谓"教育宗旨"包含"教育方针"和"教育目的"双重含义，有时指国家教育工作的总方向，有时指培养受教育者的总目标。

是使用兵器的人不及敌国,必须注重人的力、智、德等素质的提高。

严复的德智体"三育论"首次是在《原强》(1895年)中提出的,该思想主要源于英国博物学家达尔文的进化论思想以及英国近代实证主义哲学家斯宾塞的教育著作《教育论》(Education: Intellectual, Moral and Physical)中的"三育"思想。斯宾塞的《教育论》由四篇独立而相互联系的文章结集而成,它们分别是《什么知识最有价值?》《智育》《德育》《体育》。斯宾塞被誉为"维多利亚时代英国的亚里士多德"。他的《教育论》于1860年在美国出版,1861年在英国面世。出版不久,被译为13种文字在世界主要资本主义国家传播,对世界教育产生较大的影响。严复把提高全体国民素质视为国家富强、民族兴旺的根基,因此十分重视斯宾塞的哲学著作,尤其是《教育论》和《社会学研究》(严复摘译名为《群学肄言》)。严复在《原强》中指出:"斯宾塞尔全书而外,杂著无虑数十篇,而《明民论》《劝学篇》二者为最著。《明民论》者,言教人之术也。《劝学篇》者,勉人治群学之书也。其教人也,以浚智慧、练体力、厉德行三者为之纲。"[①] 严复所说的《劝学篇》就是《教育论》的第一篇《什么知识最有价值?》(What Knowledge Is of Most Worth?)。深受斯宾塞的影响,严复的思想与斯宾塞的思想存在着内在的关联,正如胡汉民所言:"严氏之学,本于斯宾塞尔……"[②] 蔡元培也曾认为:"严氏所最佩服的,是斯宾塞尔的群学。"[③]

基于社会生物进化论观点,斯宾塞认为竞争可以促进人德、智、体的发展。严复因此推导出:一国的政治经济状况、参与国际竞争的能力,取决于国民的德、智、体三方面的发展水平。所谓"国之强弱、贫富、治乱者,其民力、民智、民德三者之征验也"[④]。他认为中国积弱积贫的根源就在于"民力已苶,民智已卑,民德已薄"。因此,中国要想彻底改变这种状况就必须提高国民的这三种素质:

---

① 严复:《原强》,载王栻主编《严复集》(第一册),中华书局,1986,第17页。
② 胡汉民:《述侯官严氏最近政见》,《民报》1906年第2号。
③ 蔡元培:《五十年来中国之哲学》,载高平叔编《蔡元培全集》(第四卷),中华书局,1984,第352页。
④ 严复:《原强》,载璩鑫圭、童富勇编《中国近代教育史资料汇编·教育思想》,上海教育出版社,2007,第295页。

夫所谓富强云者，质而言之，不外利民云尔。然政欲利民，必自民各能自利始；民各能自利，又必自皆得自由始；欲听其皆得自由，尤必自其各能自治始；反是且乱。顾彼民之能自治而自由者，皆其力、其智、其德诚优者也。是以今日要政，统于三端：一曰鼓民力，二曰开民智，三曰新民德。①

孙培青在其《中国教育史》一书中对严复提出的德智体"三育论"作了较为详细的解释：

"鼓民力"，就是提倡体育，包括禁止吸鸦片和女子缠足等陋习，使国民有强健的身体。……"开民智"，就是要全面开发人民的智慧，提高人民的文化教育水平，但实际牵涉到对传统教育体制、教育内容、学风和教学方法的改革，其核心是改革科举制度，废除八股取士和训诂词章之学，讲求西学。……"新民德"主要是改变传统德育内容，用西方的民主自由平等取代封建伦理道德，培养人民忠爱国家的观念意识。②

因此，"鼓民力"就是要有健康的体魄；"开民智"主要是以西学代替科举；"新民德"主要是废除专制统治，实行君主立宪，倡导"尊民"。

综上所述，严复在进化论的启示下，强调教育的功能在于强健体魄、开启民智、规范道德。他对教育目的的阐释，促使中国教育界、知识界对教育问题的研究开始摆脱传统的模式，而逐步建立在一种新的哲学观和世界观的基础之上。他对"民力""民智""民德"的具体内容的阐述，最早且较全面地勾画出近代中国教育人才培养的目标。因此，严复的德智体"三育论"的提出，对近代教育宗旨的构建和演变做出了极其独特的贡献。

二、西方哲学观的吸纳与近代德智体美"四育论"的提出

1906年，清政府首次确立"忠君、尊孔、尚公、尚武、尚实"的教育

---

① 严复：《原强》，载王栻主编《严复集》（第一册），中华书局，1986，第27页。
② 孙培青主编：《中国教育史》，华东师范大学出版社，2002，第340页。

宗旨，这是中国近代第一次正式宣布的教育宗旨。该宗旨虽未脱"中学为体，西学为用"的窠臼，但是在1904年张之洞提出的"以忠孝为本，以中国经史之学为基"的立学宗旨的基础上前进了一步，尤其是后三项注意到了国家观念、身体素质、基本生活技能的培养以及教学方法上的学用结合等。在教育宗旨宣布的同一年，留日学生王国维"从受教育者的基本素质要素出发，提出以体育培养人的身体之能力，智、德、美三育培养人的精神之能力，相应发展真善美之理想，以期培养'完全之人物'"①的人才培养目标。德智体美"四育并重"的教育宗旨的提出在中国近代教育史上还是第一次，它对以后的"五育并举"教育宗旨的设计和最终确立产生了重大影响。

那么，近代中国美育理论的创始人王国维是如何借鉴和吸纳西方哲学观来形成其美育思想的呢？王国维个人喜好哲学，阅读并翻译了大量哲学著作。如《心理学》（[日]元良勇次郎著）、《哲学概论》（[日]桑木严翼著）、《伦理学》（[日]元良勇次郎著）、《西洋伦理学史要》（[英]西额惟克著）等。他对教育与哲学之间的关系有着深刻的认识，认为"夫哲学，教育学之母也"②，"不通哲学则不能通教育学及与教育学相关系之学"③。在他主持《教育世界》期间，刊登大量介绍西方哲学及哲学家的论述，自此西方一些著名的哲学家如苏格拉底、柏拉图、亚里士多德等渐入国人的视野。他对西方哲学的译介和认识也影响着后来的中国教育界。例如，《教育世界》（第128号和第129号）刊发了《述近世教育思想与哲学之关系》，《教育杂志》（第11卷第1、2、7、8号）分别发表了《教育者与哲学》等文章。这些文章认为，要造就"完全之人物"，必须树立牢固的世界观、人生观，没有哲学思想为根基，不足以建设教育。可见，翻译与借鉴西方哲学思想对于建设中国教育理论意义十分重大。

虽然美育教育早已存在于封建社会教育中，但中国古代教育中的美育活动服从于道德训练，是道德训练的一种手段和方式，建立在政治哲学和道德哲学的基础之上，因而失去了其独立价值及意义。所谓"诗以言志""文以

---

① 孙培青主编：《中国教育史》，华东师范大学出版社，2002，第349页。
② 王国维：《论叔本华之哲学及其教育学说》，《教育世界》1904年第7期、第9期。
③ 王国维：《教育偶感》，《教育世界》1904年第13期。

载道""画以立意""乐以象德"等,强调的是审美与道德的合一。1903年,王国维发表了《论教育之宗旨》一文,提出教育宗旨在于培养完全之人物,即各种能力都得到和谐发展的人:

> 教育之宗旨何在?在使人为完全之人物而已。何谓完全之人物?谓人之能力无不发达且调和是也。人之能力分为内外二者:一曰身体之能力,一曰精神之能力。……而精神之中又分为三部:知力、感情及意志是也。对此三者而有真善美之理想:真者,知力之理想;美者,感情之理想;善者,意志之理想也。完全之人物,不可不备真、善、美之三德,欲达此理想,于是教育之事起。①

王国维所提出的培养"完全之人物"的教育包括体育、智育、德育、美育四个方面。他对美育问题的关注源于他对西方哲学、美学观点的借鉴。他曾这样表述美的性质:"美之性质,一言以蔽之曰:可爱玩而不可利用者是已。虽物之美者,有时亦足供吾人之利用,但人之视为美时,决不计及其可利用之点。其性质如是,故其价值亦存于美之自身,而不存乎其外。"②在王国维看来,作为美的对象,具有超功利性;审美主体对对象不抱任何功利目的和官能欲望。王国维不仅吸收了西方美学理论,而且赋予美育以独立的价值。他把中国古代美育活动以德育训练为前提转移到以个体发展为前提。诗歌、图画、音乐等艺术作品不仅是道德训练的手段和方式,而且对人的发展、对人的精神世界有更深层次的影响。审美境界与道德境界应该具有同样重要的地位,即"美者,感情之理想","善者,意志之理想"。1907年,王国维在《论小学校唱歌科之材料》一文中,以小学唱歌科为例,说明此科开设本意有三:第一,调和其感情;第二,陶冶其意志;第三,练习其器官。他认为,第一项、第三项是唱歌科自己的事业,第二项是唱歌科与修身科共同的事业。两者相比较,应以"唱歌科自己之事业"为第一目的,以陶冶意志为第二目的。"唱歌科之辅助修身科,亦在形式而不在其内容。虽有声无词之音乐,自有陶冶品性使之高尚和平之力。……若徒以干燥拙劣之辞,述道德上之教训,

---

① 王国维:《论教育之宗旨》,《教育世界》1903年第14期。
② 王国维:《古雅之在美学上之位置》,《教育世界》1907年第2期。

恐第二目的未达，而已失其第一之目的矣。"① 如果美育附属于德育，势必导致"善"未得而"美"已失。如果突出美育的价值，就更加能够促成美与善的交融。在此，王国维首次改变了美育的从属地位，赋予美育以独立的价值，从而构建了德智体美"四育并举"的教育理论。

王国维的德智体美"四育论"的提出是对严复的德智体"三育论"的继承与发展，具有开创性的意义。这种超功利性、净化心灵、陶冶人格的美育，在其时学校教育中鲜有提倡和实践。正如有关研究者所言：

> 如果说严复是把教育与"救国"紧密地联系在一起，王国维则是把教育与"救人"——求得个体意志的自由——紧紧地联系在一起。……他们在中国近代教育科学的初创时期，从不同的方面，引来了西方近代哲学的"活水"，异源同流、殊途同归，各自做出了不可互相取代的贡献。②

三、西方哲学观的借用与近代"五育并举"教育宗旨的确立

在中国近代教育史上，蔡元培是第一个明确提出军国民教育、实利主义教育、公民道德教育、世界观教育和美感教育的教育家。"五育并举、养成健全人格"，是蔡元培教育思想的核心所在，也是他为中国近代教育理论的构建所做出的重大贡献。其完整意义是以公民道德教育为核心，使受教育者在德、智、体、美诸方面得到全面而和谐的发展。这是蔡元培的哲学观、伦理观、社会政治观等在教育宗旨上的综合反映。

在蔡元培看来，"五育并举"是养成共和国民健全之人格所必需的，是一个统一的有机体。军国民教育是19世纪末20世纪初在民族危亡的强烈刺激下而迅速形成的一种教育思潮，由留日学生介绍到国内。蔡元培吸收了清末以来的军国民教育思潮的核心内容并赋予其新的意义。他认为，军国民教育是体育在一定历史条件下的一种暂时的、特殊的形式，兼有体育的作用，

---

① 王国维：《论小学校唱歌科之材料》，《教育世界》1907年第6期。
② 田正平：《留学生与中国教育近代化》，广东教育出版社，1996，第193—194页。

但不能从根本上代替体育。他曾说:"以教育界之分言三育者衡之,军国民主义为体育……"①"体育者,循生理上自然发达之趋势,而以有规则之人工补助之,使不致有所偏倚。"②因此,蔡元培"五育并举"教育宗旨中的军国民主义教育实际上可以理解为体育。

实利主义教育也是清末民初一种重要的教育思潮。蔡元培提倡实利主义教育并把它作为民初教育宗旨的内容之一,主要是因为该教育与一个国家、一个民族的强弱兴衰息息相关,与一个人的生存和幸福生活密不可分。他认为,中国封建教育"以记诵为常课、而屏除致用各科者,诚与人性相违"③,这种教育只重视书本知识学习而忽视生活技能的培养。所以他针对民国初年百业凋零、人民生活极端贫困的现状,提出"普通教育中多列手工诸科,不得不视为至当。即如德佛伊氏 Dewey 一派,欲以烹饪、裁缝及金工诸工为一切科学之导线者,其理论之直当,所不待言"④。文中的"德佛伊氏"就是实用主义教育家杜威。由此可见,蔡元培在民初就对杜威的实用主义教育思想有所关注。实利主义教育是智育在一定历史条件下的一种暂时的、特殊的形式,兼有智育的作用,但不能从根本上代替智育。因此,蔡元培"五育并举"教育宗旨中的实利主义教育实际上可以理解为智育。

公民道德教育尤为蔡元培所重视,认为"军国民教育及实利主义,则必以道德为根本"⑤。那么,公民道德教育的内涵是什么呢?蔡元培在《对于新教育之意见》中指出:"何谓公民道德?曰法兰西之革命也,所标揭者,曰自由、平等、亲爱。道德之要旨,尽于是矣。"⑥在此,蔡元培把法国大革命时期所标揭的"自由、平等、博爱(亲爱)"等资产阶级道德规范作为我国公民道德教育的内容,是因为他认为中国传统伦理特别是儒家伦理的一些基

---

① 蔡元培:《对于新教育之意见》,载高平叔编《蔡元培全集》(第二卷),中华书局,1984,第135页。
② 蔡元培:《一九〇〇年以来教育之进步》,载高平叔编《蔡元培全集》(第二卷),中华书局,1984,第412页。
③ 蔡元培:《一九〇〇年以来教育之进步》,载高平叔编《蔡元培全集》(第二卷),中华书局,1984,第411页。
④ 同③。
⑤ 蔡元培:《全国临时教育会议开会词》,载高平叔编《蔡元培全集》(第二卷),中华书局,1984,第263页。
⑥ 蔡元培:《对于新教育之意见》,载高平叔编《蔡元培全集》(第二卷),中华书局,1984,第131页。

本范畴、内涵与自由、平等、博爱的精神有相通之处，故而他不仅坚定地把"自由、平等、博爱"作为我们新时代的"道德之要旨"，而且对我国传统道德教育中积极的因素予以融合和吸收。他在《对于新教育之意见》中说：

> 孔子曰：匹夫不可夺志。孟子曰：大丈夫者，富贵不能淫，贫贱不能移，威武不能屈。自由之谓也。古者盖谓之义。孔子曰：己所不欲，勿施于人。子贡曰：我不欲人之加诸我也，吾亦欲毋加诸人。……平等之谓也。古者盖谓之恕。……孟子曰：鳏寡孤独，天下之穷民而无告者也。……孔子曰：己欲立而立人，已欲达而达人。亲爱之谓也。古者盖谓之仁。三者诚一切道德之根源，而公民道德教育之所有事者也。①

蔡元培把西方资产阶级上升时期的道德规范"自由""平等""博爱"分别比作儒家传统道德教育中所主张的"义""恕""仁"。不管这种比附是否恰当或者说科学，但是我们可以深切地体会到蔡元培那种融汇古今、兼采中西的博大胸襟，以及试图构建近代中国教育理论的艰难探索。他所提出的东西方道德教育内容的共同性、可融性，在封建专制政体被推翻、民主共和政体刚刚建立的历史时期，具有十分重大的进步意义，在近代教育思想发展史上也有着极其重要的意义。

关于蔡元培世界观教育和美感教育的提出明显受到康德哲学思想的影响。其中世界观教育可谓蔡元培在中国近代教育史上的首倡。它的提出是建立在把客观世界分为现象和实体两部分唯心主义二元论的基础之上，实是针对现实世界中几千年的封建思想专制、现实生活中思想不自由之现状而提出的。蔡元培认为世界分"现象世界"和"实体世界"两部分。现象世界是有形的，有限的，有名的，受因果规律制约的，是看得见、摸得着，可以感知的；而实体世界则是无形的，不受时间、空间的限制，无可名言的，超越因果规律的制约，是看不见、摸不着的，是一种精神实体。在蔡元培看来，德、智、体三育属于现象世界，而世界观教育和美育属于实体世界。前者隶属于政治

---

① 蔡元培：《对于新教育之意见》，载高平叔编《蔡元培全集》（第二卷），中华书局，1984，第 131—132 页。

之教育，而后者超越政治之教育。具体而言，世界观教育就是要使人们正确认识世界与个人之间的关系，培养人们一种既立足于现象世界，但又能超脱现象世界，而最终进入实体世界的观念和精神境界。美感教育，即美育。"美感者，合美丽与尊严而言之，介乎现象世界与实体世界之间，而为津梁。"①美的事物存在于现象世界，而人们在审美的过程中所激发的美感又远离现象世界而达于实体世界。美具有普遍性和超脱性，美感教育是由现象世界进入实体世界的有效途径。对于美育的内涵，蔡元培有过这样的解释：

  美育者，应用美学之理论于教育，以陶养感情为目的者也。人生不外乎意志，人与人互相关系，莫大乎行为……顾欲求行为之适当，必有两方面之准备：一方面，计较利害，考察因果，以冷静之头脑判定之；凡保身卫国之德，属于此类，赖智育之助者也。又一方面，不顾祸福，不计生死，以热烈之感情奔赴之。凡与人同乐、舍己为群之德，属于此类，赖美育之助者也。所以美育者，与智育相辅而行，以图德育之完成者也。②

那么，蔡元培所提出的"五育"之间的关系又是怎样的呢？在《对于新教育之意见》一文中，蔡元培从哲学、心理学以及教育方法等角度论证了五育之间的关系。从哲学的角度来看，"军国民主义、实利主义、德育主义三者，为隶属于政治之教育。世界观、美育主义二者，为超轶政治之教育"。从心理学的角度来看，"以心理学各方面衡之，军国民主义毗于意志；实利主义毗于知识，德育兼意志、情感二方面；美育毗于情感；而世界观则统三者而一之"。从教育方法的角度来看，"以教育家之方法衡之，军国民主义、世界观、美育皆为形式主义；实利主义为实质主义；德育则二者兼之"。最后，蔡元培借用人体各器官的生理功能，对"五育"进行了形象而生动的概括：

  譬之人身：军国民主义者，筋骨也，用以自卫；实利主义者，胃肠也，用以营养；公民道德者，呼吸机循环机也，周贯全体；美

---

  ① 蔡元培：《对于新教育之意见》，载高平叔编《蔡元培全集》（第二卷），中华书局，1984，第134页。
  ② 蔡元培：《美育》，载高平叔编《蔡元培全集》（第五卷），中华书局，1988，第508页。

育者，神经系也，所以传导；世界观者，心理作用也，附丽于神经系，而无迹象之可求。此即五者不可偏废之理也。①

在此，蔡元培把"五育"比作人体不可或缺、相互依赖的各重要器官和机能，它们相互作用，共同促进人体发育与生长。

总而言之，蔡元培的"五育并举"的教育思想源于对西方哲学观和美学观的借鉴和吸收。美国哲学家、教育家杜威的实用主义教育思想，德国哲学家康德、叔本华以及美学家利普斯的哲学观和美学观等，都对他产生了极大的影响。而他的哲学观和美学观的形成无疑部分得益于其留欧期间西方哲学的学习②和翻译实践。

对教育宗旨的确立是教育近代化在理论层面上所必须解决的重大问题。从严复借鉴进化论的"适者生存，优胜劣汰"的思想而提出"鼓民力、开民智、新民德"，对德、智、体三育做出富有近代意义的诠释，到王国维吸纳西方哲学思想提出德、智、体、美四育和谐发展的教育理论，再到蔡元培借鉴西方哲学思想确立"五育并举"的教育宗旨的历程，充分显示了近代中国留学生学习借鉴西方教育理论及哲学思想解决本国教育宗旨这一重大问题的历史轨迹，同时也印证了留学生对西方教育的借鉴从制度层面而向思想层面迈进的历史事实。

第三节　近代留学生教育翻译与教学内容的革新

教学内容的革新是近代教育改革的另一项重要内容。随着教育制度嬗变、教育宗旨的演变，课程设置以及教材也应随之发生变化。教学内容最直接的载体是教科书。教科书是传道授业的基本工具，是教育伦理、教育理念、教

---

① 蔡元培：《对于新教育之意见》，载高平叔编《蔡元培全集》（第二卷），中华书局，1984，第135页。

② 1908年，蔡元培入德国莱比锡大学学习。1911年，获得莱比锡大学颁发的修业证书。几年间，蔡元培共修课约40门，侧重于哲学、哲学史、心理学、文化史、美学和美术史等方面。

育方法、教学内容的具体体现。我国新式教科书的产生与新旧教育转型、新式学校的出现相伴相随。从传统教育以儒家经典为基本教科书，转向思想、形式、内容均符合时代需要的现代教科书，是我国教科书演变的总体趋势。这种由旧而新的教科书转型过程，也是一个不断向日本、欧美国家学习借鉴的过程，其中留学生在这一进程中起到了非常重要的媒介作用，因为他们的教育翻译为教育内容的早期现代化创造了条件。本节将从四个方面论述留学生的教育翻译对教学内容革新的影响。

一、教育翻译成果更新了新式教育的教学内容

我国传统教育内容禁锢社会思想、强化专制统治，如"四书五经是钦定教材，八股时文是教学典范，诗赋小楷是必修科目"[①]。教学内容远离科学知识，具有如下几个特点：其一，陈旧性。教学内容数千年不变的陈旧性在外国传教士对中国教育的评论中得以体现。美国传教士何天爵（Chester Holcombe）认为，"从古代到现在的一千多年以来，中国教育的实质内容并没有经历什么变化"[②]。1875年7月6日发表于《纽约时报》的一篇新闻专稿，摘引了《洛杉矶时报》对当时唐人街上华人学校教学情况的观察，其中描述道："今天所使用的课本内容与两千年前所使用的几乎没有什么两样。学生们总是从学习孔子名言开始他们的学习生涯。"[③] 上述来自外国人士的评论反映了中国陈旧的教学内容已经完全不能适应社会发展的需求了，引入现代科学知识，更新教学内容迫在眉睫。其二，枯燥性。教学内容的枯燥性严重地违背了儿童身心发展特点，也严重地阻碍了学校教育的发展。这些枯燥无味的教学内容与儿童的日常生活相去甚远，儿童身心得不到和谐而全面的发展。因此，引入和编写趣味性强、实用性强的教科书也是教学内容改革的一项重要任务。其三，空疏性。教育内容的空疏性是中国传统教育的另一主要特征。

---

① 杨齐福：《西方教育思想东渐与近代教育观的生成》，《淮阴师范学院学报》（哲学社会科学版）1999年第1期。
② [美] 何天爵：《真正的中国佬》，鞠方安译，光明日报出版社，1998，第179页。
③ 郑曦原编：《帝国的回忆——〈纽约时报〉晚清观察记》，郑曦原、李方惠、胡书源译，生活·读书·新知三联书店，2001，第410页。

美国威斯康辛大学教授、社会学家罗斯（Ross）在其《变化中的中国人》中揭示了中国传统教育的弊端，如重文轻理、厚古薄今、以自我为中心等。他说："中国旧式教育主要注重于中国历史和古典文学，在学校里见不到自然科学、地理、他国历史等基本学科。"① 曾经主持过马礼逊学堂的美国传教士布朗（Brown）也有着同样的看法，认为在中国"一些最基本的科学事实也极少介绍到教科书中来，更谈不上成为专门的学科"②。美国公理会传教士明恩博（Arthur H. Smith）认为能正确计算对于每一个人来说是十分重要的，"可令人难以置信的是，学堂竟然没有对这种最必要的技能提供任何教育。加、减、乘、除，以及小数的运用，这都是每个中国人每天必须做的事情，但这些事情没有人教"③。19世纪美国来华传教士丁韪良（W. A. P Martin）也认为，通过科举考试培养的人，在文学上是成人，在科学上还是孩提。上述评论反映了传统教育内容的非实用性。许多与日常生活密切相关的知识和技能没有纳入学校教育的范畴，一些最基本的科学知识在教科书中也难见踪影，所以教育内容的空疏性也严重地阻碍了人才的培养以及社会的进步。

为改变传统教育内容陈旧性、枯燥性以及空疏性的状况，最有效的办法就是通过翻译引入近代科学知识，革新教学内容。科学知识在近代中国是新兴事物，真正大规模地引进是在19世纪末20世纪初，并以留学生为翻译主体。舒新城这样总结道，"留学生在近世中国文化上确有不可磨灭的贡献。最大者为科学，次为文学，次为哲学"，"现在国内学校科学教师、科学用品与科学教科书者，亦莫不由留学生间接直接传衍而来"④。学者熊月之也高度地概括了科学知识在中国传播的历史进程以及大众化的趋势：

  对中国知识界来说，三十年前，八大行星之说，地层构造学说，还被视为玄之又玄、高深莫测的新学；二十年前，化学元素之说，万有引力之说，还只有少数学者能够理解；十年前，自主自由之说，反对缠足之说，还被视为洪水猛兽。到20世纪初，这些都已经变

---

① [美]E. A. 罗斯：《变化中的中国人》，公茂虹、张皓译，时事出版社，1998，第293页。
② 王立新：《美国传教士与晚清中国现代化》，天津人民出版社，1997，第250—251页。
③ 张鸣、吴静妍主编：《外国人眼中的中国》（第七卷），吉林摄影出版社，1999，第141—142页。
④ 舒新城：《近代中国留学史》，上海文化出版社，1989，第212—213页。

成童蒙教科书的内容,成为任何一个有文化的人都必须了解的知识和道理。①

上述舒新城提到的科学、文学以及哲学知识和熊月之提及的"玄之又玄、高深莫测"的新学均通过留学生直接或间接地成为新式学校的教学内容。他们的教育翻译在近代科学知识走进课堂的过程中起到了十分重要的桥梁作用。

近代科学知识引入课堂教学,主要通过教育翻译尤其是通过教科书的翻译来实现。例如,在留英学生严复的组织下,京师大学堂引进了大量的自然科学、人文社会科学类教科书。据统计,译学馆所藏的教学用书553部3225本,其中自然科学、应用科学为253部(约占了46%),社会科学和人文类300部(约占54%)②。1902年京师大学堂颁布的《暂定各学堂应用书目》,内分16门,每门教材若干种,其中很多自然科学类教科书成为当时学生必读之本。该学堂的学生称当时他们所读的书中"现代科学是占了最大的成分的"③。再如,留日学生群体对日本教科书的大批量的翻译也对科学知识走进新式课堂做出了巨大贡献。鲁迅在《呐喊·自序》中回忆说:"在这学堂里,我才知道世上还有所谓格致、算学、地理、历史、绘画和体操。"蒋梦麟回忆其在绍兴中西学堂时说:

> 我在中西学堂里首先学到的一件不可思议的事是地圆学说。我一向认为地球是平的。后来先生又告诉我,闪电是阴电和阳电撞击的结果,并不是电神的镜子里发出来的闪光;雷的成因也相同,并非雷神击鼓所生。这简直使我目瞪口呆。……过去为我们所崇拜的神佛,像是烈日照射下的雪人,一个接着一个融化。④

上述是留学生群体通过翻译将自然科学引入新式学堂的例子,下面再来看看留学生个体在此方面的贡献。留学生中的杰出代表人物严复、蔡元培等的翻译成果,为教学内容的更新与丰富做出了自己的贡献。作为传播西学的

---

① 熊月之:《西学东渐与晚清社会》(修订版),中国人民大学出版社,2011,第544页。
② 张运君:《京师大学堂和近代西方教科书的引进》,《北京大学学报》(哲学社会科学版) 2003年第3期。
③ 朱有瓛主编:《中国近代学制史料》(第二辑上册),华东师范大学出版社,1987,第960页。
④ 蒋梦麟:《西潮》,致良出版社,1990,第64页。

代表人物，严复翻译了不少西方名著，在社会上产生了深远的影响，甚至被广泛用作新式学堂教科书。例如，当时许多学堂将《天演论》与《万国史要》《世界文明史》《欧洲外交史》等作为教材使用。小学教师往往拿《天演论》这本书做课堂教本，中学教师往往拿"物竞天择，适者生存"作为作文题目，青年们也往往不顾长辈的反对，偷偷地看《天演论》。例如，青年时代的鲁迅就曾被《天演论》中那些精警的理论与新鲜名词深深吸引。1904年春，胡适到上海澄衷学堂读书，读《天演论》后曾写作《生存竞争适者生存论》一文，并以"适之"二字作为表字，以后又把名字改为胡适。柳亚子也回忆了自己在"爱国学社"读书时的情景，"刚进去的时候，国文分配在乙级，是吴稚晖先生当教师，他把《天演论》做课本"①。张元济在南洋公学要求老师教学生阅读严复翻译的《原富》②。再如，蔡元培的翻译成果也丰富了新式学校教学内容。蔡元培所翻译的《伦理学原理》较早地介绍了西方伦理学说，在辛亥革命后的中国思想界、教育界产生了较大的影响。据湖南第一师范校志记载，杨昌济在该校教伦理学时，曾把该书译本当作六、七、八、九、十班四年级（即1917年下半年至1918年上半年这一学年）的"修身课"教材。当时正在该校求学的毛泽东曾怀着极大的兴趣认真阅读过此书，除了用红、墨笔做圈点、单杠、三角、叉等符号，还在这部10万字左右译著的上下空白处字里行间，写下了全文达1.5万多字的批语。③批语的内容，绝大部分是对原著某些观点的评论，其中有引申，有发挥，也有批判，借以阐明自己对伦理、人生、历史、社会以及哲学问题的见解，还有一部分是原著内容的提要或注解。毛泽东读了该书后深受启发，写了一篇题为《心之力》的文章，得到老师杨昌济的高度赞赏，给了毛泽东一百分。④据《西行漫记》记载，毛泽东曾对斯诺谈到自己在湖南第一师范求学时说：

给我印象最深的教员是杨昌济，他是从英国回来的留学生，后来我同他的生活有密切的关系。他教授伦理学，是一个唯心主义者，

---

① 柳无忌、柳无非编：《柳亚子文集》（自传・年谱・日记），上海人民出版社，1986，第151页。
② 《南洋公学的一九〇二年罢课风潮和爱国学社》（座谈纪录），载中国人民政治协商会议全国委员会文史资料研究委员会编《辛亥革命回忆录》（第四集），中华书局，1962，第64页。
③ 高菊村、陈峰、唐振南等：《青年毛泽东》，中共党史资料出版社，1990，第44页。
④ [美]埃德加・斯诺：《西行漫记》，董乐山译，生活・读书・新知三联书店，1979，第122页。

一个道德高尚的人。他对自己的伦理学有强烈信仰，努力鼓励学生立志做有益于社会的正大光明的人。我在他的影响之下，读了蔡元培翻译的一本伦理学的书。①

此外，新式学堂还需要贴近儿童生活的课外读物，教育小说的翻译成果正好满足了这一需求。正如徐念慈所言：

> 今之学生鲜有能看小说者（指高等小学以下言）……今后著译家，所当留意，宜专出一种小说，足备学生之观摩……其旨趣，则取积极的，毋取消极的，以足鼓舞儿童之兴趣，启发儿童之智识，培养儿童之德性为主……如是则足辅教育之不及。而学校中购之，平时可为讲读用，大考可为奖赏用。②

综上所述，传统教学内容的陈旧性、枯燥性和空疏性越来越阻碍新式教育的发展，要改变这一状况，需要借助外力，以新的教学内容来取代旧的教学内容。而留学生的教育翻译，尤其是饱含科学知识的教科书及教育小说等翻译成果，对丰富新式学堂教学内容产生了巨大的影响。这些饱含科学知识的教科书和课外读物的引入，极大地促进了学校教学内容从传统走向现代。

二、教育翻译成果缓解了新式学校的教材匮乏

新式学堂的激增需要大量的教科书，为了缓解教科书缺乏之燃眉之急，《奏定学堂章程·学务纲要》就以法令形式规定了新式学堂采用西方教科书。清末新式学堂大量采用西方教科书，极大地缓解了新式学校教科书严重缺乏的问题。

清末新式学堂创办之初，新式学堂所采用的教科书基本上译自国外，其中十之八九来自日本。例如，1902年京师大学堂重建后，仕学馆的课程有算学、博物、物理、外国文、舆地、史学、掌故、理财学、交涉学、法律学、

---

① [美] 埃德加·斯诺：《西行漫记》，董乐山译，生活·读书·新知三联书店，1979，第121—122页。
② 徐念慈：《余之小说观》，《小说林》1908年第10期。

政治学共 11 门，大学堂章程规定"以上各科，均用译出课本书"①。1903 年，京师大学堂《暂定各学堂应用书目》里面共列书目 91 本，其中 60 本译自西方教科书。这些引进的教科书，不仅缓解了大学堂自身教材严重缺乏的问题，而且为全国各地学堂提供了新式教材。大学堂曾通知天津招商局，要求配合运书到上海译书分局，以便各省购买。留日学生郭沫若曾在以《中日文化的交流》为题的演讲中回忆自己的中学教育时说道：

> 中国为了向日本学习，在派遣大批留学生去日本的同时，又从日本招聘了很多教师到中国来。我们当时又翻译了大量的日本中学用的教科书。我个人来日本以前，在中国的中学所学的几何学，就是菊池大麓先生所编纂的。此外，物理学的教科书则是本多光太郎先生所编的。②

谭汝谦在考察这一时期的译作后做出如此评价，"自然科学的译书一般水准较高，译笔大多明白可读，插图亦精美，难怪清末自然科学的教科书，几乎全是日文译本"③。

总之，20 世纪初期，教科书的翻译引进，不仅缓解了新式学校教科书严重缺乏的问题，而且为中国新式教科书体系的建立奠定了基础，为废除科举制度之后中国教育转向近代化轨道提供了条件。这些从国外翻译引进的新式教科书，与新式学堂的课程设置紧密联系，被当时新式学堂普遍采用，一直到民国时期还继续使用。民国建立以后，所编写出版的教科书，主要是有关政治思想内容有所改变，诸如将"我爱大清"改成"我爱民国"。自然科学方面和那些不涉及政治思想方面的教科书，在知识内容上变动不大，大多只是换个封面，印上"共和国教科书"字样。可见，留学生对教科书的翻译引进，在相当长一段历史时期内，对中国学校教育产生了极大的影响。

---

① 北京大学校史研究室编：《北京大学史料（1898—1911）》（第一卷），北京大学出版社，1993，第 91 页。
② [日]实藤惠秀：《中国人留学日本史》，谭汝谦、林启彦译，生活·读书·新知三联书店，1983，第 233 页。
③ 谭汝谦主编：《中国译日本书综合目录》，香港中文大学出版社，1980，第 62 页。

三、教育翻译成果推进了新知教材的更新发展

随着新式教科书紧缺问题的缓解，人们逐步意识到原版照搬外国的教科书有些出现了水土不服的问题。为了提高新式教科书的质量，人们开始在翻译借鉴外国教科书的基础上，结合本国国情进行自编教科书，并逐渐发展成为一种趋势。

清末民初的自编教科书主要仿效西方教科书的体例和形式，编写者重视从学生的年龄特点、身心发展规律来考虑学科内容的布局，力图达到由简到难、由浅入深、循序渐进的效果。从自然科学教科书的编写来看，当时绝大部分都是通过借鉴西方教科书而发展起来的。例如，普通学书室编辑的《普通新历史》（高等小学堂用）就明言："是书以日本中等学科教授法研究会所著《东洋历史》为蓝本，取其序次……"企英学馆编辑的《瀛寰全志》（中学堂用）也自称："并从日本定制铜版数百幅，插印卷内，美丽精致，光彩照人。"商务印书馆编译的《矿质教科书》则"是据日本矿学诸书编辑"。另一本《矿物学教科书》也是借用这一方法，只是侧重点与前一书不同罢了。[①] 许多教科书干脆由日本大学的听课笔记整理而成。这种方法，既是模仿、借鉴，也是一种创新尝试，为近代自编教科书架起一座桥梁。无论是商务印书馆、文明书局，还是其他出版机构所出版的教科书，基本模式都来自日本。图书样式、学科分类、专用名词、单元设计多模仿日本教科书。不少教科书基本上就是日本教科书的译编。例如，商务印书馆所编的高等小学教科书《万国史纲》就是根据家永丰吉、元良勇次郎合著的同名原著翻译、删改、润色、增加插图而成；所出的《西洋历史教科书》是根据多浅治郎同名原著译编而成的；《最新高等小学笔算教科书》也是参照日本教科书的体例。再如文明书局出版的一些教科书，不仅注明所编教科书的来源，而且书中夹杂一些日文假名。由此可见教科书的翻译对国人自编教科书的影响。从教育学教科书编写来看，如昌明公司1910年印行的张继煦编的《教育学讲义》，就是根据森冈常藏的

---

① [日]实藤惠秀：《中国人留学日本史》，谭汝谦、林启彦译，生活·读书·新知三联书店，1983，第238页。

《教育学精义》编译的；中华书局1914年印行的宋嘉钊等编译的《教育学教科书》，是根据小山左文的《实用教育学纲要》改写的；商务印书馆1914年印行的张毓璁编的师范学校新教科书《教育学》，是根据森冈常藏和大濑、植山等人的著作校订而成的。

值得指出的是，此期国人对西方教科书翻译借鉴并非完全采取"拿来主义"，而是萌生一些中国化意识，努力根据中国国情来编写新知教材，使之成为具有中国特色的适合中国教育特点的新式教科书。例如，东新译社的目标是"就我国之性质上习惯上编辑中学校各种教科书，熔铸他人之材料，而发挥自己之理想"[1]。《教育世界》积极介绍西方教材，期待着"海内学人若据此编润成中国合用之书，则幸甚"[2]。留德学生蔡元培在翻译的基础上通过借鉴以及与本国实际相结合所撰写的哲学、伦理学教科书促进了近代教科书的发展。除于1907年至1911年德国留学期间撰写的《中国伦理学史》外，蔡元培在留德前及留德期间还编著《中学修身教科书》。他在该书《例言》中说："本书悉本我国古圣贤道德之原理，旁及东西伦理学大家之说，斟酌取舍，以求适合于今日之社会。"[3]报界在广告介绍该书时说"原本我国古圣贤道德之要旨，参取东西伦理大家最新之学说，熔中外为一冶"[4]。这套教科书与张元济、高梦旦两人分别编写的初小、高小修身教科书相衔接，在民国初期曾被各校广泛采用，至1921年9月已印行第16版。因此，教科书编写者们不仅吸收了中国传统教材的精华，而且借鉴了西方教科书的优点。

20世纪20年代，由于教育界受到杜威实用主义教育理论和美国教育模式的影响，教科书改革的总体趋势是注重教材的文学化、生活化、实用化和社会化。教材的编写强调"儿童本位"，以儿童的兴趣、儿童的实际生活、儿童的身心特点为教材编写的出发点和依据。例如，1923年《新学制课程标准纲要》提出小学语文教材编写的总原则，是"从儿童生活上着想，根据儿

---

[1] 王建军：《中国近代教科书发展研究》，广东教育出版社，1996，第143—144页。
[2] 王建军：《中国近代教科书发展研究》，广东教育出版社，1996，第144页。
[3] 蔡元培：《中学修身教科书》（例言），载高平叔编《蔡元培全集》（第二卷），中华书局，1984，第169页。
[4] 马征：《教育之梦——蔡元培传》，四川人民出版社，1995，第94页。

童之生活需要编订教材,形式则注重儿童化,内容则适合儿童经验"①。按照这一原则,当时编写的初小语文教材大多是儿歌、童话、民谣、寓言等。留美学生胡适等人对文学革命以及使用白话文的提倡,促使教育部通令全国初级小学各科教科书改用白话文,大量出版儿童读物,儿童文学作品进入小学国语教科书,教科书的编写注重其生动性、趣味性和实用性。从上述教科书编写原则以及留学生对白话文教科书的提倡,足见杜威儿童本位主义对教学内容革新的影响。这种影响不仅停留在理论认识上,而且见诸行动。例如1923年中华书局发行的《新中学教科书》,其中《初级国语读本》第一册的编写大意指出:"本书选材,注重下列二要点:第一,内容务求适切于现实的人生。第二,文章务求富有艺术的价值。"②商务印书馆编写的《复式学校教科书》(国文)注重实用和职业教材,"凡属浅近之农工商业以及个人谋生之术配置特多,说明特详"。全书材料涉及家庭、学校、职业、历史、地理、理科、公民等各个方面。整个教材明显注重应用文,"将各种应用文一律编入正课,俾使正式接受",以体现"切于实用为主"的目的。其文体包括记述、解释、论说、书信、契据、章程、广告、公文等。③此外,教材的编写还注重学生各种能力的培养,体现教、学、做合一的思想。例如:

> 各种国语教科书在几课课文之后,就有一课附课,有的供儿童填写补充,有的供儿童选择答案,有的指导儿童画图,上颜色,有的指导儿童剪贴,有的指导儿童笔答,有的指导儿童造句修辞……。不但要儿童用脑,并且要儿童用手动笔动剪子等等。又如社会自然等常识教科书,也有在课文前面列启发的问题和搜寻材料的方法,课文后面附制作试验等方法的。这些教科书一面可以使儿童看文字,一面可以使儿童照着所指示的方法,手脑并用,实行所谓教学做的做字。④

何炳松在总结商务印书馆几十年的贡献时,将"教材之供给"列于首位,

---

① 田正平主编:《中外教育交流史》,广东教育出版社,2004,第648—649页。
② 田正平主编:《中外教育交流史》,广东教育出版社,2004,第650页。
③ 陈必祥主编:《中国现代语文教育发展史》,云南教育出版社,1987,第56—60页。
④ 吴研因:《清末以来我国小学教科书概观》,载《商务印书馆九十五年》,商务印书馆,1992,第215—216页。

他概括指出：

> 是就教材之供给论，清季兴学时则出版《最新教科书》，民国成立时则出版《共和国教科书》，国语运动兴起时则出版《新法教科书》，学制改革时则出版《新学制教科书》，国民革命告成时则出版《新时代教科书》，最近国民政府颁布课程标准时则又出版《基本教科书》。无不适应潮流，风行全国。①

总之，教育翻译成果推进了新知教材的更新发展。国人对新式教科书编写的最初尝试既有新旧并存的内容，又有中西兼容的成分。有的编写粗糙，有的新旧糅杂，有的洋味太浓。但是，从发展的眼光来看，这些不伦不类或不够完美的作品，正是近代教科书发展初级阶段的必然产物。正如有关研究者所言："中国教科书的近代化是一个相当复杂、相当漫长的历史进程……要真正能适合时代的需要，要真正在中国传统文化的基础上推陈出新，要真正把外国的东西变成自己的东西，需要一个较长的过程。"②

四、教育翻译引入了新的词汇、思想和观念

随着教科书等西方著述的大量翻译引进，反映西方文化的新名词、新术语，如"世纪""民主""科学""正义""国家""权利""自由""平等""法律""公平""革命""牺牲""解放"等，涌入了学校的教学内容。这些新名词、新术语挟带着新思想、新观念、新知识，如西方的地理概念、男女平等思想、进化论观念、民主观念等，深入到学生的内心世界，如同狂风暴雨般席卷而来，使得出版界、教育界、新闻界、学术界面貌大变。

通过翻译途径从外国引入新的词汇、思想和观念，素来受到国人的重视。毛泽东在以《反对党八股》为题的演讲中，就论及了从外国引入新词汇的必要性：

> 要从外国语言中吸收我们需要的成分。我们不是硬搬或滥用外

---

① 何炳松：《商务印书馆被毁纪略》，《东方杂志》第29卷（1932年）第4号。
② 王建军：《论中国教科书的近代化》，《教育研究》1996年第4期。

国语言，是要吸收外国语言中的好东西，于我们适用的东西。因为中国原有语汇不够用，现在我们的语汇中就有很多是从外国吸收来的。例如今天开的干部大会，这"干部"两个字，就是从外国学来的。①

著名语言学家、文学翻译家、留法学生高名凯曾对现代汉语外来词进行过研究，研究论证了外来词通过直接或间接的翻译模式而进入现代汉语词汇的事实。他曾指出："日语词汇对现代汉语词汇的影响很大，是现代汉语词汇中的外来词的主要来源之一，甚至可以说是最大的来源；许多欧美语言的词都是通过日语转传入现代汉语词汇里的。"②日语词汇进入汉语主要体现在自然科学和社会科学领域。一是将一些新词汇由日文直接引进，从而丰富了汉语的表达形式。如今天仍在流行的"一元论""三段论""二重奏""政治经济学""社会学""帝国主义""人道""人权""人格""方程式""土木工程"等；二是将中国过去由英文或法文等翻译过来的一些词汇参考日文重新修订，使译词简明准确。例如："民主""独裁者""经济""科学""电话""最后通牒""单位"等均是通过翻译日本著作而进入汉语词汇。最初的中文译语"德谟克拉西"（democracy）后改为"民主"，"狄克推多"（dictator）后改为"独裁者"，"爱康诺米"（economy）后改为"经济"，"赛因斯"（science）后改为"科学"，"德律风"（telephone）后改为"电话"，"哀的美顿"（ultimatum）后改为"最后通牒"，"幺匿"（unit）后改为"单位"，"葛郎玛"（grammar）后改为"语法"等。在对这些新词汇引入和吸纳的同时，其裹挟的新思想、新观念，如民主、科学、人权等新思想、新观念也随之进入国人脑海。

教育翻译对教学内容改革的影响，不仅在于它将新词汇引入新式教科书，为国人获取新知提供必要的工具，而且还在于其对国人精神层面的提升。对此，王立达曾言："由于这些词汇的输入和流行，不仅使汉语的词汇更加丰富，同时也给我们在接受近代科学技术时带来了很大的便利。"③美国学者任达在其研究中指出："在各类翻译材料中，对中国思想及社会最具渗透和持久影

---

① 毛泽东：《毛泽东选集》（第三卷），人民出版社，1991，第837页。
② 高名凯、刘正琰：《现代汉语外来词研究》，文字改革出版社，1958，第158页。
③ 王立达：《现代汉语中从日语借来的词汇》，《中国语文》1958年总第68期。

响的,莫过于教科书。"①因此,留学生的教育翻译成果不仅将新词汇引入教科书,而且丰富了学校教育内容,传播了新思想和新观念。

教学内容的改革主要是通过变革教科书来体现的。传统教材的非大众化和非科学化的本质严重背离了教科书的特质,在封建专制主义不断强化下,不仅不能促进人类社会的进步,反而越来越成为社会以及个人发展的阻碍。因此,教科书如何面向大众、面向科学、面向生产、面向生活成为教学内容改革首要问题。任何新型教育模式,如果没有与之相适应的教科书,就会失去其赖以立足的根基,难以取得预期的效果。在新旧教育转型之际,如果依然采用传统的教材,新式教育的发展根本不可想象。如果没有商务印书馆等众多民间出版团体的支持和帮助,如果没有以留学生为主体的教科书翻译活动,如果没有中国教育界广泛的、群众性的教科书编写热潮,教学内容的改革只怕是一纸空文。从这一意义上来说,中国教科书现代化就是传统教育向现代教育转变阶段的产物,这一过程结束了两千多年封建教育以儒家经典以及由此衍生的《三字经》《百家姓》《千字文》《千家诗》等启蒙教材为一统天下的传统格局。取而代之的是反映近代社会需要和近代科学知识的国文、修身、历史、地理、格致、理科等新式教科书,并最终产生了白话文教科书。

综上所述,教育内容的革新既是中国教育现代化的需求,同时也推动了中国教育的早期现代化。新式教育的兴起催生了新式学堂,而新式学堂的兴办又催生了对西方教科书翻译的需求,而教科书的翻译又催生了自编新式教科书,所以说留学生对西方教科书的翻译引进及借鉴带来了教学内容的更新。教学内容革新的意义极其深远,它将普及国民教育,提高国民素质,于潜移默化中培养了一代新人。胡适那一代的知识精英高度评价了一向执教科书出版之牛耳的商务印书馆的工作,认为它是"得著一个商务印书馆,比得著什么学校更重要"②。由此可见,新式人才的培养、新式教育的发达与新式教科书的逐渐完善息息相关。而留学生教育翻译的意义不仅在于更新了新式教育

---

① [美]任达:《新政革命与日本——中国,1898—1912》,江苏人民出版社,1998,第132—133页。
② 曹伯言整理:《胡适日记全集》(第三册),联经出版事业股份有限公司,2004,第4页。

的教学内容,缓解了新式学校的教材匮乏,推进了新知教材的更新发展,引入了新词汇、新思想和新观念,更重要的是在潜移默化中培育了一代新人。

第四节　近代留学生教育翻译与教学方法的改革

教学方法的改革往往与中国教育发展相伴相随,是在教育制度、教育宗旨、教学内容改革需求的基础之上而产生的。教学方法的采用,必须符合教学目标和任务、教学内容、学生的实际情况、教学现有条件和所规定的时间、教师本身的可能性(已有经验、理论修养、实际准备程度以及个性品质等)。随着中国近代教育制度的嬗变、教育宗旨的演变以及教育内容的革新,传统教学方法越来越不能适应新式教育的需求。中国教育界对传统教学方法也进行了相应的改革。从19世纪末到20世纪初,西方教学理论迅猛发展,许多新的教学方法或实验传入我国,并对近代中国教育改革与发展均产生一定的影响。本节将侧重对五段教授法、设计教学法和道尔顿制在中国的实验以及对中国近代教学方法改革所产生的影响进行具体论述。

一、五段教授法在中国的运用

随着清末学制的建立和科举制度的废除,普通教育和师范教育得到人们的重视,新式教育得到发展,各地新式学堂数量大增。新式学堂的迅速增长不可避免地带来一些新的问题,如师资严重缺乏、教育方法落后等。新式教育实施以前普遍采用的个别指导教学组织形式,虽能因材施教,但难以在师资严重缺乏的情况下,快速、省时、高效而大规模地提高教学质量。为了满足新式教育的需求,班级授课制传入中国。在教育资源有限、教学设施相对落后的中国教育环境下,它的传入与应用能够迅速扩大教育规模、提高教育效率,适应当时中国教育现实。但是采用何种教学方法来实施班级授课呢?"五段教授法"因此进入了国人的视野。

19世纪末20世纪初，被称为"教育改良之泰斗"的世界著名教育家赫尔巴特的教育学说通过日本开始传入我国，五段教授法作为中国近代新式教育产生以来第一次从西方引进的具有完整形态的教学方法，很快受到国内教育界的重视。1908年以前，五段教授法的传播主要停留在以留日学生为主体翻译出版有关书籍为主的宣传阶段。1909年后，俞子夷一行赴日本考察学习，回国后创办单级教授练习所，在小学教学活动中推广和应用五段教授法。在编写小学各科教材的同时，配套编写教师所用的教授用书，教案极其详尽。因此，教授用书销售到哪里，五段教授法也随之推行到哪里。

由于五段教授法具有程序性、实用性、可操作性等特点，能减少集体教学可能产生的混乱现象，有利于经验不足的教师迅速掌握，按部就班地编制教案，进行教学，也有利于学生掌握知识和技能。留日学生陈宝泉对此深有感触："曾忆初到日本，听教师讲五段教授法时，以为用科学的方法，发展儿童的本能，实为新教育最大的特色……所以当时官私编辑的小学教授用书，同各小学实用的教授方法，殆无一不是适用五段教授法原理的……"[1]该教授方法不仅流行于日本，而且"正好满足了中国从传统教育向新式教育转型时期大力发展新式学堂、推行班级授课制、实现普及教育的急迫需要"[2]。所以该教授法一经留学生介绍就在全国各地学堂广泛使用，几乎被奉为金科玉律。有学者也对五段教授法的传播及普遍应用予以评价："清末，因新学堂大量涌现，改个别教学为班级教授，很多旧时的塾师（私塾教师）束手无策。当时赫尔巴特学派的教育理论输入中国，特别是其实用性很强的'三段''五段'教学法被广为宣传，很好地帮助了教师编写教案、组织教学。"[3]对五段教授法应用的成果可以从《教育杂志》所开展的悬赏征集优秀教案的活动中得到印证。例如，《教育杂志》长期对五段教授法教案进行征集，内容涉及修身、读本、作文、算术、历史、地理等各学科。获奖者全部来自教学第一线的优秀教师。该举措极好地鼓励了中小学教师对教学方法的研究与改进，也为中小学教学方法改革提供了参考，为赫尔巴特五段教授法在中国的实践做出了

---

[1] 康绍言、薛鸿志编译：《设计教学法辑要》（序一），商务印书馆，1922，第1页。
[2] 金林祥主编：《20世纪中国教育学科的发展与反思》，上海教育出版社，2000，第57页。
[3] 朱有瓛主编：《中国近代学制史料》（第二辑上册），华东师范大学出版社，1987，第254页。

重大贡献。

赫尔巴特五段教授法的引入与实践具有深远的历史意义。它的推行顺应了清末教育教学实践改革的需要，满足了当时新式学堂迅猛发展的需求，促进了基础教育教学正常稳定地开展，扭转了当时从私塾个别教学到班级授课制转变过程中所出现的教师对课堂教学束手无策的尴尬局面，对师范教育的发展与完善也有所裨益。但是该教授法在中国的传播与运用受到时代和历史条件因素的限制。虽然该法具有一定的科学性，但过于机械化的缺陷导致它在中国走向形式主义，加上杜威实用主义教育理论的引入与传播，最终走向式微。尽管如此，其在近代中国教学方法改革与发展进程中的贡献必须予以充分的肯定。

二、设计教学法在中国的实践

中国传统"填鸭式"或"注入式"和"死记硬背"的教学方法，不仅不符合儿童的特点，而且也不利于学生的个性发展和能力培养。对此，国内外人士均有不少的批评。例如，有报纸评论说，这种教育方法是填鸭式的，用这种教育方法教育学生，谁记忆力最好谁的成绩就最突出，而这种做法似乎贯穿于清朝整个的教育过程之中。[1] 英国传教士麦高温也认为："中国的教育方法正处于一种难堪和无聊的境地。首先是学习时间太长。……其次，中国人对孩子的早期教育法不利于培养孩子们的学习兴趣。……"[2] "教师的目的就是强迫他的学生背书，再背书，永无休止地背书。"[3] 此外，只动口，不动手，只重书本，轻视实践，甚至当西学引入后，在自然科学知识的教学中仍沿袭了旧有的方法。如美国社会学家罗斯所描述的："学生最初并不把实验、陈列标本、显微镜载片等当作探求原理的手段，因为中国传统教育中并不要求提出有关自然的询问。……他们甚至通过死记来学几何和物理。"[4] 美国教

---

[1] 郑曦原编：《帝国的回忆——〈纽约时报〉晚清观察记》，生活·读书·新知三联书店，2001，第89页。
[2] 张鸣、吴静妍主编：《外国人眼中的中国》（第七卷），吉林摄影出版社，1999，第104—105页。
[3] 张鸣、吴静妍主编：《外国人眼中的中国》（第七卷），吉林摄影出版社，1999，第142页。
[4] [美]E.A.罗斯：《变化中的中国人》，公茂虹、张皓译，时事出版社，1998，第306—307页。

育家孟禄也对中国教学法予以了评论：

> 中国今日的中学教学法，是一种讲演式的教授法，学生居于被动的地位，无自动的精神。这种方法……不适宜于今日的科学。……按中国中学教学法，学生都处于被动的地位。……与"行以求知"底原则，正是相反。……中国今日的教学法，譬如踢球，是只教学生研究踢球方法，不叫学生自己踢球。①

仔细研读外国各方人士对中国教育方法的评述，可以看到中国传统教育方法无视学生身心发展规律，抹杀学生的兴趣，禁锢儿童的心灵，忽视学生主动性和创造性的培养。

新文化运动后，我国中小学教学方法的改革进入了一个新阶段。随着大批留美学生的陆续归国和杜威一些重要著作的翻译出版，杜威实用主义教育理论开始在国内传播，"儿童中心""儿童本位"的呼声在教育界日益高涨。在这种背景下，设计教学法自然受到中国教育界的重视，因其理论依据就是杜威的"儿童本位论"和"做中学"。正如克伯屈在其《教学方法原理》（1925年）中所阐述的那样："把设计（教学）法理解为以有目的的方式对待儿童，以便激发儿童身上最好的东西，然后尽可能放手让他们自己管理自己……"②可见，该教学法的目的在于克服传统教育中死板的、机械的灌输式课堂教学，只注重书本知识而忽视实际操作，儿童被动地学习等缺点。美国教育家孟禄对中国教学法改革提出了自己的意见，建议学习美国最新的教学方法。"美国学校，特别注重试验室与实地练习的工作，其时间三四倍于讲授的时间。中国学校，讲读教科书为事，无怪学许多空泛的文章，而不能致之实用"③。"现在美国教育最新的趋势，不仅使学生自动，参与学习历程，并进一步使学生自动，解决具体的问题，这种方法，名之曰'设计教学法'。"④设计教学法的采用正好可以克服中国传统"填鸭式"或"注入式"教学方法的弊端。

---

① 陈宝泉、陶行知、胡适编：《孟禄的中国教育讨论》，实际教育调查社，1922，第32—38页。
② [美] 克伯屈：《教学方法原理——教育漫谈》，王建新译，人民教育出版社，1991，第304页。
③ 孟禄：《学生的机会与责任》，《新教育》1922年第4卷第4期。
④ 陈宝泉、陶行知、胡适编：《孟禄的中国教育讨论》，实际教育调查社，1922，第37页。

我国教育家对设计教学法进行了实地考察和本土实践。例如，1913年冬，著名教育家、教学法专家俞子夷受江苏省教育司之命赴美国考察。他半年中跑遍了美国南北，详细研究了美国各派教学理论和实验，着重研究了杜威的实验主义教学实验。回国后，他积极开展实验研究，如"联络教材"实验和"设计教学"实验。1919年，他在南京高等师范附小率先进行设计教学法的实验，该学校是国内试行设计教学法最早、持续时间最长、影响也最大的一所学校，一时，"参观南高附小的，每年不知有多少，真可说是'络绎不绝'了；做南高附小参观笔记的，也不知有多少，在中国小学教育界的出版物上，也可说都有他们的教学概况"①。1920年，江苏师范附属小学联合会决定试行设计教学法。1921年10月的第七届全国教育会联合会决议，号召小学推广设计教学法。该决议指出：

> 教育先进国对于小学实施设计教学法，教材教法纯取活动的，准儿童心理发达之程序，取社会环境接触之事物……现在吾国试用其法者，渐见成绩，宜指定各省区师范学校将设计教学法加以研究，并由师范附属小学及城市规模较大之小学先行实施，作为模范，俾资仿效；庶教学良法，可逐渐推及全国矣。②

该决议颁布之后，设计教学法在中国教育界尤其是小学教育界开始盛行起来，并在20年代中期达到实践之高潮。俞子夷在《视察设计教学的标准》一文中称：

> 设计的教学法是新近产生的；不但在我国教育界是新的，就是在美国也没有经过许多年份。我们现在是草创时代，研究大约可以分三方面：一方面是从理论上研究；我国杂志里的论文已经有许多发表；译成的专书也看见有过出版的预告。一方面是从实际上研究；有几种小杂志，像《试》，《教师之友》，《吴县教育月刊》等，里面也时常有具体情形的报告。又一方面是从视察上研究……③

---

① 沈百英：《参观南高附小杜威院维城院记略》，《教育杂志》第15卷（1923年）第11号。
②《第七届全国教育会联合会议决案》，载郜爽秋等编《历届教育会议决案汇编》，转引自熊明安、周洪宇主编《中国近现代教育实验史》，山东教育出版社，2001，第118页。
③ 俞子夷：《视察设计教学的标准》，《教育杂志》第14卷（1922年）第2号。

在此，俞子夷总结了学习借鉴设计教学法的三条途径，即"从理论上研究""从实际上研究""从视察上研究"。其中"从理论上研究"可以理解为研究学习西方教育理论著述，其中包括了有关设计教学法的翻译成果；"从实际上研究"就是从中国教育实际出发，注重该教学方法在中国的实验与研究；"从视察上研究"即考察国内外该教学方法的使用情况，以便取长补短。1921年至1923年间设计教学法在中国的试行进入全盛期。参加实验的老师认为设计教学法是一种最有效率的方法，"是新教学法当中最有组织的"[①]。

设计教学法在中国的实践，主要表现在试行设计教学法的学校日益增多，教育界对设计教学法的学习、观摩、交流活动日益频繁，有关设计教学法的理论研究取得了较大进展，在1921—1924年中，有关专著就有13种，论文达118篇。[②] 有些文章介绍了设计教学法的原理、发展史、实施方法、实例等。例如，《教育杂志》发表了沈子善的《设计教学法之真诠与其发达史》（第14卷第7号），《新教育》上发表了《设计教学法原理》（第7卷第5期、第8卷第2—4期）、俞子夷的《设计教学法问答》（第11卷第3期）等。有些文章介绍了设计教学法在中国的应用情况，如《教育杂志》发表了杨贤江的《近代史的设计教学法》（第13卷第8号）、《设计教学法举例》（第13卷第10期），吴家煦的《理科的设计教学法》（第13卷第10期）等。有的文章则是对设计教学法的应用进行反思，如《教育杂志》上发表了崔唐卿的《怎样补救设计法的缺点？》（第16卷第6号），《中华教育界》上发表了《施行设计法教师之预备》（第12卷第4期）等。1924年至1927年间，虽然由于国内军阀混战、社会动荡等方面的原因，该教学法的实践一度处于低潮，但是1928年至1935年间，在幼稚园、小学中实施设计教学法再起高潮。就1934年上海地区而言，"49所幼稚园中施行设计教学法的有20所，占40.8%；间或采用设计教学法的有5所，占10.2%。其余24所中，有的确实是不用设计教学法；有的尚未能查清情况"[③]。其影响的余波一直持续到40

---

① 慈心：《马克马利底"设计的教学"》，《教育杂志》第13卷（1921年）第9号。
② 盛朗西：《介绍中国学者关于设计法与道尔顿制之主要著述》，《教育杂志》第16卷（1924年）第10号。
③ 瞿葆奎主编：《教育学文集·教学》（上），人民教育出版社，1988，第347—348页。

年代。

设计教学法的引入与实践是对中国传统教育方法的挑战。该方法提倡以儿童为中心，给儿童更多的自由，在实践中获得更多的经验，满足儿童的学习兴趣，培养学生的动手能力、独立能力以及解决问题的能力，使儿童回归到主体地位上来。因此，它的实践正迎合了中国教育界致力于教学改革的时代需求。但是由于设计教学法本身在理论上的偏颇，以及在借鉴、移植以及推广的过程中存在一定程度的盲目性，促使我国教育界对此进行了深刻的反思，这无疑对我们探索新教学方法提供了宝贵的经验与教训。

三、道尔顿制在中国的实验

道尔顿制是美国教育家柏克赫斯特创立的教学组织形式，所依据的理论是蒙台梭利的自由主义教育思想和杜威的实用主义教育"从做中学"的教学方法论，主要针对班级授课制的弊端，忽视学生个性培养的情况而推行。

道尔顿制于1921年最早传入我国，1922年教育界开始实施。舒新城主持的吴淞中学（即中国公学中学部）开始实验，东南大学附属中学、北京艺文中学紧随其后，很快在全国掀起了学习道尔顿制热潮。有的学校只限于个别学科，有的学校只限于部分班级，实验时间大多维持在1个学期到1年半不等。有关该教学方法的研究以及实践情况有舒新城的《道尔顿制研究集》（中华书局1924年版）、《道尔顿制讨论集》（中华书局1924年版）；廖世承等人在东南大学附属中学对道尔顿制与班级授课制进行对比实验，实验时间长达1年，其成果《东大附中道尔顿制实验报告》由商务印书馆于1925年出版。该报告肯定了道尔顿制的优点，指出了不足。据统计，至（1925年）7月，全国约有100所中小学校试行道尔顿制[1]。据不完全统计，1921—1924年，共发表有关道尔顿制文章83篇，著作12种。[2] 另据统计，1922—1925年，"报

---

[1] 中央教育科学研究所编：《中国现代教育大事记》，教育科学出版社，1988，第102页。
[2] 盛朗西：《介绍中国学者关于设计法与道尔顿制之主要著述》，《教育杂志》第16卷（1924年）第10号。

刊发表有关论文约150篇，出版了有关著作、译著、试验报告等17册"[1]。这些文章和著作大致可以分为三类：一类是介绍道尔顿制的内容，一类是报告各校正在仿行或预备仿行道尔顿制的计划，一类是讨论有关道尔顿制的种种问题。[2] 例如，《中华教育界》发表了舒新城的《试行道尔顿制的一个参考》（第12卷第7期）、沈子善的《道尔顿计划的历史教学》（第12卷第4期），《教育杂志》上发表了周为群的《申说试行道尔顿制之困难问题及其补救办法》（第16卷第4号），《新教育评论》上发表了邱椿的《评道尔顿制——破坏的批评》（第2卷第4、5期）和《再评道尔顿制》（第2卷第10、11期），等等。这些文章对道尔顿制在中国应用的条件、存在的问题等进行了研究与反思。

　　道尔顿制的引入与实验同样是对中国传统教学方法的挑战。从学生的角度来看，它提高了学生综合知识能力，赋予了学生更大的自主权，培养了学生自立、自主和合作的精神；从教师的角度来看，它改变了以教师为中心的传统教学理念，教师的角色发生了重大转变，不再仅是知识的传授者或灌输者，而是咨询者；从师生关系来看，建立了新型的师生关系，民主平等取代了师道尊严；从教学方法来看，该教法以作业布置为中心，培养学生的动手能力，注重学生的兴趣、创造性的激发与培养，而不是照本宣科，死记硬背；从教学评估来看，评估不再仅依据教师的主观评介，而是以客观记录代之。总而言之，该制为学生提供了一个宽松自由的学习环境，克服了班级授课制的某些弊端，较好地解决了"因材施教"的问题。20世纪20年代中后期，"因人材上、经济上、历史上的种种原因，道尔顿制的学校逐渐减少以至于绝迹"[3]。1930年，道尔顿制在中国的实验走到了尽头。该教学法在中国的实践是近代教育实验的一部分，它为中国教育方法的改革提供了参考，为中国教育方法走向国际化提供了参照。

　　由上可见，中国近代教育方法的改革主要经历了两个阶段。第一阶段是转道日本借鉴赫尔巴特形式阶段教授法对中国传统教学方法进行改革。具体

---

[1] 中央教育科学研究所编：《中国现代教育大事记》，教育科学出版社，1988，第102页。
[2] 舒新城：《道尔顿制讨论集要》，《中华教育界》第13卷（1923年）第3期。
[3] 舒新城：《今后的中国道尔顿制》，《中华教育界》第15卷（1925年）第5期。

而言，清末民初，中国教育界对以赫尔巴特形式阶段教授法为主要内容的西方教育方法进行了借鉴，包括五段教授法、蒙台梭利的儿童教育法以及一些教学组织形式，如单级教学、自动辅导法、分团教学等。第二阶段是直接借鉴欧美教育思想对中国现行教学方法予以改革。具体而言，新文化运动后，中国教育界直接借鉴欧美国家以儿童活动为中心的各种教学方法，如设计教学法、道尔顿制、德克乐利教学法、莫里森单元教学法、文纳特卡制等。有研究者这样概括中国教育方法的改革历程："从中国近代教学方法发展演变看，中国教育方法的变革，开始是逐步引进西方的那时正处于黄金时代，尚未获得传统称号的形式教育阶段理论，以改革中国传统教学法，继之又引进西方现代教育方法，以改革中国传统教学法，以及中国传统教学法与西方传统教学法（形式阶段论）融成的中国新传统教学"[1]。也有研究者做出类似的划分："中国自清末兴办学校以来，即提出教学方法的改良。清末至民初通过向日本学习搬来了赫尔巴特的五段教授法。以后直接取法欧美，西方教育新思潮逐渐被介绍到中国来。"[2]

  教学方法的改革是学校教育改革的一个重要组成部分。从 20 世纪初赫尔巴特形式阶段教学法的借鉴与运用，到新文化运动后设计教学法的借鉴与实践，再到道尔顿制的借鉴与实验，以及其他教学方法的引入与应用，我们可以十分清晰地看到中国近代教学方法改革的历程。尤其是以儿童为中心的各种新教学方法的导入与实践，满足了当时我国改革传统教育的需要，有利于纠正传统的教学法忽视社会生活和儿童实际的弊端，传播了新的教育理念和思想，具有一定的历史意义。但是由于"事先缺乏周密的规划与部署，没有制定明确的目的和任务，只是在从欧美归国留学生的推动下一哄而起盲目效仿欧美国家进行教学方法改革，没有考虑是否可行或结果如何，而是将尚未成熟的正在试验阶段的西方教法拿来便用，结果只能以失败而告终"[3]。虽然如此，但毕竟在中国教学走向国际化方面迈出了可喜的一大步，这也是中国

---

[1] 崔运武：《舒新城教育思想研究》，辽宁教育出版社，1994，第 233 页。
[2] 熊明安、周洪宇主编：《中国近现代教育实验史》，山东教育出版社，2001，第 110 页。
[3] 周洪宇、中国昌：《20 世纪中国教育改革的回顾与反思》，《华中师范大学学报》（人文社会科学版）2011 年第 3 期。

近代教育改革由表层深入到里层的一种表现。这一改革实践过程也使得中国教育界对于如何处理传统与现代、如何用科学的实验精神学习引进西方的新教学方法有了更为深刻的认识；同时，这一改革实践为我们如何使西方的教育经验、教育理论更好地适应中国国情积累了丰富的经验。

  本章论述了近代中国留学生教育翻译成果对中国近代教育改革所产生的积极而深远的影响。西方教育制度、教育理论、教学方法等的引入，不仅为当时中国人了解西方教育提供了条件，也极大地冲击了中国传统的教育思想观念。大量的教育翻译成果为中国近代教育提供了新的教育制度、新式教科书、新的教育理论、新的教育观念、新的教学内容、新的教学方法等，直接促成了新式教育的产生与发展，推进了中国近代教育改革，从而加快了中国教育早期现代化的进程。教育制度的翻译为近代教育制度的制定提供了可资参考的蓝本，促进了中国教育制度的现代化；教育理论的翻译使得德国赫尔巴特教育思想、美国杜威实用主义教育思想以及马克思主义教育思想得以在中国传播与接受，带来了教育观念的嬗变、教育宗旨的更新，从而促进了教育思想的现代化；教科书的翻译为新式学校提供了所需的教学用书，使西方自然科学知识、社会科学知识，尤其是教育学知识得以传播与推广，从而促进了学校教学内容的改革；教学方法的译介使得西方先进的教学方法在中国传播与实践，从而使学校教育逐步科学化和民主化。总之，留学生通过自己的翻译及其成果在中国教育从近代向现代转型的过程中做出了开创性和奠基性的贡献。基于此，下章将论述中国留学生教育翻译对教育中国化的启示及影响。

第五章

近代中国留学生教育翻译与教育中国化

前章主要从近代学制的嬗变、教育宗旨的演变、教育内容的革新以及教学方法的改革四个方面考察了近代中国留学生教育翻译对教育改革的推进作用。留学生教育翻译的影响力不仅表现在中国教育对西方教育的移植、模仿以及融合等方面,而且更重要的是表现在对西方教育理论、教育理念的借鉴与创新方面。因此,近代中国留学生教育翻译的影响呈现出由表及里、层层深入的渐进过程。现从另一角度,即以中国教育学、教育学科体系以及中国特色教育理论的构建为中心,阐述近代中国留学生的教育翻译对中国教育发展的深远影响。

第一节　借鉴与创见——中国留学生对教育中国化的早期探索

中国近代教育是在学习和借鉴西方教育经验的基础上建立起来的，在学习和借鉴的最初时期，由于盲目崇洋和受急于救国救民的功利主义思想影响，再加之当时教育目标不明确以及对教育的认识不足，"拿来主义"比较严重，"水土不服"现象和"洋化"弊端比较突出。针对外来教育不能真正有效地解决中国教育的实际问题，以留学生为主体的教育学者开始探索真正适合中国教育发展的道路，开启了教育中国化的早期探索历程。"教育中国化"可以理解为使外来教育的合理成分与中国教育的实际相结合，促进其在中国教育实践中的应用，逐步形成具有中国特色的教育理论、教育制度、教育内容、教育方法等的过程。教育中国化问题，实质上就是教育本土化、教育民族化的问题；是教育国际化进程中，中国教育学者提出的一个重要命题和口号，是教育领域中国学者普遍追求的一个"中国梦"。下文就国人对"教育中国化"的早期认识与思考，按照历史进程分几个发展演变阶段来阐述。

一、教育中国化意识的萌生

教育中国化意识的萌生始于 20 世纪初。其时，由于教育翻译之目的主要服务于新式学堂的教学，所以在"以日为师"的历史背景下，转道日本引进外国教育制度、教育理论、教科书以及教学方法，成为中国教育界的当务之急。这些引鉴的确对中国教育改革起到了引领与示范作用，但是也不可避免地存在着"水土不服"的问题。例如，经翻译而引入的教育学教科书有些脱离中国社会或教育实际，于是国人开始尝试结合本国实情自编教材。正是在自编教科书的过程中，中国学者对教育中国化有了朦胧的觉悟。

1910年的《教育杂志》发表了一篇未署名文章《绍介批评·八种》，文中指出：

> 立国之本，端在教育。任教者，不可不深明教育学。故教育学有共同之原理，亦有本国之国粹。保持本国之国粹，文之以近世教育之新理，庶可以振将亡之旧国，而与列强媲美也。现今坊间所通行之教育学出版者，寥寥数种，类皆译自东书。新理则具，而于我国之国情多枘凿不和，椎轮大辂，亦时代使然也。①

该文明确指出了教育、学习教育学以及"新理"和"国粹"相结合的重要性。1913年，商务印书馆出版了蒋维乔编写的《教授法讲义》，庄俞为其作序，称"近今流行之教授法大率译自东籍……彼邦之教法移诸吾国，支离牵合其不足当著述无疑也"②。在此，国人指出当时流行于学校的教授法主要译自日本，然而把源自异邦的教授法移植我国，会存在"支离牵合"之弊端。有鉴于此，1914年8月，教育部对各教科书的编写提出了要求，即"教育科采取注重本国特殊之国民性，参合东西洋各种教育学说，标示中国的教育指针，教练生徒的方针"③。该要求提出了教科书编写的指导方针，即在保持本国国情的基础上，参照各种外国教育学说，无论是教育方针还是教学方法都应打上"中国制造"之烙印。由上可见，在20世纪初期引入和借鉴外国教育之时，并非一切皆盲目照搬照抄，而是在某种程度上萌生出基于中国传统文化和观照中国当时教育实际的初步意识。

虽然在编写教育学等教材时，在结合中国国情方面有所认识，但是在编写过程中还仅仅停留在介绍、模仿或评论上，在教育中国化方面并没有突破性的进展。例如，1914年，留日学生张子和在《大教育学》自叙中说："其原本实草创自日本教习松本、松浦二氏之手。余为中国产，思欲讨论修饰，以适合于中国教育界之理想实际，遂不惮搜集近今东西人之名著，参合而折衷之，思想之崭新，资料之弘富，盖皆余事也。"④同年，张毓骢介绍自编

---

① 佚名：《绍介批评·八种》，《教育杂志》第2卷（1910年）第5期。
② 蒋维乔编：《教授法讲义》（序），商务印书馆，1913，第1页。
③ 陈学恂主编：《中国近代教育大事记》，上海教育出版社，1981，第259页。
④ 张子和编：《大教育学》（自叙），商务印书馆，1914，第1页。

的《教育学》序中指出："大体依据日本森冈常藏氏所著《教育学精义》而撷取其精华,他如大濑甚太郎氏、棋山荣次氏、佐藤熊治郎氏、小西重直氏所著各教育书亦间或采取。"[①] 上述例子说明,其时国人对日本教育的中国化,主要停留在自编教材时编写体系或结构上的调整、编写内容上的丰富以及对外来教育理论的介绍或评价。所以,此阶段国人虽已具有朦胧的教育中国化意识,并为此也做出了一定的探索和努力,但在自编教材的尝试中模仿的痕迹仍明晰可见。

二、教育中国化意识的强化

新文化运动期间,"民主"与"科学"之思想在中国的传播使得民众对教育中国化的认识越来越深刻,教育中国化意识也愈来愈强烈。1919年,李廷翰在《中华教育界》上发文指出:"食欧美之学说,以为欧美人之设施,皆金科玉律,断无流弊可言。不知欧美之教育亦犹在试验时代,不能尽认为可行即可。行于欧美者,亦未必可行于吾国。可行于吾国都邑者,亦未必可行于吾国乡僻之地。"[②] 民众不仅认识到对待外国的教育经验不能过度迷信,盲目拿来即用,而且还意识到实践才是检验真理的唯一标准,将理论运用于实践时还应注意国与国之间、地区与地区之间、城市与乡村之间的差异。进入20世纪20年代,舒新城等人在反思国外的教学方法在中国的实践时,对教育中国化有了更为深刻的理解。例如,1922年,舒新城在《什么是道尔顿制?》中曾强调说:

> 外国发现一种新制,都有其特殊的历史,我们决不相信照样搬过来,就可以施行,也不相信件件东西都可行于中国而有利,不过一种新方法或新制度底发见,除了适应环境的机械办法而外,必有它底特殊原理原则。此原理原则虽不能推之四海无疑,行之万世皆准,但我们同处于一个时代的人们,总有几分可以参考,

---

① 张毓骢编:《教育学》(序),商务印书馆,1914,第2页。
② 李廷翰:《指导与指摘》,《中华教育界》第8卷(1919年)第5期。

可以采用。①

在舒新城看来，教育不仅具有普遍性，而且具有特殊性。外国教育制度的出台以及教学方法的采用都有其特殊的历史背景，虽不能推之四海而皆准，其适合中国国情的元素可以为我所用，但在"洋为中用"的过程中要坚持一个"明辨择善"的参考原则。1923年，舒新城在《道尔顿制可有的弊端》中总结了道尔顿制在中国实验失败的经验教训，认识到"无论何种新方法之发现，原意在补救旧的弊病，方法不过是一种手段，目的在于满足当时的需要"，所以在采用西方教学方法之前，应弄清楚"它底原理何在，产生之原因何在，这方法，是否是我们所需要"②。在此，舒新城认识到输入外国的"新方法"之目的是克服旧方法或传统方法的弊端，但是要以是否需要或符合国情为取舍之标准。同年，他在另一篇文章《论道尔顿制精神答余家菊》中指出，中国教育界其时最要紧的事情"不在专读外国书籍，多取外国材料，而在用科学的方法，切实研究中国的情形，以求出适当之教育方法"，"使中国的教育中国化"③。该文指出学习借鉴外国教育经验固然重要，但研究中国国情，创造适合中国的教育方法，即教育方法中国化更为重要。上述三篇文章反映了舒新城教育中国化意识的递进性，这种递进表现为在借鉴过程中先发出自己的创见。首先，他认为对于外国的任何一种新的教育制度、教学方法是可以"参考"的；其次，他提出了"参考"之方法，即在认真考察西方教育方法产生的背景和原理原则的基础上，将其适应我们时代发展需要的东西借鉴过来作为教育改革的参照，而不是不顾中国社会实情一味地照搬照抄；最后，更为重要的是，他明确地提出了"使中国的教育中国化"的命题，那就是中国的教育要具有中国特色，打上"中国制造"的烙印。与舒新城相前后，教育界不少有识之士纷纷发表了对该问题的看法。1923年，曾留学美国哥伦比亚大学教育学院的汪懋祖在分析模仿与创造之间关系的基础上，揭示了一味模仿外国教育的危害性："模仿为人类本能之一端。文化之所以传递，教育之所以可能，多倚于此。然徒模仿而不于模仿之外有所创开，则凡遇有无

---

① 舒新城：《什么是道尔顿制？》，《教育杂志》第14卷（1922年）第11号。
② 舒新城：《舒新城教育丛稿》（第1集），中华书局，1925，第47—49页。
③ 舒新城：《舒新城教育丛稿》（第1集），中华书局，1925，第196—197页。

从模仿之事，将见束手无策……恐久而成习，创作之本能，必为模仿性所抑没。……此诚教育上之大病也。"① 可见，留学生意识到模仿与创造存在着密切的关系，模仿是创造的基础，创造是模仿的升华。如果教育界的创造性被模仿性所淹没，那么"教育中国化"则无从谈起。1924 年，《中华教育界》的编辑陈启天在《本志的新希望》中也希望我国教育界要秉持独立自主、创新的精神，创建中国的教育："我们相信一个国家的教育应有特创独立的精神才能真有造于国家。决不是东涂西抹，依样葫芦的抄袭外国教育所能奏效。所以我们希望教育界从今后应多多依据本国的历史与实况，建立本国的教育。"②1925 年，曾留学法国巴黎大学的李璜发表《中国化的教育与外国化的教育》一文，针对当时中国教育美国化倾向，明确提出了自己的观点，即反对"一步一趋的外国化的教育"，主张"将外国的教育分别移了过来"，再"加以一番本国化的工夫"，并指出教育本国化只有"使欧美的教育能够适于民性与国情，而移了过来，才能生出效果"。③ 从上述李廷翰、舒新城、汪懋祖以及李璜对教育中国化的探索中，可见民众对教育中国化的意识在不断深化，不仅认识到在学习借鉴外国教育经验时适度模仿的必要性，而且认识到在借鉴的基础上加以创新的重要性。此外，他们还明确地提出了"教育中国化"这一概念，认识到在引入外国教育时，要选择"适于民性与国情"的内容，并进行一番中国化的改造。这些都充分地说明了国人对教育中国化的意识在不断深化和强化。

三、教育中国化路径的思考

"教育中国化"命题的提出，引发了国人对该问题进行更深层次的思考。从 20 世纪 20 年代中期开始，中国教育界开始从理论上研究教育中国化的问

---

① 汪懋祖：《现时我国教育上之弊病与其救治之方针》，《教育丛刊》第 4 卷（1923 年）第 4 期。
② 陈启天：《本志的新希望》，《中华教育界》第 14 卷（1924 年）第 1 期。
③ 李璜：《本国化的教育与外国化的教育》，《中华教育界》第 14 卷（1925 年）第 7 期。

题。他们中最具代表性的人物有留美学生陶行知和庄泽宣①等。陶行知在积极主张吸取外国教育经验的同时，反对洋化教育，反对不顾国情照搬、照抄。他在《试验主义与新教育》《我们对于新学制草案应持之态度》等文章中多次论及教育中国化之问题。如他在探讨如何借鉴外国经验办幼稚园时，提出"不要搬洋货，也不要骛时髦，只求适合于乡村儿童的生活"，"要把英国的，法国的，日本的，意大利的，美利坚的……一切关于幼稚教育的经验都吸收进来，我们来截长补短冶成一炉，来造成一个'今日之幼稚园'"②。依陶行知的思路，教育中国化应走借鉴与创新之路，只有透彻地研究自己的需要与问题，才能创建真正适合中国国情并为中国服务的教育制度、教育理论等。1927年，庄泽宣在《如何使新教育中国化》中指出："现在中国的新教育不是中国固有的，是从西洋日本贩来的，所以不免有不合于中国的国情与需要的地方。"③他认为怎样使新教育中国化并非一个简单的问题，它至少要具备这四个条件："一，合于中国的国民经济力，二，合于中国的社会状况，三，能发扬中国民族的优点，四，能改良中国人的恶根性。"④依循庄泽宣的思路，首先，"使新教育中国化"必须考虑国家经济状况，如普通群众的经济状况；区域性经济状况及其差异，如沿海与内地、城市与农村之间的经济差异等。其次，"使新教育中国化"还必须真正了解中国社会的实际状况。再次，"使新教育中国化"要发扬中华民族的优点，培养民族自信心。严重的自卑心理导致国人觉得本国的制度、思想等都不如他人，"以为只要是舶来品，不论其为枪炮为机械为用具为风俗为观念，都是好的。反过来凡是中国货物学识

---

① 庄泽宣（1895—1976）：浙江嘉兴人。1916年入清华学校（今清华大学），1917年毕业赴美留学，在俄亥俄州立大学、哥伦比亚大学等校学习，专攻教育学与心理学，获哥伦比亚大学教育硕士和哲学博士学位，其博士论文题目为《中国教育民治的趋势》，后又赴普林斯顿大学进修一年。著译颇丰，有《近三世纪西洋大教育家》（商务印书馆1925年版）、《职业教育》（商务印书馆1929年版）、《如何使新教育中国化》（民智书局1929年版）、《各国教育比较论》（商务印书馆1929年版）、《各国学制概要》（商务印书馆1931年版）、《新中华教育概论》（新国民图书社1932年版）、《职业教育通论》（商务印书馆1933年版）、《民众教育通论》（与徐锡麟合编，中华书局1934年版）、《各国教育新趋势》（中华书局1936年版）、《西洋教育制度的演进及其背景》（中华书局1938年版）、《教育与人生》（中华书局1946年版）和《改造中国教育之路》（中华书局1946年版）等。
② 陶行知：《今日之幼稚园》，载华中师范学院教育科学研究所主编《陶行知全集》（第二卷），湖南教育出版社，1985，第159—160页。
③ 庄泽宣：《如何使新教育中国化》，民智书局，1929，第23页。
④ 庄泽宣：《如何使新教育中国化》，民智书局，1929，第23—24页。

无一可与西洋的比"①。此外，"使新教育中国化"还要改造中国人重仿效而轻创造的恶根性。在他看来，创造不在于形式上的调整或改变，而应重在精神或思想上的升华，所以注重国人创造能力和组织能力的培养对于教育中国化至关重要。在此，庄泽宣不仅意识到新教育中国化的必要性以及问题的复杂性，而且对新教育中国化的路径进行了深入的探索，提出了实施教育中国化的具体条件。更值得注意的是在对教育中国化具体条件论证的基础上，他提出了新教育"中国化"的四项原则，即从各国新实验里找，从专家研究里找，从本国实例找，从本国需要找。其中，第一原则可以理解为借鉴各国的教育理论与实践的经验。他本人先后翻译并编著了《近三世纪西洋大教育家》《各国教育比较论》《西洋教育制度的演进及其背景》和《各国学制概要》等著作来介绍各国的教育概况，并明确指出，介绍德、法、英、美、日等国教育之目的是"藉以为我国办教育者之借鉴焉"②。第二原则可以理解为借鉴国内外教育专家的研究成果。第三原则是吸取本国教育实验的经验教训。第四原则即结合本国社会实际需要。庄泽宣所提出的"四个条件"和"四项原则"为教育中国化指明了具体的实施路径。

除庄泽宣、陶行知外，其他留学生学者也对如何使教育中国化的问题予以广泛的关注与研究。曾就读美国斯坦福大学教育研究院和哥伦比亚大学师范学院的罗廷光③，在1932年明确提出要"办点正牌的本国式的教育"，"其进行方向：乃外观世界大势，内审国内需要；研究本国民族思想的特质，找出教育与本国政治，经济，社会的关系；并认识儿童本性及其学习过程：综合种种，而创设中国教育的基本理论，而确立中国教育理论的体系。"④1931年，留日、美学生雷通群指出其编写《教育社会学》的宗旨是"在使教育社会学

---

① 庄泽宣：《如何使新教育中国化》，民智书局，1929，第30页。
② 庄泽宣编：《各国教育比较论》，商务印书馆，1929，第4页。
③ 罗廷光（1896—1993）：江西吉安人。1928年，入美国斯坦福大学教育研究院攻读教育史和教育行政，探讨欧美教育科学研究的发展。1929年，转入哥伦比亚大学师范学院学习教育行政和比较教育等学科，获硕士学位。1934年，入英国伦敦大学皇家学院研究教育学，并考察英国的学校和其他教育机关。1935年，代表中国教育学会和中国社会教育社出席在英国牛津召开的第六届世界教育会议，介绍中国教育学会和中国社会教育社的概况。1936年，前往欧洲大陆考察法、德、意、丹、波、苏等国的学校教育、社会教育团体和其他教育机关。1937年7月，从莫斯科经西伯利亚回国。他在长期从事教育工作的过程中，对中外教育史、比较教育、教育行政、教育基础理论以及教学法等皆有较深的研究，先后撰写教育论著20余种和论文100余篇。
④ 罗廷光：《什么是中国教育目前最需要的》，《时代公论》1932年第8期。

成为中国化"①。1934年9月《教育杂志》的主编、留美学生何炳松在复刊号发刊词中说：

> 我国古代的教育理论和方法，亦尽有崇高的见解；但如今是否已失其效用？清末改科举为学校时，我们亦曾采行过日本的理论和方法；民国以后，亦曾采行过美国的理论和方法；国民政府成立的初年，并曾采行过法国的理论和方法。但如今是否已不甚相宜？过去固有的既失其效用，现在外来的又不甚相宜，我们又应该怎样自出心裁的，去创造一种适合国情的新理论和方法……②

1935年，曾留学美国华盛顿州立大学教育学院的章益也明确指出："今日弥漫于中国的教育理论，大都是来自西洋。……西方的教育理论与实施，自身原已含有许多缺陷。即在西方，对之诟病者已不乏人。及其移植中土，因种种条件的不合，而其害益甚，其弊益彰。"③1936年，留日、美学生姜琦④亦提出，"大凡一国的教育，尤其教育哲学，应当与各本国过去的历史背景，当时的社会状况及将来的世界趋势谋相适应"⑤。从上述例子可见，随着国人对教育中国化认识的不断深化和具体化，开始就如何使新教育中国化问题予以认真的思考，分析了教育中国化应具有的条件以及应遵循的原则，提出了教育中国化的路径，即借鉴与创新。此外，罗廷光、雷通群、何炳松、章益以及姜琦等留学生对教育学及其学科体系、教育理论体系如何中国化等诸多问题，也都提出了自己的见解。

综上所述，中国留学生对教育中国化的早期探索始于20世纪初，经历了意识的萌生、意识的强化以及路径的探索三个发展演变阶段。他们不仅意识到对外来教育盲目模仿和照搬照抄的危害性，认识到对外来教育进行中国化

---

① 雷通群：《教育社会学》（例言），商务印书馆，1931，第1页。
② 何炳松：《本杂志的使命》，《教育杂志》第24卷（1934年）第1号。
③ 章益：《中国新教育理论建设刍议》，《文化建设》第1卷（1935年）第9期。
④ 姜琦（1886—1951）：浙江永嘉城区人。早年留学日本，毕业于东京高等师范学校，后获明治大学政治科学士学位。1922年，由教育部选派赴美，先后入芝加哥大学教育学院、哥伦比亚大学师范学院深造。1925年夏获得教育学硕士学位。他毕生从事教育，是民国时期著名的教育家。主要教育著作有《西洋教育史大纲》（商务印书馆1921年版）、《教育史》（商务印书馆1932年版）、《教育哲学》（上海群众图书公司1933年版）、《现代西洋教育史》（商务印书馆1935年版）、《教育学新论》（正中书局1946年版）等。
⑤ 姜琦：《八年来中国教育哲学之研究》，《教育研究》1936年第65期。

改造的必要性，更为重要的是意识到在引进与借鉴外来教育的基础上结合本国实际创建中国教育的必要性和紧迫性。所以，留学生对教育中国化的早期探索的历程清晰地表明中国教育界对其时教育领域中存在的"仪型他国""盲目模仿"等问题进行了比较深刻的反思与探讨，通过积极发表自己的创见，努力从模仿、移植和融合而走向借鉴与创建。

第二节　借鉴与创建——留学生与近代中国教育学及学科体系的创建

留学生教育中国化的早期探索无疑为中国教育的发展指明了努力的方向。借鉴是创建的基础，创建则是借鉴的目的。近代中国留学生教育翻译对教育改革与发展深层影响在于，前者为后者提供了可资借鉴的范式。就近代中国教育学及学科体系的创建而言，留学生教育翻译及其成果均为中国教育学的形成以及学科体系的构建起到了积极的示范作用。本节将探讨近代中国留学生的教育翻译对中国教育学及学科体系创建的影响。

一、教育翻译为教育学在中国的创立提供了范式

中国的教育思想可追溯到古代的诸子百家，然而论及中国教育学思想的产生，却是近代以来西学东渐的结果。19世纪末中国虽然已经兴办了一系列新式学校，但"教育"一词尚未流行，中国还没有完全独立的教育观念，更谈不上说教育学了。中国教育学的发展与世界各国教育学的发展具有一定的相似性，它们与国民教育、师范教育的发展以及教师身份的变迁等存在某种关联。例如，《癸卯学制》的颁布使得教育学在中国取得了合法的地位。于是，以赫尔巴特学派为主的教育学著作经留日学生的译介，从日本源源不断地涌入中国。当时，教育学还很不规范，内容或含教育宗旨、教育原理、教育法令、教授法、学校管理法、教育实习等，或含中外教育史、教育理论、教育制度、

学校卫生、学堂参观（教育见习）、教授实事练习（教育实习），甚至还包括心理学大要、伦理学大要、辩学（论理学）大要等。1912年，中华民国成立。清学部被改为教育部，通过了《普通教育暂行办法》，对清末教育进行了重大改革，规定"凡各种教科书，务合于共和国宗旨。清学部颁行之教科书，一律禁用"。同时颁布了《普通教育暂行课程之标准》，对包括师范学校在内的各级教育课程进行改革。1912—1913年间，教育部陆续制定颁布了《壬子·癸丑学制》。上述改革对教育学科的发展产生了积极影响，也直接影响到教育学教材的编写。当大批日籍教师离开中国后，教育课程的教学工作逐步主要由中国人来承担。随着教育著作大量的翻译引进以及教育工作者实践经验的积累，国人逐步具备了自编教育学著作的能力。

教育学中国化主要是通过教育学教材的编写来实现的。20世纪上半期中国学者在自编教育学著作时或多或少地借鉴了国外教育学理论。中国教育学的创建自然离不开教育学在中国的翻译，前期的翻译成果为国人编著教育学打下了坚实的基础。正是通过广泛引进国外教育学，国人眼界大开；正是在消化、梳理的基础上，结合中国国情，教育学者开启了编撰中国教育学的历史征程。因此可以说，中国教育学是在翻译、借鉴西方教育学的过程中而逐步形成的。在此过程中，源自西方的教育学必然会有水土不服的问题，与中国教育实践之间存在某种不协调之处。那么，如何对那些不协调的因素进行调整，使之更贴近中国教育实践，更有益于中国教育发展，自然成为中国教育界的学术追求。这种特殊的"中国化意识"或者说"本土化意识"使人们感悟到，"教育学有共同之原理，亦有本国之国粹"[1]，"因而不能简单地移植或照搬外来的教育理论，而必须对这些'舶来品'保持一种'警觉'"[2]。在民国即将建立之时，国人已经意识到教育学教材的编写必须紧紧围绕中国国情，仅凭模仿不能真正地解决中国教育面临的实际问题。因此，国人在创建中国教育学的过程中，在大量借鉴西方教育学理论的同时，并非一味地吸收、照搬，而是进行了一些消化、吸收、改造乃至创新。

---

[1] 佚名：《绍介批评》，《教育杂志》第2卷（1910年）第5期。
[2] 瞿葆奎、郑金洲、程亮：《中国教育学科的百年求索》，《教育学报》2006年第3期。

中国教育学的创建情况可以通过一组有关教育学著作、教材及讲义编写数据来显示：1901—1914年编写数为29本，1915—1926年编写数为109本，1927—1949年编写数为539本。而这三个时段的教育学著作及讲义的翻译数据分别是119本、42本和80本。①显而易见，1915年以后编写数急剧增加，快速超过翻译数，这充分说明中国教育学者已经把主要精力从翻译引进转向了自身教育学的创建上。从不同阶段借鉴的取向来看，五四运动以前，中国教育学者创建教育学的取向主要以赫尔巴特及其学派教育学为蓝本，例如，王国维的《教育学》（教育世界社1905年印行）、缪文功的《最新教育学教科书》（文明书局1906年版）、张继煦的《教育学》（湖北官书处1907年版）、季新益的《教育学教科书》（广智书局1907年版）、侯鸿鉴的《教育学》（无锡速成师范学校1908年版）、蒋维乔的《教育学》（商务印书馆1909年版）、张子和的《大教育学》（商务印书馆1914年版）以及张毓骢的《教育学》（商务印书馆1914年版）等。上述教育学著作显然都是对赫尔巴特学派教育学的模仿，将赫氏的目的与手段体系融入自己的教育学创建中。20世纪20年代以后，中国教育学者创建教育学的取向大致有三种："一种是以美国为蓝本，模仿吸收美国教育理论建构教育学；一种是借鉴德国文化教育学的主张建构教育学；一种是采用苏联的唯物主义主张建构教育学。在这三种建构取向中，第一种居于主流地位。"②所以20年代后自编出版的教育学著作，无论是基本内容，还是体系结构的安排和建构，均深受杜威实用主义教育思想的影响。例如，王炽昌在其所编的《教育学》首页中说："教育之意义，自来有预备、启发、陶冶、诸说，而以近时之生长说较为完善。依生长说而论，则教育一义，实为经验之继续改造。"③并直言不讳地指出其内容大部分取材于杜威、桑代克、密勒三氏之学说。庄泽宣的《教育概论》（中华书局1928年版）在论述教育定义时，采取"古为今用、洋为中用"的态度，借鉴了古今中外各家之说，对杜威的"生长说"尤为推崇。孟宪承所编的《教育概论》（商务

---

① 侯怀银：《中国教育学发展问题研究——以20世纪上半叶为中心》，山西教育出版社，2008，第70页。
② 陈志科：《留美生与中国教育学》，南开大学出版社，2009，第213页。
③ 王炽昌：《教育学》（新师范教科书），中华书局，1922，第1页。

印书馆1933年版）是从儿童发展与社会适应两方面展开的。该著作肯定了杜威的"教育即生长"的观点，并把杜威的"教育即生长""教育即生活""学校即社会"等思想融入了自己的著述。吴俊升、王西征编著的《教育概论》（正中书局1935年版）前三章分别是"儿童的发展""学习的功能""社会的适应"。书中对于为什么将"儿童的发展"置于首章作了如下解释：

"教育是什么？"或"教育的意义是什么？"自然是初学教育的人，所亟亟于想知道的。可是要简捷的回答这类问题，必须引证许多理论定义或学说，可是这样一来，反会使初学的人，陷于迷惘；所以，我们不采取这种办法。

我们先要了解教育的对象。教育的对象是被教育者，是人，是活的人；其中还有是活的儿童。那末我们在未曾了解教育之前，就应该先去了解人和儿童。[①]

这显然也是受到杜威教育思想的影响。再如，留英学者余家菊撰作的《教育原理》之主旨也源于杜威的教育思想，主张"教育历程与生长历程相表里"，把教育原理分为五个部分，即资质论、目的论、课程论、方法论、学校论，认为"教育之对象为被教育者。教育者之首要事务即为被教育者之了解。不能了解儿童即无合理的教育之可言"[②]。可见，上述教育学编著者都重视"儿童的发展"和"社会的适应"，把儿童作为整个教育的出发点和最终归宿。他们对赫尔巴特、杜威等教育学说的模仿与借鉴，毫无疑问与留学生教育翻译行为及其成果有一定的关联。

正如瞿葆奎教授所言："编写教育学总是有所借鉴，有所熔裁，有所吸纳。借鉴、熔裁与吸纳的认识有精粗，水平有高低，广度有宽窄，深度有沉浮，速度有疾徐，技巧有长短，如此等等。"[③]借鉴提升了国人的境界，在借鉴的基础上融入自己的研究，并结合本国实际，从而实现对外来教育实行渐进式的改造。由此可见，教育学中国化离不开对西方教育学的借鉴，事实证明留

[①] 吴俊升、王西征编著：《教育概论》，正中书局，1935，第1页。
[②] 余家菊：《教育原理》，中华书局，1935，第7页。
[③] 瞿葆奎：《两个第一：王国维译、编的〈教育学〉——编辑后记》，《教育学报》2008年第2期。

学生的教育翻译为教育学的借鉴、熔裁、吸纳乃至改造奠定了坚实的基础。

二、教育翻译为教育学学科体系在中国的创建奠定了基础

留学生的教育翻译为教育学分支学科的建立奠定了基础。从1901年第一本教育学著作的引入到1937年短短的30余年间，西方百余年来发展起来的教育学学科体系被引入我国。这些学科的译介使得国人在较短的时间内对世界教育学发展的状况有了基本的了解，为中国在短时间内建立教育学学科体系奠定了基础。那么，中国教育界是如何借鉴西方教育学学科分类创建中国教育学学科体系的呢？

民国期间，我国教育学者试图在借鉴西方教育学分类的基础上，建立中国教育学学科体系。德国文化教育学派、赫尔巴特学派、美国桑代克等人的主张为此提供了一定的依据。例如，王炽昌编、郑宗海等校的《教育学》指出：

> 教育学之分类，自来学者不一其说。德人赖因氏，于其系统教育学中，分实践教育学，理论教育学二类；而于理论教育学中，复分教育之目的，及教育之方法二部。近今学者，大率根据（赖因）氏之目的方法二分法，而于方法中复分教授，训育，养护三部。①

留美学生朱经农、唐钺和高觉敷共同主编的我国第一部大型教育工具书《教育大辞书》中的"教育学"词条也介绍了莱茵的教育学分类。按照莱茵的教育学分类，教育学由历史教育学和系统教育学两部分组成。系统教育学包括理论门和实际门。理论门分教学论和方法论，实际门分教育形式论和学校行政论。此外，留美学生陈科美在其著作《新教育学纲要》（开明书店1932年版）及留美学生姜琦在其著作《教育学新论》（正中书局1946年版）中也都对莱茵的教育学分类加以介绍。

但是，国人并非停留于对西方教育学分类系统的引进，我国教育界根据20世纪以来教育科学的新发展，做了深入细致的研究工作。他们在发表的文章、出版的著作和教材中，对教育学分类问题进行了一定的探讨。例如，孙

---

① 王炽昌编：《教育学》，中华书局，1922，第7页。

振编的《教育学讲义》（商务印书馆1926年版）、舒新城著的《教育通论》（中华书局1927年版）、陈科美著的《新教育学纲要》（开明书店1932年版）等，在综合借鉴国外教育家学科分类的基础上，提出了自己的分类。他们主要借鉴的是赫尔巴特学派代表人物莱茵的"理论—实际"教育学分类框架。其中最具代表的是留美学生陈科美，他对教育学科体系的分类研究主要体现在他的《新教育学纲要》一书中。陈科美把教育学分为理论部分和实际部分。理论部分包括三方面，（1）纵面：教育史（如普通教育史、各国教育史、各种教育史），（2）横面：教育科学（如教育心理学、教育社会学、教育统计学），（3）深面：教育哲学（如教育原理）。实际部分包括三方面，（1）纵面：各级教育研究（如幼稚教育、小学教育、中学教育和大学教育），（2）横面：各种教育研究（如职业教育、师范教育、乡村教育、艺术教育、女子教育、特殊教育、社会教育、比较教育、宗教教育、公民教育、体育、学校卫生），（3）深面：教育行政学。[①]陈科美的教育学分类，是在借鉴的基础上试图用纵面、横面、深面的三维空间，去分别构筑教育理论和教育实践两方面的学科结构体系。

继陈科美之后，在借鉴西方教育学分类以及国内学者的教育分类的基础上，王秀南对教育学学科体系进行了更为深入细致的研究。他以研究对象和研究方法为标准，从理论和实际两方面进行分类。王秀南创建的教育学体系是由理论门（4类）和实际门（4类）组成。理论门分为教育历史（史前教育、教育通史、教育专史）、比较教育（各国教育比较研究、各级教育比较研究、各种教育比较研究、教育问题比较研究）、教育哲学（教育学说、教育哲学总论、各派教育哲学）、教育科学（教育原理、教育社会学、教育生物学、教育心理学、教育测量学、教育统计学），实际门分为各级教育、各种教育、教育行政、教育方法。这八类学科又再细分为近40类不同的学科。[②]因此，其学科分类反映了教育学科分化越来越细的发展趋势。可见，中国教育学学科体系的构建，主要是借鉴了莱茵的"理论与实践（实际）"的分类方法以

[①] 陈科美：《新教育学纲要》，开明书店，1932，第147—150页。
[②] 王秀南：《教育学的研究和实践》，《中华教育界》第2卷（1948年）第8期。

及以研究对象为分类标准,既注重教育学的理论,又重视教育学的实践或实际应用。虽然这些分类存在着过于机械、相互交叉等不足之处,但这是国人在借鉴国外教育学学科分类的基础上试图构建中国自己的教育学学科体系所做的大胆尝试。

综上所述,留学生的教育翻译为教育学以及学科体系的借鉴、吸纳乃至创建奠定了坚实的基础。教育翻译不仅有助于教育学在中国占有一席之地,使得教育学在中国从无到有,而且有助于丰富国人对这一学科的认识,加深对该学科体系的研究,使得教育学学科体系在中国日益系统化。民国时期的教育学学科体系由两大块构成。从理论的角度划分,主要有作为一门学科的教育学、教育原理、教学通论、教学法、教育哲学、教育社会学、教育心理学、教育统计学、教育行政、学校行政、教育史、比较教育等;从实际的角度划分,主要有幼稚教育、初等教育、中等教育、高等教育、职业教育、师范教育、乡村教育、艺术教育、女子教育、特殊教育、家庭教育、社会教育、民众教育、电化教育、教育测验、教育实验等。这一学科体系的创建,无疑得益于留学生通过教育翻译的大量引入以及国人在此基础上的借鉴与吸纳。

第三节 借鉴与创新——留学生与近代中国特色教育理论的构建

留学生的教育翻译对教育中国化的影响力,不仅表现在中国教育学的创立和教育学学科体系的创建上,而且还表现在中国特色教育理论的构建上。面对教育现代化过程中出现的新问题,中国教育界如何根据中国社会的实情有选择地学习和吸收西方有益的教育思想,如何把西方先进的教育思想与中国的教育实践相结合,是当时中国教育界努力思考和试图解决的重大问题。因此,西方先进的教育思想、教育观念、教育理论等元素的引入与借鉴,为多种教育思潮的涌现、中国特色教育理论的构建奠定了理论基础。

一、教育翻译与多种教育思潮的涌现

近代中国留学生的教育翻译不仅推进了近代中国教育改革，而且催生了多种教育思潮。民国时期各种教育思潮，如平民教育思潮、职业教育思潮、实用主义教育思潮、生活教育思潮、乡村教育思潮、科学教育思潮、社会教育思潮、生产教育思潮等风起云涌。从这些教育思潮的理论渊源和基本内容来看，通过教育翻译而引入的欧美教育无疑对其产生了深刻的影响。下文将以平民教育思潮、实用主义教育思潮、职业教育思潮以及科学教育思潮的形成为例，论述教育翻译对其产生的影响。

（一）平民教育思潮的形成

平民教育的倡导是新文化运动中民主思想在教育领域的体现。平民教育思潮的基本特点是批判传统的等级教育，彻底改变千百年来封建统治者独占教育的局面，使普通老百姓平等地享有受教育的权利和机会，获得科学文化知识，进而改变生存和生活状况。它的形成主要受马克思主义以及民主主义教育思想的影响。提倡平民教育的代表人物是那些"初步具有共产主义思想的知识分子、小资产阶级知识分子和资产阶级知识分子"[①]。

马克思主义教育思想在中国的传播，对平民主义教育思潮起到了启蒙作用。以陈独秀、李大钊为代表的先进知识分子，站在普通老百姓的立场上，为广大劳苦大众争取受教育的权利。而这些早期的共产主义者受到马克思主义思想的熏陶并接受其教育主张，他们都或多或少地、直接或间接地参与了教育翻译活动。例如，曾多次留学日本的陈独秀和曾就读东京早稻田大学的李大钊就参与过《共产党宣言》的翻译工作，当时在北京的李大钊及陈独秀阅读了《共产党宣言》的英文版，深为赞叹，均认为应尽快翻译成中文。后经《民国日报》主笔邵力子的举荐，留日学生陈望道凭借其不凡功底而成为翻译《共产党宣言》的恰当人选。于是，戴季陶为其提供了《共产党宣言》的日译本，而陈独秀通过李大钊从北京大学图书馆为陈望道借来了英译本。

[①] 孙培青主编：《中国教育史》，华东师范大学出版社，2002，第383页。

翻译完后，陈望道请留日归来的李汉俊校对，李汉俊校毕又请陈独秀校对。在留学生们的通力合作下，第一个中文全译本的《共产党宣言》得以在中国面世，从而也成为中文发行的第一本马克思主义经典著作。而他们在翻译过程中以及从所翻译的著作中吸取营养，这对其平民教育思想的形成具有一定的影响。陈独秀在《新教育是什么》一文中，提出了"四大主义"。其中"惟民主义"的教育方针，反对旧教育的"个人主义"和"关门主义"，强调新教育应以人民为对象，"新教育对于一切学校底概念，都是为社会设立的……自大学以至幼稚园，凡属图书馆、试验场、博物院，都应该公开，使社会上人人都能够享用"①。李大钊也是最早接受和传播马克思主义教育思想的先驱之一。他在《我的马克思主义观》一文中，论述了经济基础与上层建筑之间的关系，认识到包括教育在内的上层建筑对经济基础的反作用，强调教育应以提高全民族的素质为根本目标。上述认识，均可视为平民教育思潮形成的思想基础。

在美国杜威民主主义教育思想的影响下，小资产阶级和资产阶级知识分子认识到平民教育与救国和社会改造之间的关系，希望通过实施平民教育来实现平民政治。他们大多是具有留学背景的先进知识分子，在杜威等民主主义教育著作及教育演讲的影响下，逐步形成并提高了对平民教育的认识。留德学生蔡元培在《市民对于教育之义务》中、留美学生胡适在《实验主义》中均对平民教育的对象、实施的条件等进行了论述。平民教育社在《平民教育》的《发刊词》中论述了平民教育与政治之间的关系："不先有了平民教育，那能行平民政治？那能使用平民政治的工具？"②留美学生蒋梦麟也发文指出平民教育与社会之间的关系："平民主义愈发达，则其和平之基础愈固。故欲言和平之教育，当先言平民主义之教育。"③此外，陶行知、晏阳初等留学生均对平民教育思潮的形成及发展做出过贡献。例如，晏阳初主编平民教育教材，陶行知等成立中华平民教育促进会等。这些举措将平民教育运动推向了高潮。总之，平民教育思潮是以受教育权的平等享有、教学组织形式以

---

① 陈独秀：《新教育是什么》，《新青年》第8卷（1921年）第6号。
② 《发刊词》，《平民教育》第1号，1919年10月10日。
③ 蒋梦麟：《和平与教育》，《教育杂志》第11卷（1919年）第1号。

及教育内容的平民化与通俗化为责任和宗旨，所以其代表人物主张通过语言文字通俗化、学校教育和社会教育相结合、启发民众"自动"地学习来实现平民教育。不可否认，它的形成与留学生对西方教育思想的翻译与传播有着直接或间接的关系。

（二）实用主义教育思潮的形成

实用主义教育思潮的形成与留学生对"实利主义"和"实用主义"思想的接受与传播密不可分。蔡元培、黄炎培、陈独秀、胡适、郭秉文、陶行知、蒋梦麟等人通过翻译等渠道引入实用主义教育思想并在不同场合进行宣扬，使实用主义教育思想深入人心。例如，民国初年美国杜威实用主义教育学说因蔡元培的介绍而渐为中国教育界所了解。蔡元培在1912年2月发表的《对于新教育之意见》一文中，评述了实利主义教育，因此而成为在中国最早介绍实用主义教育思想的先行者。而人们对实用主义教育产生兴趣源于1913年黄炎培发表的《学校教育采用实用主义之商榷》一文，提出学校教育如何"实用"的问题，呼吁教育必须回归其应有的功能和目的。新文化运动的代表人物陈独秀通过反思中国传统教育，对比中西教育，找出了中国教育之痼疾以及救治之良方：

> 欧美各国教育，都注重职业。所教功课，无非是日常生活的知识和技能。……一切煮饭、烧菜、洗衣、缝衣、救火、救溺、驾车、驶船等事，无一不实地练习。不像东方人连吃饭、穿衣、走路的知识本领也没有，专门天天想做大学者、大书箱、大圣贤、大仙、大佛。西洋教育所重的是世俗日用的知识，东方教育所重的是神圣无用的幻想；西洋学者重在直观自然界的现象，东方学者重在记忆先贤先圣的遗文。我们中国教育，若真要取法西洋，应该弃神而重人，弃神圣的经典与幻想而重自然科学的知识和日常生活的技能。[①]

胡适在《归国杂感》中也批评了学校教育与社会实际、书本知识与学生生活及社会生产相脱离、相违背等弊端："社会所需要的是做事的人才，学

---

① 陈独秀：《近代西洋教育》，《新青年》第3卷（1917年）第5号。

堂所造成的是不会做事又不肯做事的人才……"①新文化运动开始后，在杜威的信奉者和学生胡适、郭秉文、陶行知、蒋梦麟等及一些教育界人士极力宣扬下，以留学生为主体的《教育杂志》等教育期刊和出版机构不断刊文，翻译介绍杜威的教育思想，"以儿童为中心""教育即生活""学校即社会"等主张充斥各报章杂志。于是，实用主义教育思想逐渐像潮水般对中国思想界、教育界产生冲击，并一时形成全国范围内颇有影响的教育思潮。

实用主义教育思想之所以形成并如此迅速地成为一股思潮，不仅因为该思想恰好与中国国内希望社会改良的要求和教育救国、教育改革的主张相适应，而且因为该思想正好与中国教育界改革传统教育脱离社会需要、脱离儿童生活和违背儿童身心发展等弊端的呼声相呼应。它的兴起促使中国教育界的教育观念发生了极大的转变。这一转变不仅表现在教育理论上，而且体现在教育实践中。从对教育理论的影响而言，人们开始用"儿童的发展"和"社会的适应"的观点来解释教育的本质，认为教育的过程就是它自身的目的；从对课程观和教材观的影响而言，人们开始把课程看作儿童在学校环境中的活动，教材应以儿童的活动为中心，并按照儿童的心理发展顺序组织编写；从对教育实践的影响而言，1922年的新学制的制定、教育宗旨的废除、七项标准的出台等足见其影响。该思潮的影响力还波及职业教育、平民教育、乡村教育、生活教育等多种教育思潮。

（三）职业教育思潮的形成

职业教育思潮与中国传统的"经世致用"思想以及从西方引入的实用主义哲学思想有着密切的联系。清末教育宗旨中的"尚实"体现了实利主义教育思想，但在实践层面并没有引起广泛的响应。后被实用主义教育思想所代替。对职业教育思潮的形成做出贡献的代表人物有陆费逵、郭秉文、蔡元培、陈独秀、黄炎培等。例如，时任《教育杂志》主编的陆费逵，曾发表《民国教育方针当采实利主义》一文，认为教育方针应凸显实利主义的地位，主张以实利或实用教育来取代德育的中心地位。在他看来，中国教育亟待解决国民教育、职业教育和人才教育等问题，其中职业教育和人才教育为最急。他

---

① 胡适：《归国杂感》，载《胡适文存》（卷四），亚东图书馆，1921，第10页。

认为"职业教育则以一技之长可谋生活为主,所以使中人之资者,各尽所长,以期地无弃利,国富民裕也。"①这是中国对"职业教育"这一概念的最早阐述,它的基本内涵是授人一技之长和促进实业发展。1914年,郭秉文在考察欧美教育之后,比较了英、德、法、美四国学制的异同,认识到要解决经济问题,必须普及职业教育。为改变传统教育脱离社会、脱离生产的现状,为了满足民族资本主义发展对技术人才的需求,从1915年起,教育界人士大力提倡职业教育。例如,蔡元培对职业教育也早有关注。民国初年之际,蔡元培就把实利主义列入资产阶级的教育方针。他曾在《教育界之恐慌及救济方法》中指出,中国教育界的"恐慌"在于高小学生毕业不能全部进入中学学习,但又没有谋生之技能,"为中学生筹救济,当注重职业教育"②。在《一九〇〇年以来教育之进步》中,他指出中国封建教育"以记诵为常课、而摒除致用各科者,诚与人性相违"③。这种教育只重视书本知识的传授而忽视生活技能的培养,学生除"学而优则仕"外,别无求生之所长。在蔡元培看来,法国的职业教育较为完备,不仅推广了职业学校、职业补习学校,而且在高等小学、中学中也设立了职业科。所以,我国也可以仿效法国实施职业教育。1917年,黄炎培在认真考察美国等国家职业教育状况的基础上,发起组织了中华职业教育社,这是"中国近代第一个研究、倡导、实验和推行职业教育的专门机构"④。自此他在理论上进一步探讨职业教育,在实践中进一步推行职业教育,从而将职业教育思潮推向高潮。

职业教育思潮的形成与留学生的教育翻译有着密切的关系。例如,在翻译借鉴日本学制的基础上而出台的《壬寅学制》,"学制主系列之外,与高等小学堂平行的有简易实业学堂;与中学堂平行的有中等实业学堂、师范学堂;与高等学堂(或大学预科)平行的有高等实业学堂、师范馆、仕学堂等"⑤;

---

① 陆费逵:《论人才教育、职业教育当与国民教育并重》,《中华教育界》第3卷(1914年)第1期。
② 蔡元培:《教育界之恐慌及救济方法》,载高平叔编《蔡元培教育论著选》,人民教育出版社,1991,第63页。
③ 蔡元培:《一九〇〇年以来教育之进步》,载高平叔编《蔡元培全集》(第二卷),中华书局,1984,第411页。
④ 孙培青主编:《中国教育史》,华东师范大学出版社,2002,第386页。
⑤ 孙培青主编:《中国教育史》,华东师范大学出版社,2002,第346页。

在正式颁布并得以实施的《癸卯学制》中，在主系列之外的各类学堂中有"与高等小学堂平行的实业补习学堂、初等农工商实业学堂和艺徒学堂，与中学堂平行的中等实业学堂，与高等学堂平行的高等实业学堂，各级实业学堂一般都划分为农业、工业、商业、商船四个专业"[①]。此外，清末一系列有关实业教育章程的颁布，对实业教育的目标、任务、性质进行了阐述和规定，对后来发展职业教育起到了推进和保障作用。同样，在翻译借鉴欧美教育制度及理论的基础上而制定的《壬戌学制》，增强了职业教育的教育功效，兼顾升学与就业，在小学高级阶段酌情增置职业教育的准备；在中学阶段开设各种职业科，使学生毕业时既能继续升学，又能尽快就业。职业教育思想把个性之发展放在首要位置，主张儿童本位主义，密切教育与社会之间的关系，提倡"学做合一"的教学原则等。上述反映职业教育思想的学制、章程以及实践，均得益于留学生对域外教育的译介和借鉴。

（四）科学教育思潮的形成

科学教育思潮兴起并盛行于新文化运动期间。对该思潮的形成做出巨大贡献的代表人物是严复、任鸿隽、赵元任、陈独秀、胡适等留学生。在他们当中，最早提出并深刻论述了科学的教育功能的是留英学生严复。在严复看来，科学的教育功能，既包括在教育、教学、治学过程中导入科学的方法论，又包括学校教育中科学知识的传授与学习。严复十分推崇英国哲学家培根及其首倡的科学方法论，并将其提出的基于经验论和归纳法的现代实验科学称为"实测内籀之学"。从1895年对培根的"实测内籀之学"的介绍，到20世纪初翻译出版《穆勒名学》和《名学浅说》，严复始终重视对西方科学方法论的吸纳、提倡及应用。他把这一科学方法应用于教育问题的研究中。例如，在教育目的方面，严复认为教育目的在于"炼心积智"，既要重视知识的增长与积累（积智），更要重视受教育者的思维训练（炼心）。在学校教学内容方面，严复主张"中国此后教育，在在宜著意科学，使学者之心虑沈潜，浸渍于因果实证之间"[②]。在求学途径方面，他强调个人实践经验的重要性，

[①] 孙培青主编：《中国教育史》，华东师范大学出版社，2002，第347—348页。
[②] 严复：《与〈外交报〉主人书》，载王栻主编《严复集》（第三册），中华书局，1986，第565页。

认为人们应从大自然获取知识，要读"大地原本书"，读"无字之书"。他曾多次大声疾呼："人之学问，非仅读书，尤宜阅世。盖读书者，阅古人之世，阅世者，即读今人之书，事本相需，不可废一。"① 在求学方法方面，他主张注重归纳法的运用："一理之明，一法之立，必验之物物事事而皆然……"② 在教学方法方面，他主张"必使学者之心，与实物径按，而自用其明，不得徒资耳食，因人学语"③。总而言之，严复主张学校教育应以培养、掌握各种科学知识的人才为目标，以传授各种科学知识为学校教育的主要内容，以科学方法来指导学校教学。只有将上述目标、内容及方法贯穿于学校教学，才能使学生求得真学问，才能实现"教育救国""开启民智"的目的。因此，严复有关的科学教育的主张奠定了中国近代科学教育观的基础。

留美学生任鸿隽、赵元任及胡适对科学教育思潮的形成做出了巨大的贡献。1914年6月，任鸿隽与赵元任、胡明复等留学生组织"中国科学社"，极力倡导科学教育。1915年，任鸿隽在《科学》杂志上发表《科学与教育》的文章，向国内宣传科学教育的重要性。文章认为："科学于教育上之重要，不在于物质上之智识，而在其研究事物之方法。尤不在研究事物之方法，而在其所与心能之训练。"④ 在他看来，科学教育重在对科学方法的运用以及科学精神、科学态度的培养。该主张恰好与国内新文化运动所高举的"科学"与"民主"两面大旗遥相呼应。以留美学生胡适为代表的实证主义者将科学的方法理解成"大胆的假设，小心的求证"，以此来解决一切学术和社会问题。胡适的科学教育思想深受赫胥黎和杜威的影响，他在自述其思想形成时说："赫胥黎教我怎样怀疑，教我不信任一切没有充分证据的东西。杜威先生教我怎样思想，教我处处顾到当前的问题，教我把一切学说理想都看作待证的假设，教我处处顾到思想的结果。这两个人使我明了科学方法的性质和功用……"⑤

留日学生陈独秀主张以理性的态度看待中国传统教育、建设未来教育。

---

① 严复：《论沪上创兴女学堂事》，载王栻主编《严复集》（第二册），中华书局，1986，第468页。
② 严复：《救亡决论》，载王栻主编《严复集》（第一册），中华书局，1986，第45页。
③ 严复：《论今日教育应以物理科学为当务之急》，载王栻主编《严复集》（第二册），中华书局，1986，第285页。
④ 任鸿隽：《科学与教育》，《科学》第1卷（1915年）第12期。
⑤ 胡适：《介绍我自己的思想》，载葛懋春、李兴芝编《胡适哲学思想资料选》（上），华东师范大学出版社，1981，第337页。

他在《敬告青年》《今日之教育方针》《随感录》《答胡子承》等文章中论述其科学教育思想。他将"有假定而无实证""有想象而无科学"[①]的中国传统教育称为"伪教育",提出今日教育应以科学的和现实生活的教育取代"想象武断"的迷信教育[②],极力主张"培养一般人民底科学思想,普及科学方法于民众"[③],改变历来"多重圣言而轻比量"的状况,以"归纳论理之术,科学实证之法"来取代"圣教",[④]从而建设中国的"真教育"[⑤]。

由上可知,留学生科学教育思想的形成得益于他们在留学期间对科学精神的培养、对科学方法的掌握以及对科学知识的研习,得益于他们对有关科学治学方法等著述的翻译与借鉴。这种思想乃至思潮的形成,表明国人对传统教育的反思和对西方教育的学习与借鉴进入到思想的层面及自觉的阶段。科学教育思潮对近代教育的推进,不仅在于其提倡学校中的科学教育,即按照教育原理和科学方法进行教育,培养学生科学的知识、技能和态度,而且在于提倡以科学的方法研究教育,包括儿童心理和教育心理的研究、各种心理和教育统计与测量实验等。而这两方面的进步又表明了科学的教育化趋势和教育的科学化趋势。

二、教育翻译与中国特色教育理论体系的构建

在翻译借鉴外国教育的基础上结合中国实情构建教育理论的过程,实质上就是教育中国化的过程。教育翻译是手段,是桥梁,实现教育中国化才是最终目的。正如胡适在谈文学革命时所言:"……今日欲为祖国造新文学,宜从输入欧西名著入手,使国中人士有所取法,有所观摩,然后乃有自己创造之新文学可言也。"[⑥]输入的目的是取法、观摩,继而融合与创造。中国留

---

① 陈独秀:《敬告青年》,《青年杂志》第1卷(1915年)第1号。
② 陈独秀:《今日之教育方针》,《青年杂志》第1卷(1915年)第2号。
③ 舒新城编:《近代中国教育思想史》,中华书局,1932,第280页。
④ 陈独秀:《随感录》,《新青年》第5卷(1918年)第2号。
⑤ 陈独秀:《答胡子承》,《新青年》第3卷(1917年)第3号。"真教育"即"乃自动的而非他动的;乃启发的而非灌输的;乃实用的而非虚文的;乃社会的而非私人的;乃直视的而非幻象的;乃世俗的而非神圣的;乃全身的而非单独脑部的;乃推理的而非记忆的;乃科学的而非历史的"。
⑥ 曹伯言整理:《胡适日记全编》(2),安徽教育出版社,2001,第337页。

学生群体在直接或间接地输入欧美教育学说，融会贯通其精神实质的同时，将之应用到教育实践中去。在总结自己教育实践和吸收中外优秀的教育成果的基础上，试图构建和创造自己的教育理论，从而使中国的教育思想从经验层面开始上升到科学理论层面。其中颇有影响的有晏阳初的平民教育理论、黄炎培的职业教育理论、陶行知的生活教育理论、陈鹤琴的"活教育"理论等。尽管这些理论还存在这样或那样的不足，但毕竟是国人构建既具民族特色又符合世界教育发展潮流的教育理论的初步尝试。上述教育理论的构建，或多或少地、直接或间接地受到留学生教育翻译及其成果的影响，尤其受到杜威实用主义教育思想的影响。在吸收西方教育思想的同时，在实践中不断地改造和完善，从而构建了具有中国特色的、更符合中国国情的、更为科学的教育理论。"他们的思想都经过了杜威，但又超越了杜威，他们对杜威的实用主义教育进行了成功的中国化改造，构建了富有中国特色的平民教育思想、职业教育思想，以及生活教育思想体系。"①下文主要对晏阳初、黄炎培、陶行知和陈鹤琴在西方教育思想影响下，结合中国国情进行本土化探索从而构建中国特色的教育理论的实践进行述评。

（一）晏阳初的平民教育理论——西方教育思想中国化探索

晏阳初②的平民教育理论的构建基于其"教育救国"和"以人为本"的思想。在他看来，要彻底解决中国所面临的问题，首先就要对人进行改造，而改造的有效途径便是教育。基于这种认识，对平民教育的研究以及实施成为他毕生的事业追求，其因对平民教育、乡村教育的特殊贡献而享誉全球。1943年5月，在美国纽约纪念哥白尼地动说400周年的大会上，晏阳初因"将中国几千文字简化且容易读，使书本上的知识开放给以前万千不识字的人的心智"，而被选为"世界上为社会贡献最大、影响最大的十大名人之一"，在中外教育交流史上写下了独一无二的光辉灿烂的篇章。和他一起享此殊荣的还有爱因斯坦、莱特、劳伦斯、夏浦瑞、杜威等人，而他成为当时获此殊荣的唯一

---

① 王小丁：《中美教育关系研究（1840—1927）》，四川大学出版社，2009，第32页。
② 晏阳初（1890—1990）：四川巴中人。1916年，留学美国耶鲁大学，主修政治经济。1918年毕业，获学士学位。1919年入普林斯顿大学研究院，攻读历史学，1920年获硕士学位。1920年8月回国，立志献身平民教育，一生致力于平民教育事业。

东方人。1944年至1945年间，美国锡拉丘兹等三所大学授予其荣誉博士学位。美国耶鲁大学前校长詹姆斯·安吉尔曾高度评价中国平民教育运动是"一场划时代的运动"，并认为"在人类历史上还没有与之相提并论的运动"[①]。1950年后，晏阳初开始从事国际平民教育运动，曾受聘任国际平民教育委员会主席、联合国教科文组织特别顾问，先后到过许多国家考察和指导乡村建设工作。1955年，晏阳初被美国《展望》（*Look*）杂志评选为"当前世界最重要的百名人物之一"，称他为"第一个将在中国人群、中国本土创建的平民教育理论与乡村教育制度传播到国外，使之在外国土地上落地生根的中国教育家"。1967年，晏阳初任国际乡村改造学院首任院长，同年，获菲律宾政府授予的最高平民奖章——金心勋章。1987年10月，他又获美国政府颁发的"终止饥饿终生成就奖"。1988年6月，我国台湾的《联合报》尊称他为"世界平民教育之父"。

留美教育以及在法国战场当华工翻译的经历开阔了晏阳初的视野，他认识到中国贫穷落后的根源并因此萌发了"教育救国""开启民智"的思想。中国之所以发展缓慢，其原因是民众智识低下，生产力薄弱。而欧美国家之所以发展迅速，其原因是教育普及，人人都有读书看报的能力。中华民族患有"愚""贫""弱""私"四大病，要根治之，必须施行平民教育。美国教育的熏陶为其日后从事平民教育和乡村教育事业奠定了雄厚的理论基础和认识基础。他不但善于借鉴外国的教育理论，更注重教育理论中国化的探索。他在回顾中国新教育产生、发展的过程时说："现在所谓'新教育'，并不是新的产物，实在是从东西洋抄袭来的东西。日本留学生回来办日本的教育；英美留学生回来办英美的教育，试问中国人在中国办外国教育，还有什么意义？各国教育，有各国的制度和精神，各有它的空间性与时间性，万不能乱七八糟的拿来借用。"[②] 在立足于本国实际的基础上，晏阳初认为中国平民教育的目标是改良、创造实际生活，以全体人民的全部生活为起点，以改造民族为目标。在从事繁重的平民教育工作的同时，他十分注重经验的总结和理

[①] 宋恩荣主编：《晏阳初全集》（第二卷），湖南教育出版社，1992，第225页。
[②] 宋恩荣编：《晏阳初文集》，教育科学出版社，1989，第170页。

论的探索，发表了一系列文章，例如，《平民教育新运动》（1922年）、《平民教育》（1923年）、《"平民"的公民教育之我见》和《平民教育运动术》（1926年）、《平民教育的真义》和《平民教育的宗旨目的和最后的使命》（1927年）、《平民教育概论》（1928年）等。这些文章的发表，逐渐形成了中国式的平民教育理论体系。

晏阳初的平民教育理论随着其对中国社会的实情的认识以及平民教育实践而日渐完善和丰富。他不仅认识到欧美的教育是求"适应生活"，中国的教育则是要改造社会、改造人民的生活，以及平民教育会所研究的内容方面，是要使千百万人民有自觉心，使他们自觉地知道问题，去改造社会和自己的生活，而且认识到"……中国大部分的文盲，不在都市而在农村，中国是以农立国，中国大多数的人民是农民……要想普及中国平民教育，应当到农村里去"①。于是他和陶行知、黄炎培、梁漱溟等一大批教育家开始将平民教育的战场从城市转向农村。在从事乡村教育实践中，他深切地体会到中国需要"四大教育"，即文艺教育、生计教育、卫生教育和公民教育。其目的是解决当时中国社会存在的四大问题，即"愚""贫""弱""私"。具体而言，"四大教育"之目的在于培养知识力、生产力、健康力及团结力。那么，通过什么方式来实施这"四大教育"呢？这就是他提出的"三大方式"，即学校式、家庭式和社会式。

尽管晏阳初的平民教育理论存在着一些局限，无法解决旧中国农村的根本问题，实现教育救国的根本目的，但是其理论的构建是在西方教育思想影响下本土化的探索，具有中国特色，其根在中国。"四大教育"和"三大方式"的提出，改变了国人传统的教育观念，体现了教育与中国实际相结合的思路，体现了学校、家庭与社会相结合的教育方式。其构建的平民教育、乡村教育理论及其实践，在中国教育史上树立了借鉴与创新的典范。

（二）黄炎培的职业教育理论——西方教育思想中国化实践

职业教育思潮的兴起和运动的开展，不仅促进了中国的职业教育事业，而且产生了代表人物黄炎培系统的、具有中国特色的职业教育理论。其职业

---

① 宋恩荣编：《晏阳初文集》，教育科学出版社，1989，第52—53页。

教育理论是在吸取西方国家先进的教育经验，反思中国自兴办新式教育以来的问题和教训的基础上，不断地探索而逐步形成的。各种教育思潮的相互激荡，尤其是实用主义教育理论对其影响最深。其实用主义教育主张的思想基础源于早年对严复所译《天演论》中"物竞天择，适者生存"观念的接受，以及受裴斯泰洛奇等人"为生活而教育"思想主张的影响。他认为，如果要想不被淘汰，整个国家、整个民族就需提倡培养有用人才的实用教育；如果要想改进中国的学校教育，就必须实施实用主义教育。1913年，黄炎培在《教育杂志》上发表了《学校教育采用实用主义之商榷》一文，对普通教育中存在的问题进行了反思，并从理论上论证了改革普通教育，加强教育与学生实际生活、学校与社会实际相联系的必要性。提出学校教育急需采用实用主义，"打破平面的教育，而为立体的教育"，"改文字的教育，而为实物的教育"，并指出"此种教育，在欧美不仅著为学说，且见诸实行矣。……今观吾国教育界之现象，虽谓此主义为惟一之对病良药，可也"[1]。可见，西方教育理论和实践对黄炎培职业教育思想的产生具有一定的启发作用。1915年4月，黄炎培参加农商部游美实业团进行实地考察参观，之后对职业教育的价值及意义有了更充分的认识与肯定。1916年9月，组织江苏省教育会附设职业教育研究会。之后，他又与郭秉文等人对日本、菲律宾等国进行教育考察，"期借他山之石，攻求到在中国推行职业教育的方法与途径"[2]。多次的教育考察使黄炎培深受各国所提倡的职业教育的影响，对实施职业教育的价值和意义的认识不断加深，于是在1917年5月成立了中华职业教育社。自此职业教育思潮正式形成，并在思想层面上激荡着整个中华教育界。

从上述可见，黄炎培的职业教育理论经历了萌芽和不断发展、不断成熟的过程。在长期的职业教育实践中，黄炎培逐步对自己的职业教育理论加以丰富和充实，从而形成了比较完整的职业教育思想体系。随着各种教育思潮的不断涌现，职业教育思潮与其他思潮如工读主义教育思潮、平民教育思潮

---

[1] 黄炎培：《学校教育采用实用主义之商榷》，载中华职业教育社编《黄炎培教育文选》，上海教育出版社，1985，第18页。
[2] 余子侠：《近代中国职教思潮的形成演进与意义》，《华中师范大学学报》（哲学社会科学版）1995年第3期。

以及科学教育思潮形成一股合流，促进了中国教育朝着平民化、科学化和职业化方向发展。下文将从黄炎培主张的职业教育的地位、目的、教学原则以及职业道德教育几方面，来论述黄炎培对西方教育思想的借鉴与中国化。

其一，关于职业教育的地位与目的。

黄炎培对职业教育功能的认识以及目的观之形成与发展，明显受到了西学尤其是杜威实用主义教育思想的影响。在他看来，"用教育方法，使人人依其个性，获得生活的供给，发展其能力，同时尽其对群之义务，此种教育名曰职业教育"[①]。职业教育的作用对于个体来说是获取谋生的本领，对于群体来说是解决人民生计问题，促进社会发展。主要包括：（1）谋个性之发展；（2）为个人谋生之准备；（3）为个人服务社会之准备；（4）为国家及世界增进生产力之准备。显然，他吸纳了西方社会学及实用主义哲学思想，把"谋个性之发展"置于首要位置，体现了儿童本位主义；重视教育与生活、社会之间的密切联系。与此同时，它的提出还源于其对中国经济、社会与教育的实情的考察，正如他所言："一般社会生计之恐慌为一刺激，百业之不改良为又一刺激，各种学校毕业生失业者之无算为又一大刺激。"[②] 所以，其对职业教育功能和目的的认识是西方教育理论与中国实际相结合的产物。

黄炎培的职业教育目的观始终是与时俱进的，在不同的历史时期和不同的社会场合具有不同的内涵。例如，20世纪20年代起，黄炎培把"使无业者有业，使有业者乐业"作为职业教育的目的。该目的体现了黄炎培对为个人谋生，为社会服务，培养职业技能、职业道德教育，促进实业发展，增长社会经济，稳定社会秩序等诸多追求。20世纪20年代中后期，黄炎培在总结近10年的职业教育发展经验的基础上，又提出了"大职业教育主义"的观念："（一）只从职业学校做工夫，不能发达职业教育；（二）只从教育界做工夫，不能发达职业教育；（三）只从农、工、商职业界做工夫，不能发达职业教育。"[③] 根据他的认识，职业教育的发展必须加强教育与社会各界的沟通与

---

① 黄炎培：《河车记》，载《断肠集》，生活书店，1936，第48页。
② 中华职业教育社编：《黄炎培教育文集》（第一卷），中国文史出版社，1994，第320页。
③ 黄炎培：《提出大职业教育主义征求同志意见》，载中华职业教育社编《黄炎培教育文选》，上海教育出版社，1985，第154页。

联系。这表明黄炎培的职业教育理论并非停留在对西方教育理论的借鉴上，而是在具体实践中日趋成熟和完备。

其二，关于职业教育的教学原则。

黄炎培的职业教育的教学原则是在借鉴杜威实用主义教学论思想并结合中国国情的基础上提出来的。一方面，其教学原则"手脑并用""做学合一""理论与实际并行""知识与技能并重"等，显然源于杜威实用主义教育理论；另一方面，该教学原则与中国传统教育原则是相反的。在他看来，中国传统社会里，教育与社会是分离的，士大夫是"死读书老不用手的"，而劳动者是"死用手老不读书的"。但是，人类文明是人的"手和脑两部分联合生产出来的"，因此，"要使动手的读书，读书的动手，把读书和做工两下并起家来"。[①]职业教育的目的就是培养实际的、有效的生产能力，要达到此目的，必须"手脑并用""做学合一"。基于此，黄炎培在其办学实践中的每一个教学环节都注重理论联系实际。如在创办职业学校、确定学生所学专业、安排课程、选编教材、聘用老师时，均严格遵循职业教育的教学原则。这种体力劳动与脑力劳动相结合、理论与实际相结合的思想，体现了对西方工业革命以降的有关教育理论的借鉴，而其实际功能则是针对本国教育现实中的种种脱离生产和生活实际的弊端。

其三，关于职业道德教育。

黄炎培的职业道德教育思想是其职业教育理论体系的一个重要特色和组成部分，其基本要求是"敬业乐群"。"敬业乐群"意即热爱所从事的事业，尽职尽责，具有奉献社会的精神，具有高尚的情操和群体合作精神。因此，职业教育应兼顾职业知识的学习、职业技能的训练以及职业道德的培养。职业道德教育的提出也是基于他对严复所译《群己权界论》等西方社会学著作思想、杜威实用主义教育思想的借鉴，以及对职业教育社会职能的认识和对中国传统教育观念的反思。职业教育不仅是为个人谋生的，而且是为社会服务的。职业教育培养的是农、工、商各业的劳动和技术人才，职业无高低贵

---

① 黄炎培：《职业教育该怎么样办》，载中华职业教育社编《黄炎培教育文选》，上海教育出版社，1985，第194页。

贱之分，所以应破除以"读书做官"为荣、以"读书谋事"为耻的观念。同样，其职业道德教育思想也体现了个人与社会、教育与社会之间的紧密关系。用他的话来说，职业教育的第一要义即"为群服务"。

由上可见，黄炎培职业教育理论构建的主导思想，就是通过教育的途径，"使人人依其个性获得生活的供给和乐趣，于己掌握谋求生计的能力，于群能尽造福社会的义务"①。该理论的构建既是基于西方教育理论的多方借鉴，也是基于中国社会和教育的实情。这种思想体系的构建不仅开创和推进了中国的职业教育事业，而且其平民化、实用化、科学化和社会化的特征也丰富了中国特色的教育理论体系。其理论以及实践，不仅对20世纪二三十年代的中国教育改革产生了巨大影响，而且对当今中国教育的进步同样有着很好的借鉴和意义。

（三）陶行知的生活教育理论——实用主义教育理论中国化改造

被毛泽东称誉为"伟大人民教育家"的陶行知，自其留学归国，始终站在中国教育改革的前沿，以其丰富的理论素养和大无畏的开拓精神，为建立中国的新教育，立足本国国情，另辟蹊径，在批判和借鉴古今中外各种教育思想和总结自己教育实践经验的基础上，创建了独树一帜的生活教育理论体系，从而实现了对西方教育理论的中国化改造。

生活教育理论的构建，是陶行知在反对传统的中国封建教育和借鉴杜威实用主义教育思想合理元素的过程中，通过长期的平民教育、农村教育、普及教育的实践对西方教育思想的改造和发展，是他在理论与实践上探索中国新教育之路的大胆尝试。该理论以杜威教育哲学的三大信条，即"教育即生活""学校即社会""从做中学"为借鉴，以中国社会生活需要为出发点，以十多年从事教育改革实践为依据，在大胆推翻传统教育理论的基础上，建立起极具个人风格和中国特色的新式教育理论体系。正如他曾自述的那样：

"教育即生活"是杜威先生的教育理论，也就是现代教育思潮的中流。我从民国六年起便陪着这个思潮到中国来。八年的经验告

---

① 余子侠：《近代中国职教思潮的形成演进与意义》，《华中师范大学学报》（哲学社会科学版）1995年第3期。

诉我说"此路不通"。在山穷水尽的时候才悟到教学做合一的道理。所以教学做合一是实行"教育即生活"碰到墙壁把头碰痛时所找出来的新路。"教育即生活"的理论至此乃翻了半个筋斗。……没有"教育即生活"的理论在前，决产生不出"教学做合一"的理论。但到了"教学做合一"的理论形成的时候，整个的教育便根本的变了一个方向。这新方向是"生活即教育"……①

由此可见，陶行知的生活教育理论是对杜威教育思想的吸收和改造，是其在中国办适合中国国情和为中国人民需要的教育的不懈追求的结果。他对杜威教育理论的继承与超越，可从两位美国学者对他的评价中得到印证：美国历史学家休伯特·布朗（Hubert Brown）将陶行知的教育理论与实践称为"杜威教育哲学的中国型"②；美国最有影响的汉学家、哈佛大学东亚研究中心主任费正清（John King Fairbank）教授称赞陶行知为"杜威博士的最有创造力的学生"。

生活教育理论的构建，是陶行知借鉴杜威教育理论，探索适合中国国情和时代需要的教育理论所做的努力。这种理论的提出，是针对当时只知一味"仪型他国"的洋八股和"沿袭陈法"的旧八股之类的弊端。在陶行知看来，"教育即生活"是把社会生活引入学校，是在鸟笼里造一个树林，而非真正的生活。"老八股"或"旧八股"与民众生活无关，"洋八股"同样与民众生活无关。真正的生活教育必须"适应于中国国民全部生活之需要"③，应该是一种把鸟儿从鸟笼放归树林的教育。因此，陶行知的生活教育理论的提出，不仅是针对传统教育脱离社会生活的现实，而且是针对中国学校教育缺乏普及、民众缺乏教育的现实。1925年，在《新教育评论》的创刊缘起中，陶行知强调："一个国家的教育，无论在制度上、内容上、方法上不应常靠着稗贩和因袭，而应该准照那国家的需要和精神，去谋适合，谋创造。"④1927

---

① 陶行知：《生活即教育》，载《教学做合一讨论集》（全一册），上海儿童书局，1932，第13页。
② 夏军：《杜威实用主义理论与中国乡村建设运动》，《民国档案》1998年第3期。
③ 陶行知：《生活工具主义之教育》，载华中师范学院教育科学研究所主编《陶行知全集》（第二卷），湖南教育出版社，1986，第76页。
④ 陶行知：《〈新教育评论〉创刊缘起》，载华中师范学院教育科学研究所主编《陶行知全集》（第一卷），湖南教育出版社，1984，第568页。

年,他还反省自己:"我从前也是把外国教育制度拉到中国来的东洋车夫之一,不过我现在觉到这是害国害民的事,是万万做不得的。"①可见,他对生活教育理论的构建并非盲目地模仿和机械地照搬照抄,而是结合中国实情对杜威实用主义教育理论的中国化的改造。陶行知的生活教育理论的主要基础,是"生活即教育""社会即学校""教学做合一"。现在对此三者稍加分析,以利明晰他对杜威教育理论的中国式改造。

其一,"生活即教育"。

"生活即教育"是陶行知吸取杜威的"教育即生活"的内核,将其"翻了半个筋斗"改变而成。首先,生活含有教育的意义。在他看来,"教育的根本意义是生活之变化。生活无时不变即生活无时不含有教育的意义"②。从生活的横向来看,人们的社会生活不同,因而所受的教育也不相同,"过好的生活,便是受好的教育;过坏的生活,便是受坏的教育;过有目的的生活,便是受有目的的教育;过糊里糊涂的生活,便是受糊里糊涂的教育"③。从生活纵向的发展来看,生活教育伴随人生始终,"生活教育与生俱来,与生同去。出世便是破蒙,进棺材才算毕业"④。其次,实际生活是教育的中心。陶行知始终把教育与社会生活紧密联系在一起:"生活教育是生活所原有,生活所自营,生活所必需的教育。"⑤所以,要想受到什么样的教育,就必须过什么样的生活。用生活来教育,通过生活来教育,始终保持教育与生活高度的一致性。再次,生活决定教育,教育改造生活。一方面,教育的目的、原则、内容及方法都是由生活来决定的,教育起源于人类社会生活的需要。另一方面,教育的目的是改造生活,满足人民大众的生活需要,为大众求解放,为人民谋幸福。总之,教育应以生活为中心,并通过生活来进行,不能以文字、书本为中心,不能关在鸟笼似的学校里读死书、死读书。

---

① 陶行知:《晓庄实验乡村师范学校创校概况》,载华中师范学院教育科学研究所主编《陶行知全集》(第二卷),湖南教育出版社,1986,第18页。
② 陶行知:《生活教育》,载华中师范学院教育科学研究所主编《陶行知全集》(第二卷),湖南教育出版社,1986,第633页。
③ 陶行知:《生活教育》,载华中师范学院教育科学研究所主编《陶行知全集》(第二卷),湖南教育出版社,1986,第634页。
④ 同③。
⑤ 同②。

"生活即教育"理论的构建,显然是对杜威的"教育即生活"思想的借鉴与创新。二者既有相似性又有相异性。二者都强调"生活的"教育和"活的"教育,强调教育与生活之间的密切联系,反对以书本为中心的"死的"传统教育。但是,二者又存在着本质的差别。杜威所关注的主要是狭义的教育,即学校教育与社会生活及儿童生活之间的关系,认为学校是社会生活的一种形式,教育并非是为未来生活做准备,而是完完全全的现实生活。陶行知则认为,杜威的"教育即生活"理论虽注重教育与生活的联系,但其教育的目的仍是为未来生活做准备。在他看来,生活本身就含有教育的意义,生活的内容极其广泛,因而教育也应该是一种广义的教育。因此,该理论在克服传统教育脱离民众、脱离社会生活的弊端方面具有积极的意义。

其二,"社会即学校"。

"社会即学校"可称为陶行知"生活教育的场域论"。该主张也是从杜威的"学校即社会"演变而来的。首先,"社会即学校"是指"社会含有学校的意味"[1],或者说"以社会为学校"[2]。在他看来,整个社会是生活的场所,所以也应是教育的场所。他把没有生活的教育、学校和书本看作与社会隔绝、与民众脱离的"死教育、死学校、死书本"[3]。在他看来,如果"社会即学校"的话,"教育的材料,教育的方法,教育的工具,教育的环境,都可以大大增加,学生、先生也可以更多起来。因为在这样办法下,不论校内校外的人,都可以做师生的"[4]。他批评杜威"学校即社会"的教育是一种"鸟笼式"的教育。如果把教育范围只限于学校,只在学校围墙内让学生接触社会,那就像把鸟儿关在笼中,把一两根树枝或捉几只生物放入鸟笼让鸟儿来接触大自

---

[1] 陶行知:《创造的教育》,载华中师范学院教育科学研究所主编《陶行知全集》(第二卷),湖南教育出版社,1986,第617页。
[2] 陶行知:《晓庄三岁敬告同志书》,载华中师范学院教育科学研究所主编《陶行知全集》(第二卷),湖南教育出版社,1986,第211页。
[3] 陶行知:《教学做合一下之教科书》,载华中师范学院教育科学研究所主编《陶行知全集》(第二卷),湖南教育出版社,1986,第289页。
[4] 陶行知:《社会即学校——三答操震球之问》,载华中师范学院教育科学研究所主编《陶行知全集》(第二卷),湖南教育出版社,1986,第201页。

然。①学校里的教育太枯燥无味了,必须把社会里的生活搬一些进去,才有意思。陶行知如此主张,是因为当时学校"课堂里既不许生活进去,又收不下广大的大众,又不许人动一动,又只许人向后退不许人向前进,那末,我们只好承认社会是我们的惟一的学校了"。"我们所失掉的是鸟笼,而所得的倒是伟大无比的森林了"。②他主张扩大教育的场所,整个国家、整个世界才是我们真正的学校。显然,"社会即学校"的提出,是针对当时中国急需普及教育而又无法满足这一需求时的一个较好的选择。

其三,"教学做合一"。

"教学做合一"可称为"生活教育的教学论"。其"教学做合一"的思想主要包括以下几点:第一,"教学做合一"消除了传统教育制度下劳心与劳力的对立、教育与生活劳动相对分离的弊端。所以要"教劳心者劳力——教读书的人做工""教劳力者劳心——教做工的人读书"③,"在劳力上劳心,是一切发明之母。……人人在劳力上劳心,便可无废人"④。第二,"教学做合一"强调行(做)是知识的重要来源,也是创造的基础。只有身临其境,动手尝试,才有真知,才有创新。他形象地比喻说:"行动是老子,知识是儿子,创造是孙子。"⑤第三,"教学做合一"要求"有教先学"和"有学有教"。"有教先学"的意思是,一方面教人者先教自己,先要将所教材料"弄得格外明白",先做好学生;另一方面教人者要为教而学,先明了所教对象为什么而学、要学什么、怎么学。"有学有教"意思是"即知即传",要求会者教人学,能者教人做。还要求不可保守,不应迟疑,不能间断。第四,"教学做合一"是对传统的注入式教学方法的否定。注入式的教学法是以教师为中心、以书本为中心和以课堂为中心的教授法。它完全不顾学生的学,不顾

---

① 陶行知:《普及现代生活教育之路·什么是生活教育》,载江苏省陶行知教育思想研究会与南京晓庄师范陶行知研究室合编《陶行知文集》,江苏教育出版社,1991,第424页。
② 陶行知:《生活教育之特质》,载华中师范学院教育科学研究所主编《陶行知全集》(第三卷),湖南教育出版社,1985,第27页。
③ 陶行知:《目前中国教育的两条路线——教劳心者劳力,教劳力者劳心》,载华中师范学院教育科学研究所主编《陶行知全集》(第二卷),湖南教育出版社,1986,第598页。
④ 陶行知:《在劳力上劳心》,载华中师范学院教育科学研究所主编《陶行知全集》(第二卷),湖南教育出版社,1986,第45页。
⑤ 陶行知:《三代》,载华中师范学院教育科学研究所主编《陶行知全集》(第四卷),湖南教育出版社,1985,第160页。

学生与社会生活的需要。因此,教是服从于学的,而教、学又是服从于生活需要的。"做"不仅是教学的中心,而且是社会生活的中心,既是教学法,又是生活法。它不仅密切了师生关系,还突出了教学相长,沟通了教与学,使教学和生活构成了有机整体。陶行知还对"做"进行了延伸,指出"做"是人类生活中一切有意义的活动,"做是发明,是创造,是实验,是建设,是生产,是破坏,是奋斗,是探寻出路"。①

"教学做合一"是陶行知生活教育理论的方法论,"生活即教育""社会即学校"都有赖于"教学做合一"来实现。"从哲学基础上看,陶行知亦逐步摆脱了杜威的经验主义哲学,将其理论建立在唯物主义认识论基础之上"②。正如他本人所言:"我拿杜威先生的道理体验了十几年,觉得他所叙述的过程好比是一个单极的电路,通不出电流。他没有提及那思想的母亲。这位母亲便是行动。"③

综上所述,陶行知的生活教育理论主张把整个社会当作学校,整个生活当作教育,强调学校教育与社会生活紧密联系,反对教育脱离生活实际,这种理论体系是借鉴与创造的结晶。一方面,其理论主要源自杜威的实用主义教育学说。可以说没有受杜威的实用主义教育思想的启发以及对之借鉴,就不会有生活教育理论的诞生。同时,不可否认的是,陶行知的生活教育理论还得益于瑞士著名教育家裴斯泰洛奇所著《天鹅之歌》之启发。其"生活具有教育的作用"的思想以及勇于试验、不断发明的精神鼓舞着他,使他立志成为中国教育"试验之先河"④。另一方面,该理论体系是结合中国社会实际而进行了一番中国化的改造。正如美国学者费正清所言:"陶行知是杜威的学生,但他正视中国的问题,则超越了杜威。"⑤陶行知的学生张劲夫对

---

① 陶行知:《教学做合一之教科书》,载华中师范学院教育科学研究所主编《陶行知全集》(第二卷),湖南教育出版社,1986,第290页。
② 周洪宇、陈竞蓉:《留美归国教育家对中国现代本土教育理论的探索》,《中国教育学刊》2010年第8期。
③ 陶行知:《思想的母亲》,载华中师范学院教育科学研究所主编《陶行知全集》(第二卷),湖南教育出版社,1986,第404页。
④ 陶行知:《教育研究法》,载华中师范学院教育科学研究所主编《陶行知全集》(第一卷),湖南教育出版社,1984,第68页。
⑤ [美]费正清:《陶行知与杜威》,载周洪宇编《陶行知研究在海外》,人民教育出版社,1991,第397页。

其创造精神十分钦佩,指出陶行知"早期确实受过杜威的影响,但他回到中国之后,尤其是到了人民群众之中以后,就逐渐改变了观点"。后期,他"在教育思想上已形成陶自己的独特观点"①。因此可以说,陶行知的生活教育理论是对杜威等教育理论的继承与超越。这种生活教育理论不仅对当时的教育产生巨大的影响,即使在今天也具有十分重要的借鉴意义。老一辈无产阶级教育家吴玉章指出:"他的生活教育的理论,就是教育革命的理论,也是革命教育的理论。他打倒一切陈腐的自私自利的学说,使教育无拘无束,活生生的实现于人类生活之中。把人的生活是有规律、有理性、有组织、有创造、有发展,和其他动物盲目的生活不同,明白的在教育意思上表现出来,这是他天才的发现。"②这种理论强劲的生命力反过来也证明了它的构建是经过"中国化"或"本土化"的改造,在某种程度上比较符合中国教育实情。

(四)陈鹤琴的"活教育"理论——实用主义教育理论中国化创新

陈鹤琴③是我国现代著名教育家、心理学家、儿童教育家。一生致力于从中国国情出发学习和引进西方教育思想和方法,创建具有中国特色的现代儿童教育理论。他的"活教育"理论为改革传统教育提供了极有价值的思路。1919年至1927年间,陈鹤琴投身于译介西方新理论、新方法,探索中国儿童心理发展及教育规律,进行中国化、科学化的幼儿园实验,总结并构建了系统的、具有中国特色的教育理论——"活教育"理论。

在留美期间,陈鹤琴曾深受杜威、克伯屈的实验主义和进步主义教育思想的影响。回国后,他深感中国旧教育的腐朽落后,面对因袭旧法、脱离生活、死读书本的教育状况,立志借鉴西方先进的教育思想改革中国的旧教育,进而创造中国的新教育。1939年,陈鹤琴在其主编的《小学教师》发刊词中提出,

---

① 中国陶行知研究会编:《陶行知教育思想研究文集》,人民教育出版社,1986,第17页。
② 吴玉章:《回忆陶行知先生》,载江苏省陶行知教育思想研究会《纪念陶行知》,湖南教育出版社,1984,第14页。
③ 陈鹤琴(1892—1982):14岁开始接受新式教育,1911年春进入上海圣约翰大学,秋天考入北京清华学堂高等科。1914年8月从清华学校(今清华大学)毕业并考取公费留学美国,进入霍普金斯大学学习,获文学士学位。后入哥伦比亚大学师范学院,师从克伯屈和桑戴克等知名教育家。1919年获哥伦比亚大学师范学院教育学硕士学位。回国后任教于南京高等师范学院,教授教育学、心理学和儿童心理学。

要把陶行知所批判的"教死书、死教书、教书死；读死书、死读书、读书死"的死教育改变成"前进的、自动的、活泼的、有生气的"活教育。一方面，使教师"教活书、活教书、教书活"；另一方面，使学生"读活书、活读书、读书活"。他极力主张教育要适合儿童的心理和需要，激发儿童的兴趣，启发儿童的思维，培养儿童的创造能力，使儿童能够自动学习，正式提出了"活教育"理论。

"活教育"理论的渊源无疑来自杜威的实用主义教育哲学。正如陈鹤琴自己所言："因为我们现在提倡的活教育是接受着世界新教育的思潮，并和杜威一样的在创造理论，也创造方法。"[①]但他秉持创新精神，结合中国国情，对杜威等的理论进行中国式的改造和重构，形成具有中国特色的儿童教育和新教育理论。可见，该理论的形成不仅吸收了欧美科学实验新教育的精神以及现代化观念，而且继承了中华民族优秀的文化传统以及陶行知的教育思想。"活教育"理论主要包括目的论、课程论、方法论。

其一，"活教育"的目的论。

"活教育"的目的论是"做人，做中国人，做现代中国人"。陈鹤琴认为，教育人不能只为谋一己之利，而要为人民大众谋利益。教育不只是传授知识，首先是要教人做人。"做人"是"活教育"最为一般意义的目的，"做人"的问题涉及如何建立完美的人际关系，如何参与生活，改进社会，追求个人及人类幸福生活。"做中国人"体现了"活教育"的目的论的民族特征，即要做一个热爱中华民族的光荣历史，热爱祖国人民，有独立、自强、自尊、自豪的精神，担负起建立科学民主，创造祖国光明未来之历史责任的中国人。"做现代中国人"指的是做具有创造能力、服务精神、合作态度、身心健康及世界眼光的现代素质的新人。"活教育"的目的论的构建，是"从普遍而抽象的人类情感和认知理性出发，逐层赋予民族意识、国家观念、时代精神和现实需求等涵义，使教育目标逐步具体，表达了陈鹤琴对人的发展、教育与社会变革的追求"[②]。

---

① 载北京市教育科学研究所编：《陈鹤琴全集》（第四卷），江苏教育出版社，1991，第350页。
② 孙培青主编：《中国教育史》，华东师范大学出版社，2002，第465页。

其二,"活教育"的课程论。

课程内容是实现教育目标的支柱。在陈鹤琴看来,大自然、大社会都是活教材,所以学校应该以大自然、大社会为中心组织课程。陈鹤琴所谓的"活教材",是指来自大自然、大社会的"直接的书",让儿童在与自然和社会直接接触中,在亲身观察中获取经验和知识。"课程论"是针对我国传统教育历来忽视活生生的自然和社会的状况而提出的,它追求的是让学校的教育内容与自然、社会以及儿童生活形成一个有机联系的整体。

其三,"活教育"的方法论。

"活教育"的方法论是"做中教,做中学,做中求进步"。该方法论"可说是脱胎于杜威博士当年在芝加哥所主张的'寓学于做',但比较杜氏的主张更进了一步"[①]。不仅在"做"中学,而且在"做"中教;不仅在"做"中教,而且在"做"中取得进步。它强调的是儿童在学习过程中的主体性和在活动中获得直接经验。陈鹤琴还根据儿童心理学和教育学原理,并结合本人的教育实际经验,提出了17条"活教育"教学原则:

> (1)凡是儿童自己能够做的,应当让他自己做;(2)凡是儿童自己能够想的,应当让他自己想;(3)你要儿童怎样做,就应当教儿童怎样学;(4)鼓励儿童去发现他自己的世界;(5)积极的鼓励胜于消极的制裁;(6)大自然大社会是我们的活教材;(7)比较教学法;(8)用比赛的方法来增进学习的效率;(9)积极的暗示胜于消极的命令;(10)替代教学法;(11)注意环境,利用环境;(12)分组学习,共同研究;(13)教学游戏化;(14)教学故事化;(15)教师教教师;(16)儿童教儿童;(17)精密观察。[②]

该教学原则,一方面突出体现了"以儿童为中心"的思想及一个"活"字和一个"做"字,确立了学生在教学活动中的主体地位,而激发儿童主体性的最有效手段就是鼓励学生自己去做、去思考、去发现;另一方面强调老师积极的鼓励和有效的指导之重要性,以启发性的教学法代替"灌输"的教

[①] 北京市教育科学研究所编:《陈鹤琴全集》(第四卷),江苏教育出版社,1991,第366页。
[②] 北京市教育科学研究所编:《陈鹤琴全集》(第五卷),江苏教育出版社,1991,第74页。

学法，从各方面调动学生的学习积极性。

从陈鹤琴的"活教育"理论的三大原则来看，其理论明显受到杜威实用主义教育思想的影响。陈鹤琴曾坦言："'活教育'并不是一项新的发明。它的理论曾被世界上不同的教育界权威创导过。当作者从1914年到1919年在美国接受教育时，最知名的教育家之一杜威博士所提倡的美国进步教育，对形成中国的活教育运动起了相当的影响。"① 但是"活教育"如同陶行知的生活教育理论一样，吸收了杜威实用主义教育合理和有用的内核，批判了传统教育忽视儿童生活和主体性，力图去除以学校和课堂为中心而脱离社会生活、以书本知识为中心而脱离实际和实践、以教师为中心而漠视学生的存在等弊端，同时也充分考虑到中国的时代背景和国情，是一种有吸收、有改造、有创新、有中国特色的教育理论。因此，陈鹤琴的"活教育"理论的构建充分体现了留学生力图使教育理论科学化和中国化的艰难追求。

从上述中国特色的教育理论的构建来看，留学生的教育翻译以及成果通过吸收、借鉴与改造，转化为符合中国教育情势的理论。上述教育家在借鉴国外教育理论过程中，从本国教育情势出发，认真查找并分析本国教育问题的症状，对症求方，选择、实践和改造外来教育理论，在实现西方教育中国化过程中筚路蓝缕，创造出各具特色且影响深远的教育理论，最终使我国的教育理论成功地走出传统的模式。正如有关学者所言，杜威实用主义教育的影响并非简单的文化移植，而是融入了杜威弟子们的学术自觉与反思，从而在很大程度上超越了杜威，并创造具有中华民族特色的新教育理论。②

综观留学生对教育中国化的早期探索、教育学及学科体系在中国创立与构建以及中国特色教育理论体系形成的历程，留学生教育翻译及成果的影响无处不在。无论是在翻译过程中对外国教育理论的直接吸纳，还是在阅读翻译著作过程中对外域教育理论的间接吸收，中国教育界都真真切切地享受到

---

① 北京市教育科学研究所编：《陈鹤琴全集》（第六卷），江苏教育出版社，1992，第295页。
② 黄书光：《实用主义教育思想在中国的传播与再创造》，《高等师范教育研究》2000年第5期。

留学生的教育翻译所带来的西方教育盛宴。不管怎样，留学生的教育翻译对中国教育发展影响的落脚点应该是"教育本土化"或"教育中国化"。但是，"教育中国化"应重在"消化"，要立足于中国国情，对古今中外教育理论去伪存真，根据自己的文化传统与社会发展的需要借鉴与创新，从而形成适合中国教育发展、有中华民族特色的教育理论。

结 语

本书对1895—1937年间中国留学生的教育翻译如何兴起、发展、主要内容以及对近代教育变革与发展产生的影响等方面进行了探讨，从中我们可以较为全面地了解近代中国留学生教育翻译的历史轨迹及其对中国教育早期现代化所做出的巨大历史贡献。以史为鉴，是我们学习历史、研究历史的基本出发点。近代中国留学生的教育翻译为我们留下了许许多多可资借鉴的宝贵历史经验，也给我们留下了实例丰富的历史教训。有鉴于此，笔者将在结语部分对近代中国留学生教育翻译的总体特征予以归纳，对教育翻译的历史贡献进行评述，对此期教育翻译存在的主要不足进行反思，并对今后留学生的教育翻译如何开展提出一些启发性的建议。

一、近代中国留学生教育翻译的总体特征

我国的教育翻译发轫于明清之际，伴随着科技翻译的兴起而生，迄今已有大量优秀的教育译作问世。留学生的教育翻译，为借鉴外国教育经验，推进我国教育改革与发展，增进中外教育文化交流，起到了十分巨大的作用。早期的教育翻译规模小，内容零散，影响有限。鸦片战争后，教育翻译在内外因素的相互作用下迅速地发展起来，但无论是翻译主体、内容、方式，还是翻译质量和选材对象，都存在着明显的局限性。甲午战争之后，留日教育的兴起掀起了晚清教育翻译的高潮。教育翻译的主体、规模、内容、方式以及地位随即发生实质性的改变。民国期间，教育翻译又出现了一些新的发展变化。总体来说，1895年至1937年间，留学生的教育翻译呈现出以下几大特征：

（一）留学生教育翻译从边缘走向中心

我国教育进入近代转型时期，教育翻译经历了一个从边缘走向中心的过程。甲午战争前，我国也存在零星的教育翻译，但一直处于边缘状态。甲午战争后，中国社会正处于一个重大的历史变革时期，教育变革是其中一项十分重要的内容。要摧毁旧的教育理念、教育体制和旧式教育传统的束缚，改革我国近代教育体制，使新的教育体系在我国得以确立，从而加速我国教育现代化的进程，引进与借鉴的必要手段——教育翻译，就必然会从边缘走向中心。因此，在这一教育转型时期，教育翻译蓬勃开展，是时代之需要和历史之必然。而促使教育翻译从边缘走向中心最有力的推手，就是以留学生为主体的教育翻译及其成果。

我国近代出现的留学生教育翻译有着强烈的目的和动机。之所以选择翻译教育方面的内容，是因为当时国人已经意识到中国旧的教育模式已不再符合现时社会的发展需要，深刻体悟到改革旧式教育体制势在必行。要改革现存的旧式教育体系，冲破旧式教育模式的束缚，打破旧的教育传统，最直接的方式和手段就是通过翻译这座桥梁来引进与借鉴世界上现有的先进教育成分，为建立新的教育体系提供范本和模式。

（二）留学生教育翻译以"教育救国""开启民智"为价值取向

任何有意义的人类活动都有其特定的动机，作为人类活动之一的翻译理所当然也有其特定的动机。鸦片战争前，耶稣会士来华的目的就是传播宗教、进行文化渗透。他们的主要精力集中在传播宗教上，选择传播科学文化知识也是以是否符合宗教教义为标准的。因此，他们选择译介的西学不仅以教理书为主，而且选择译介的科学文化知识也非最新科技成果。即使对有些新科学成果和哲学成果有所介绍，但他们仍然持不同甚至相反的观点。另外，耶稣会士虽然介绍了近代科学中的许多诸如对数、光色现象、计算方法等工具性的发现，但对涉及观念性或系统性的知识和实验则避而不谈，这与他们的翻译目的密不可分，即传教是他们的首要目的，而传播科学只不过是他们用以吸引信徒的手段而已。因此，"利玛窦等人输入中国并产生较大影响的主要还是希腊科学，可以说与近代科学理论和方法相距甚远"[①]。鸦片战争彻底粉碎了"天朝大国"的迷梦，迫使国人以前所未有的崭新的目光重新认识世界。落后就要挨打的严酷现实迫使国人反思失败的原因，痛恨禁锢人们思想、摧残人才、空疏无用的封建旧教育，对西方新教育的态度从原来的好奇、讥讽或是指责转向为信服、钦慕甚至是学习。因此，教育翻译的价值取向是"师夷长技以制夷"。自鸦片战争以来，中国翻译家的使命感贯穿于其整个翻译行为之中，他们大多是本着"国家兴亡，匹夫有责"的思想开始和推进其翻译事业的。洋务派主张"中学为体，西学为用"，通过译介西方的科技文献，发展中国的工业，制造出坚船利炮，把中国从西方列强的牵制下解救出来，以达到技术救国的目的，因此，其主要翻译动机是"富国强兵型"。甲午战争后，中国知识分子逐渐意识到单单依靠"中学为体，西学为用"的模式已经无法解决中国所面临的问题，只有"开民智、新民德"才能挽救中国，从而达到教育救国的目的，因此，其主要翻译动机是"开启民智型"。由此印证，1895—1937年间中国留学生的教育翻译便是"教育救国""开启民智"的典型代表。

[①] 孙尚扬、[比利时]钟鸣旦：《一八四〇年前的中国基督教》，学苑出版社，2004，第135页。

（三）留学生教育翻译目的呈现出阶段性

从教育翻译目的来看，1895—1937年间留学生教育翻译的总体目的就是"教育救国""开启民智"。在这种教育翻译价值取向指导下，留学生的教育翻译在各阶段又表现出不同的翻译动机，即启蒙思想、服务教学、服务教育研究。例如，在留学生教育翻译活动的发轫期，留学生面对社会现状萌生了教育救国的意识，认识到教育翻译的必要性和可行性。他们试图通过翻译教育方面的文字来启蒙国人的思想，传播新观念、新知识、新文化。此阶段的翻译动机可以称为"启蒙思想型"。20世纪初期，留学生的教育翻译基本上抱着"急用先学"的态度。以教育学翻译为例，由于当时大量兴办新式学堂以及师范学堂"教育学"科目的开设，大量引进外国教育学教科书来充当课程教学讲义、教材或者参考书成为燃眉之急。于是，应教学急需、为教学服务，成为大量译介教育学教科书的主要动机。由于此动机过于强烈，需要过于迫切，以致在一定程度上忽视了从理论上对教育学进行研究，一切皆是照搬照抄，拿来即用。20世纪二三十年代，留学生的教育翻译的动机，表现为由服务教学型转向服务研究型，把教育学作为一门学问或一种学科来研究的需求逐渐凸显出来。教育研究与教学一样，急需教育翻译。引进，是为了更好地研究，于是教育界出现了敢于挑战世界教育学术权威以及指出杜威学说的两大缺点的陈科美现象[①]；出现了敢于将教育权威理论"翻半个筋斗"的理论创新局面，如陶行知等敢于从中国国情出发，借鉴并改造杜威教育学说。

（四）留学生教育翻译主体具有一定的独立性、群体性和专业性

从翻译主体来看，教育翻译活动的主体逐渐从被动走向主动、由个体转向群体、从依赖走向独立、由非专业转向专业。随着留学教育的蓬勃发展，留学队伍的日益壮大，留学生群体开始独立自主地大量翻译西学。进入20世纪后，以严复为代表的留欧归国留学生翻译群体、以留日青年学生为代表的翻译群体以及以留美归国学生为代表的翻译群体，先后汇成了近代中国教育翻译队伍的主流。尤其是中华民国成立后，大批留欧美学者在国外取得硕士

[①] 陈科美认为："杜威学说之缺点有二：（一）解释生长之内容尚嫌简单；（二）教育之范围过于广泛。"参见陈科美：《新教育学纲要》，开明书店，1932，第5页。

或博士学位后陆续归国。这些人兼通中西文字和教育专业知识，且在国内高校和科研出版机构担任要职，从而构成了民国时期教育翻译的中坚力量。留学生教育翻译主体在各自的领域内成为最有影响力的学术带头人。例如，在教育原理方面有庄泽宣、陈科美、孟宪承，在教学理论方面有程其保、罗廷光、钟鲁斋，在教育哲学方面有瞿菊农，在中等教育方面有廖世承，在教育心理学方面有张耀翔、艾伟，在教育管理研究方面有常道直、邰爽秋，在教育统计学方面有朱君毅，在教育研究方法方面有罗廷光、钟鲁斋，在师范教育方面有李建勋，在民众教育方面有俞庆棠、高践四，在教育史方面有姜琦、孟宪承、邱椿，在幼儿教育方面有陈鹤琴等。留学生在翻译过程中大都能根据中国教育的实际需求，有选择地引入外国教育成果。正如有关学者所言，民国后期对于西洋教育思想的介绍与接受不如以往的漫无选择。这些都充分证明留学生翻译队伍专业性不断增强，善于用专业的眼光来选择翻译内容及翻译方式，借以达到翻译服务教学、翻译服务教育研究之目的。

（五）留学生教育翻译的内容日趋多元性、系统性和层次性

1895—1937年间留学生教育翻译内容较前期日趋多元化和系统化，并具有一定的层次性。甲午战争前，耶稣会士所译介的西学著述，以器、术为主，人文社会科学少有涉及，对西方教育的引进更是凤毛麟角，并且大多夹杂在自然科学如西方地理、风土的译述中。其译作缺乏理论性、系统性和完整性。其中对西方教育制度及概况，只是一般性地笼统而表浅介绍，教育理论、教育思想很少涉及，缺乏对西方教育制度、教育理论以及教育方法的整体而全面的介绍。自然科学知识的翻译，也存在内容肤浅粗疏等问题。对此，郑观应在《西学》一文中指出："若夫天文、舆地、算学、化学直不过粗习皮毛而已。"该特征与当时国人对西学认识以及西方传教士的科学水平有着直接关系。明清时期长期闭关锁国，国人对西方近代科学知之甚少，一旦国门打开，肤浅的西学认识必然会限制其对西书的选择。再者，有些传教士自身科学知识水平低下，有的知识早已经陈旧过时。"梁启超就在《西学书目表》的'电学'类所写的按语中指出过传教士所译的'电学诸书，皆旧法，西人半废不用'"[①]。

[①] 王建军：《中国近代教科书发展研究》，广东教育出版社，1996，第49页。

即使在鸦片战争之后，为满足洋务学堂教学所需而翻译的教科书，也没有一定的计划性、渐进性、经典性和先进性。各知识之间缺乏有机联系，每一学科内部均没有形成完整的知识体系。有时甚至是翻译了什么书，就开设什么课程。这一现象，在京师同文馆尤显突出。如翻译了《万国公法》，就开设万国公法课；翻译了《富国策》，就开设富国策课。

相较而言，近代中国留学生的教育翻译则不同于以往，翻译内容丰富，形式多样，而且呈现出由单一性转向多元性、从零散性走向系统性的发展趋势。翻译内容涵盖了教科书、教育制度、教育理论、教育方法、教育演讲以及教育小说等。这些内容，从横向来看，涉及师范教育、普通教育、职业教育等；从纵向来看，涉及初等教育、中等教育、高等教育等；从国别来看，涉及日本教育、欧美等国教育，该时期的翻译不仅仅局限于从一个国家输入教育学著作或讲义，而是广泛地引进与吸纳各国教育学之精髓，在一定程度上补充了中国教育学科的养分；从学科性质来看，不仅涉及教育学作为一门学科的翻译，而且逐步延伸到教育学相关分支学科的翻译。所有这些，均呈现出翻译内容的日益多元性和日趋系统性。

具体而言，首先如教育制度的翻译是留学生翻译内容的重点之一。翻译的对象国也在不断地发生变化。从清末的日本教育制度的译介到民国时期对以美国为主的各国教育制度的译介，再到新文化运动之后随着马克思主义在中国的传播，对苏俄教育制度的译介开始兴起。又如教科书的翻译，贯穿整个清末民初，但内容层次有所变化。清末教科书翻译以中小学教科书为主，而民初教科书翻译转向高等学校教材，《大学丛书》以及其他大学教育用书纷纷翻译出版。民国后期，由于国内大学甚至高中普遍采用美国原版教材，教科书翻译日益减少。再是教育理论，这方面的翻译可归纳为三类。第一类是清末民初的赫尔巴特学派教育理论的首次引入及其延续，以及随后对以德国为主的欧美国家各种教育理论流派的翻译，如社会教育学、实验教育学、人格教育学、公民教育学以及文化教育学等。第二类是美国杜威实用主义教育理论及其相关理论的译介。第三类是马克思主义教育理论的翻译。总体而言，清末及民国前期留学生对赫尔巴特学派理论和杜威实用主义教育理论的翻译占主导地位。教育理论著作的翻译种类逐渐增多，学科分支更细。译介欧美的教育著作，不仅局限于普通教育学类，而且更注重不同种类的教育著作。有名家教育经典著作，留学欧美的学生直接把西方经典名著译介过来，特别是随着20世纪一批外国大师级人物来华访问，其作品也陆续被翻译到中国来，如杜威、罗素、孟禄、桑代克、克伯屈、推士、洛克、斯宾塞等人的代表著作得到了大量译介。除此以外，基础性教育学科著作、应用性教育学科著作以及反映欧美教育革新运动的著作也得到译介。这表明，该时期随着教育科学的不断发展，人们对教育学科的认识在不断深入，并开始借助现代科学的研究手段对教育学科进行更科学、更细致、更深入的研究。

从教育翻译内容的层次来看，甲午战争之后至20世纪初年，教育翻译以教科书和学制引入为主，这属于器物及制度层次上的输入。其时翻译的直接影响促进了近代教科书的发展以及近代学制的改革。新文化运动前后的教育翻译则着重于引进现代教育思潮，包括教育科学实验和各种教育方法，这属于教育思想层面上的输入。当然，这些层次往往会相互交错或交叠。与近代中国教育的改革与发展的历程一样，留学生的教育翻译大体上也经历了从器物到制度，再从制度到思想这三个层面的不断升华，并逐步走向深入。

二、近代中国留学生教育翻译的历史贡献

中国留学生教育翻译在中国教育早期现代化的进程中做出了巨大的历史性贡献。概括而言，它确立了中国人的翻译话语权，引领了近代中国教育改革与发展，催生了中国的教育科学和教育理论，推动了中国翻译理论与实践的发展。具体论述如下：

（一）留学生的教育翻译确立了中国人的翻译话语权

自甲午战争始，留学生翻译群体逐渐取代了传教士而一举成为教育翻译活动的主体，译者主体地位的改变，在中国翻译史上具有划时代的历史意义。从翻译主体来看，教育翻译的主体逐渐由被动转向主动，从依赖走向独立。甲午战争前，无论是清政府组织的以"富国强兵"为目的的教育翻译，还是外国传教士组织的以"传播宗教"为目的的教育翻译，都没有跳出西译中述的翻译模式。中国的教育翻译基本上为外国人所掌控，翻译什么、如何翻译

均非国人之意愿所能完全控制。在翻译活动中，传教士是翻译主体，翻译内容的选择、翻译方式的确定以及翻译成果的展现形式，基本上都是由传教士所主宰，当然翻译任务主要也由传教士承担。例如，京师同文馆的美国传教士丁韪良主持翻译了一批洋务方面的书籍；江南制造局的英国传教士傅兰雅在长达28年的教学生涯中，共翻译西书77部，约占该局出版总数163部的47.2%，几乎达到一半。① 随着中国翻译者主体意识的增强，其主体地位逐渐凸显，留学生的独立翻译活动打破了中国学者与传教士通过"传教士口授，中国学者笔录"的合作翻译的模式。维新变法运动开始，中国人外籍翻译中的主体地位开始确立，中国人翻译主体的独立性日渐凸显，标志着国人的翻译从被动走向主动，从依赖走向独立，从而确立了中国人的翻译话语权。以严复为代表的一大批留学生独立自主的翻译行动就是一个明证。

（二）留学生的教育翻译引领了近代中国教育改革与发展

近代中国通过留学生的教育翻译，借鉴域外尤其是西方教育经验，突破了旧的教育观念，冲破了旧的教育体制，瓦解了封建教育传统，建立起了新的教育制度，实现了教育的现代化转型，使得新的教育思想逐步深入人心，新式教育在中国大地上生根发芽，推动了中国近代教育改革跨越式发展。近代中国留学生的教育翻译活动在这一改革浪潮中起到了引领和推波助澜的作用，其功绩不可磨灭。教育制度的翻译，为我国近代教育制度改革提供了可资参考与借鉴的范本，促使了新型教育制度的出台；教育理论的翻译，使得外国的教育思想在中国落地生根，为中国带来了德国的赫尔巴特教育思想、美国的杜威实用主义教育思想以及马克思主义教育思想等崭新的教育理念，直接引发了我国教育观念的嬗变、教育宗旨的更新、中国特色的教育理论的构建，加快了中国教育思想的现代化进程；教科书的翻译，使西方的新思想、新观念，尤其是自然科学知识、社会科学知识和教育学知识得以直接走进课堂，从而促进了学校教学内容的改革；教学方法的翻译，使得西方先进的教学方法在中国得以借鉴与实践，更新了传统的教育模式，使国人耳目一新，从而使学校教育逐步走向科学化与民主化。可以说，1895—1937年间中国留学生

---

① 甘作霖：《江南制造局之简史》（下），《东方杂志》第11卷（1914年）第6号。

的教育翻译在中国教育现代化转型的过程中起到了开风气之先的作用，对近代中国教育改革与发展起到了先导、引领和示范的作用。

（三）留学生的教育翻译催生了中国的教育科学和教育理论

中国近代教育科学的产生与发展，主要体现在教育理论的构建和西方教育研究方法的借鉴。一方面，留学生通过翻译努力吸收并融合西方近代教育理论、哲学社会科学的最新理论乃至自然科学的研究成果，对中国近代教育的发展做出理论上的解释与引导；另一方面，留学生通过翻译和借鉴西方教育研究的科学方法，如教育实验、教育试验、智力测验、教育测验等使教育研究方法从凭借经验转向借助科学的方向发展。

随着社会经济的发展和新式教育的兴起，中国近代教育科学也开始萌芽。20 世纪第一个 10 年间，作为一门基础学科的教育学从传统经史之学中剥离出来。其时，通过期刊连载和以单行本出版的关于教育学内容的著作多达几十本。20 世纪 20 年代，教学理论和教育实验方面的著作大量涌现。20 世纪 30 年代，中国教育科学的发展呈现出繁荣的景象。教育学与其他学科相结合而产生的交叉学科研究成果大量出版，如教育哲学、教育心理学、教育统计学、教育心理测验、教育伦理学、教育卫生学、教育生物学、教育行政学等；对教育实践中的某个专门问题或领域进行研究而形成的学科，如家庭教育学、社会教育、民众教育、特别教育、成人教育、职业教育、师范教育、乡村教育、幼稚教育、初等教育、中等教育、大学教育等；对教育学自身发展研究所形成的学科，如教育科学纲要、教育研究概论、教育研究方法、教育测验等。尽管这些成果在内容和形式方面，编译与介绍的痕迹依稀可见，呈现出新旧糅杂、中西兼有的状态，但是教育科学作为一门独立的科学已经从经史之学中分离开来，实现了从传统到现代的历史转型。

更为可喜的是，中国留学生群体在输入欧美教育学说、教育名著，融会贯通其精神实质的同时，将之应用到教育实践中去，在总结自己教育实践和吸收中外优秀的教育成果的基础上，试图构建和创造适合中国国情的教育理论，从而使中国的教育思想从经验层面开始上升到科学理论层面。颇有影响的如陶行知的"生活教育理论"、陈鹤琴的"活教育"理论、黄炎培的"职业教育理论"、晏阳初的"平民教育理论"等。这些教育理论的构建，既具民族特色又符合世界教育发展潮流。

（四）留学生的教育翻译推动了中国翻译理论与实践的发展

近代中国留学生的教育翻译，客观上推动了中国翻译理论与实践的发展。留学生在教育翻译中扮演着多重角色，他们既是翻译活动的组织者，又是实践者；既是实践者，又是理论研究者。他们在大量的教育翻译实践活动中，通过对翻译实践经验的总结，对翻译的方式方法的思考，逐步形成了独特的翻译思想和理论。最杰出的代表有严复、蔡元培、王国维、鲁迅、胡适、郑晓沧、孟宪承、陆志韦等人。例如，严复提出了著名的"信、达、雅"的翻译标准，蔡元培提出了"译即易""横译""纵译""一译""再译"以及培养多语种翻译人才的翻译思想，王国维提出了有关翻译中语言问题的等值翻译理论，鲁迅提出了"直译"和"硬译"的译学理论，胡适提出了"三负责"（对原作者负责、对读者负责、对自己负责）、提倡白话文翻译以及"信与达统一"的翻译标准，郑晓沧、孟宪承、陆志韦对"直译"与"意译"进行了思考与探讨等。随着近代科学知识的大量引入，有关科学术语和专有名词的翻译问题引起了不少科学家和教育翻译家的重视。严复、蔡元培等人十分重视专有名词的翻译以及译名统一的问题，并探讨了科学术语和专有名词的翻译方法。

随着留学生翻译意识、翻译主体性和主动性的不断增强，他们对翻译文本的选择、翻译策略的制定、翻译方法的选择、翻译语言的选择等能力都逐步得到提高。例如，翻译方式选择的总体趋势是从节译转向全译、从变通的自由翻译到忠实于原文的严格翻译、从间接翻译或转译到直接翻译、从转译或直接翻译到重译或复译。这一趋势，一方面充分说明了留学生在传播西方教育过程中不断地追求译作的全面性、系统性、完整性和准确性，另一方面也说明了留学生对翻译理论与实践的探索在进一步深化。

理论源自实践。留学生教育翻译的开展，不仅直接推进了近代中国教育改革与发展，而且间接地丰富了中国翻译理论，增强了人们的翻译意识，形成了日益成熟的翻译方式，自然也就推进了中国翻译理论与实践的发展。

三、近代中国留学生教育翻译的主要不足

虽然1895—1937年间留学生的教育翻译对中国近代教育改革与教育科学的发展产生过巨大而积极的影响,并表现出逐步走向成熟的态势,但前进路上总有这样或那样的不足。找出留学生教育翻译中存在的主要不足,为后人留下些许的启示,是我们研究工作者的职责所在和应然之举。现将近代中国留学生的教育翻译存在的主要不足之处归纳为以下几点:

(一) 翻译质量良莠不齐

翻译质量,主要是指所选择的文本和所翻译作品的质量。影响翻译质量的因素有很多,如所选择的文本质量、翻译者的素质(包括语言、文化以及专业素质)和翻译时间的保障等。从所选择翻译材料的质量来看,清末翻译活动虽然体现了一定的组织性和选择性,如选择国别集中、教科书的成套翻译、西方教育理论的选择性接受等,但除少量经典名著和最新理论著作外,大多相当于国外中、高等教育教材或讲义。从翻译作品的质量来看,清末教育翻译质量良莠不齐。主要有以下原因:其一,几经倒手的日译本在内容上难免有遗漏或误译现象,因此选择日本二手教育学著作、讲义作为翻译源文本,文本质量难以保证。例如,对赫尔巴特教育学的翻译,由于赫尔巴特教育学并非源自德国,而是取道日本,因此难免有些失真的地方。转手翻译过来的多非赫尔巴特的原作,而是被其弟子或再传弟子"改造"过的东西,难保"原汁原味"。其二,译者大多虽为留日学生,但他们自身的学术素养高低不等,且并非专门研究教育学出身,对外来教育思想和理论的理解欠深入,故在翻译时出现错误在所难免。其三,部分书籍由日文转译,译者手头缺乏双语或多语学科术语辞典,对同一术语的翻译五花八门。其四,急于求成,由于新式学校缺乏大量的教科书,为缓解燃眉之急,即译即用,唯以多为贵,质量自然难以保障。民国时期,随着大批留美学生回国,具有教育专业学习经历的留学生加入到翻译队伍中,在选材的针对性、选材的质量、翻译方法的选择等方面都较前期有了明显的好转,但也不是无可指责。关于翻译质量良莠不齐的问题,蒋维乔为《桑代克教育学》一书写的序言中如是说:

然而教育一科，译者虽多，巨制无几，校诸旧籍，不营九牛之于一毛，太仓之于稊米。而且玉石杂糅，良楛互见，除一二通行之教科用书学者奉为圭臬外，欲求一纯正美备可资考证之作，诚不易多觏。如是而欲吾国多洞明教育之士，致力教育之人，发扬振起与他国抗衡，庸有当欤。然则蕲求中国发达之道首在教育，蕲求教育发达之道，又在研究者之多，而蕲求研究者之人多，则尤在译述家之抉择精良，出版界之供应宏富，固有如演算之公式，科学之定律，一理既得，莫之更易，其关系于国家者，顾不重且大耶。①

（二）盲目引进、过度依赖

20世纪初期留学生的教育翻译也存在一些弊端。随着新式学校的建立，旧式教科书已完全不适应新式学校的需要，但又苦于没有现成的新式教科书可用，因此，在这新旧交替之际，教科书基本依赖翻译和引进。加之当时新式学校发展过快，翻译和引进一味追求速度，在没有消化和认真思考的情况下，将大量的教育学著作及讲义直接照搬拿来，充当新式学校的课程教学讲义、教材或者参考书，以解燃眉之急。这一"急用先学"的做法使得当时的教育翻译出现了一些粗制滥造和盲目引进现象。这一现象在教育学科尤为突出。由于教育学课程是一种普及性课程，当时的师范学堂甚至政法科、文学科等分科大学，均开设了教育学课程，于是应教学急需、为教学服务成为大量译介教育学的主要动机。对此，王国维在1906年大发感叹："以中国之大、当事及学者之众、教育之事之亟，而无一人深究教育学理及教育行政者，是可异已。"②盲目引进，导致中国教育学者对外国教育学过分依赖，缺乏独立思考与研究。主要表现在有些学者主要精力耗费在教育学教科书的翻译与介绍上，成为单纯的翻译者和介绍者；有的则完全是拿来主义，将外国教育学稍加排列组合，改头换面，编写成自己的教材；有的用西方的话语去诠释中国的教育历史，参照西方的框架去裁剪中国教育史实；有的研究对象似乎是外国的教育现实而非中国的教育实际。20世纪20年代，教育学者开始意识到，

---

① [美]桑代克：《桑代克教育学》（序），陈兆蘅译，商务印书馆，1927，第1页。
② 姚淦铭、王燕编：《王国维文集》（第三卷），中国文史出版社，1997，第80页。

这种教育翻译存在着盲目引进、囫囵吞枣、食而不化的现象，开始积极致力于教育中国化的早期探索，才使得盲目引进、过度依赖的局面逐渐得到改观。

（三）翻译对象国的不均衡性和翻译活动的单向性

1895—1937年间与中国有教育交流关系的国家和地区很多，除中日、中美教育交流之外，其间与欧洲的英国、法国、德国、比利时等国教育交流的时间并不比日本晚，而且交流也几乎从未间断过。但是，相对日本而言，对这些国家的教育翻译却显得远远不够。以教育学著作翻译为例，20世纪上半期共引进各国教育学著作245本，其中从日本引进98本，占引进总数的40%；从美国引进的共76本，约占引进总数的31%。除日、美外，从其他国家引进的总计不过17本之数，其中德国（3本）、英国（7本）、奥地利（3本）、瑞典（1本）、苏联（1本）、捷克（1本）、法国（1本）；其他及不详者共计54本。[①]由此可见翻译对象国的不均衡性之一斑。

翻译活动的单向性也是教育翻译的主要不足之一。据统计数据，从1900年到2000年的100年间，中国翻译西方文、史、哲、政、经、法、数、理、化等书籍近10万种，但是西方翻译中国书籍的种类还不到500种。"西学东渐"之势远远超过了"东学西渐"。翻译活动的单向性是由当时的历史条件所决定的，但由此亦明见留学生输出中国教育的意识极为薄弱。将中华民族富有特色的教育精髓译成外语，是让世界了解中国、让中国教育走向世界并参与全球文化教育交流的一个极好途径。

四、近代中国留学生教育翻译的现实借鉴

研究近代中国留学生教育翻译不仅具有深远的理论意义，而且具有积极的现实借鉴意义。留学生教育翻译的历程昭示我们：教育翻译的重要性不容忽视，双向和多向教育交流有待深化，"明辨择善"的引进原则应该坚持，西方教育理论应说中国话，教育翻译者应注重自身专业及跨学科素质的提高等。

---

① 侯怀银：《中国教育学发展问题研究——以20世纪上半叶为中心》，山西教育出版社，2008，第55页。

（一）教育翻译是促进文化教育交流的有效途径

一个民族的文化往往是各种文化的汇聚和交融。世界上没有一种文化不受外来文化的影响。在现代社会里，不存在绝对不受外来影响的固有文化。美国历史学家赖肖尔这样认为，任何国家的文明，来自外来影响的产物总是多于本国的发明创造，如果有人要把英国文化中任何受外国影响或源于外国的东西剔除掉，那么，英国的文化就所剩无几了。任何国家和民族的文化都是一定社会实践的产物，有其长处，也有其局限。它只有从其他文化中吸收营养，才能永葆青春，具有活力，否则就会变成"死文化"。

翻译，不仅促进各国和各民族之间的相互了解和交往，促进文化交流，而且是发展人类文明的重要手段。没有翻译就没有人类文明史。我们通过翻译，不仅能了解其他民族以及他们的文化，而且也能更好地了解自己的民族和文化。翻译成了"透明的眼睛"[1]，既能审视别人也能审视自己。翻译又如一扇窗户，开启这扇窗户，不仅能欣赏外面的世界，而且能让户外新鲜空气进入室内。正如陶行知在《对于参与国际教育运动的意见》一文中所阐述的那样："第一要自己晓得自己，第二要自己晓得别人，第三要别人晓得自己。自明，明他，他明……"[2] 我国文学翻译家傅雷在谈到中国艺术家对世界文化应尽的责任时说："唯有不同种族的艺术家，在不损害一种特殊艺术的完整性的条件之下，能灌输一部分新的血液进去，世界的文化才能愈来愈丰富，愈来愈完满，愈来愈光辉灿烂。"[3] 同理，中国教育翻译者对世界教育应尽的责任，就是把一部分外国教育的成果引进到中国教育中来，同时把一部分中国教育的成果，传输到世界教育中去，使世界教育愈来愈丰富，愈来愈完满，愈来愈光辉灿烂。因此，要参与国际教育运动，加大教育国际化进程，要做到陶行知先生所说自明、明他以及他明，要使世界教育愈来愈丰富，愈来愈完满，愈来愈光辉灿烂，当代留学生肩负着更加伟大的历史使命，不仅要有国际化的视野，有选择地输入西方教育的精髓，而且要增强民族意识，积极

---

[1] 引自爱默生的一首诗，其意是当灵魂离开肉体，不仅看清了世间的一切，而且也看清了自己。
[2] 陶行知：《对于参与国际教育运动的意见》，载华中师范学院教育科学研究所主编《陶行知全集》（第一卷），湖南教育出版社，1984，第239—240页。
[3] 林煌天主编：《中国翻译词典》，湖北教育出版社，1997，第175页。

主动地对外传播中华优秀教育成果。而能完成这一伟大而神圣的历史使命的有效途径之一便是积极推进教育的翻译事业。

（二）教育翻译应注重双向和多向交流

任何国家的教育改革与发展都不可避免地吸收和借鉴他国经验。即便是教育高度发达的美国，在19世纪也经历了全面学习德国高等教育的过程，其重视学术研究和研究生教育的发展，在很大程度上就是向德国学习借鉴的结果。历史已经证明，我国留学生的教育翻译在我国近代教育改革与发展的进程中发挥了重要作用。可以说，我们百余年的教育改革与发展所取得的成就，包括从教育观念的更新到教育体制的改革，从教育内容的丰富到教学方法的革新等方面，与实行教育开放政策以及留学生的教育翻译分不开。随着经济全球化、知识经济的出现，世界各国经济实力的竞争最终取决于高素质人才的竞争。我们要积极参与国际经济竞争，加快从教育大国向教育强国、从人力资源大国向人力资源强国迈进，就必须进一步扩大国际教育交流，提高我国的教育国际化水平，培养出大批具有国际视野和具有参与国际竞争能力的人才。邓小平在1992年的南方谈话中指出："必须大胆吸收和借鉴人类社会创造的一切文明成果，吸收和借鉴当今世界各国包括资本主义发达国家的一切反映现代社会化生产规律的先进经营方式、管理方法。"[①]因此，输入西方先进教育，无论在过去、现在还是将来都是十分必要的，是留学生从事教育翻译工作的一贯使命。

中外文化交流，应该是双向输入与输出，交流的双方应该是互为主客体。过去一个历史时期的中外文化交流呈现出不对称的特征。中国要生存发展，必须加强文化传播与交流，把中国优秀文化翻译介绍给世界各国人民，自然构成了文化传播不可或缺的重要方面。一种文化在形成期间，需要通过翻译吸收被认为是优越于本民族文化的外来文化，这种翻译是内向的；但随着本民族文化的发展，就应该积极地开展外向翻译。也就是说，通过翻译把自己的文化传播给其他民族。世界各国在教育上学习借鉴也应是相互的和双向的。中国教育具有悠久的历史和深厚的文化传统，尤其经过了改革开放四十余年

---

① 邓小平：《邓小平文选》（第三卷），人民出版社，1993，第373页。

的发展，中国教育也形成了自身的特色，积累了丰富的经验。在学习借鉴他国经验的同时，将我们成功的经验介绍到国外，对于提升中国的国际形象和地位，无疑具有十分重要的意义。因此，教育翻译的双向交流应引起越来越多人的重视。杨牧之曾指出："西学仍在东渐，中学也将西传。各国人民的优秀文化正日益迅速地为中国文化所汲取，而无论东方和西方，也都需要从中国文化中汲取养分。"[1]因此，21世纪的今天，留学生应责无旁贷地肩负起继承与发扬中华民族的优良文化教育传统，更好地在国际舞台上展现自身民族的优秀文化和本国的教育成就。

教育翻译还应是一种多向交流活动。每个国家和民族的教育都有自己优秀的一面。因此，我们应具有更加宽广的国际视野，面向全世界，放眼全世界，在选择翻译文本时，眼睛不能只盯着教育发达的国家和地区，对那些教育不甚发达或欠发达的国家和地区也应予以关注，发现和综合各国家、各民族之所长，海纳百川，洋为中用。

（三）教育翻译应坚持"明辨择善"的引进原则

开展教育翻译，除了要有明确的翻译目的、翻译意识，还存在如何选择和运用的问题。适当地借鉴国外的教育经验是必要的，但盲目崇外的"仪型他国"则万万不可取，因此当代留学生在从事教育翻译时应坚持"明辨择善"的借鉴原则。对此，我国著名教育家陶行知为我们树立了光辉的榜样，他认为："中外情形有同者，有不同者。同者借镜，他山之石，固可攻玉。不同者而效焉，则适于外者未必适于中。"[2]在他看来，对待外国的教育经验不可全盘照单接收，采取盲目的"拿来主义"的态度，而应该鉴别它是否适合本国国情，是否真的是对症良方。例如，陶行知在制定学制过程中就坚持了"明辨择善"的原则，如他所言："至于外国的经验，如有适用的，采取他；如有不适用的，就回避他。本国以前的经验，如有适用的，就保存他；如不适用，就除掉他。去与取，只问适不适，不问新和旧。能如此，才能制成独创的学制——适合

---

[1] 汪榕培、王宏主编：《中国典籍英译》，上海外语教育出版社，2009，第6页。
[2] 陶行知：《试验主义与新教育》，载华中师范学院教育科学研究所主编《陶行知全集》（第一卷），湖南教育出版社，1984，第94页。

国情,适合个性,适合事业学问需求的学制。"①因为教育改革如同建筑,"拿别人的图案来造房屋,断难满意。或与经费不符,或与风景不合,或竟不适用。以后虽悔,损失已多。我国兴学以来,最初仿效泰西,继而学日本,民国四年取法德国,近年特生美国热,都非健全的趋向。学来学去,总是三不象"②。于是他告诫人们,"今当改革之时,我们对于国外学制的经验,应该明辨择善,决不可舍己从人,轻于吸收"③。实际上,陶行知所提出的"明辨择善"的原则适用于对待古今中外的教育经验,中国自身在长期的教育活动中积累下来的经验,如果适合当今教育实际,也可以借鉴与采用、保持与发扬。陈鹤琴就如何借鉴外国的教科书的问题时也曾指出,美国有很好的教材,他们视为好东西,在我们用起来未必都是优良的。要以适应本国国情为主体,以不违反国情为唯一条件。因为我们的小孩子不是美国的小孩子,我们的历史、我们的环境均与美国不同。④所以,在教育翻译过程中,无论是在选择源译本环节,还是在对翻译成果的采用环节,都应从中国的国情出发,注意结合中国实际,有所选择。

(四)教育翻译应让西方教育理论说中国话

让西方教育理论说中国话,主要通过两个途径:一是在引进外国教育理论和经验时,翻译者尽量运用中国读者读得懂的语言,不要生搬硬套,生造词语或者故弄玄虚。二是在选择运用外国教育理论时,不能简单地把那些流行的、时髦的教育理论搬到中国来。对此,胡适曾为杨荫庆等人合译的《巴格莱氏教育学》作序时,指出当时我国教育界就存在零碎趋时的毛病,"今天你来谈'职业教育',明天我来谈'设计教育';今天你来谈'蒙铁梭里',明天我来谈'达尔顿'"⑤。所以,一方面,教育翻译者切忌盲目地追求洋派,认为洋气的词汇或洋味十足的理论方显"高端、大气、上档次",而应立足

---

① 陶行知:《我们对于新学制草案应持之态度》,载华中师范学院教育科学研究所主编《陶行知全集》(第一卷),湖南教育出版社,1984,第191页。
② 陶行知:《我们对于新学制草案应持之态度》,载华中师范学院教育科学研究所主编《陶行知全集》(第一卷),湖南教育出版社,1984,第189—190页。
③ 陶行知:《我们对于新学制草案应持之态度》,载华中师范学院教育科学研究所主编《陶行知全集》(第一卷),湖南教育出版社,1984,第190页。
④ 北京市教育科学研究所编:《陈鹤琴全集》(第三卷),江苏教育出版社,1990,第111页。
⑤ [美]W. C. Bagley著:《巴格莱氏教育学》(上卷),杨荫庆等译,北京共和书局,1923,第6页。

于本国实情，考虑如何与中国的教育实际相结合，争取最大限度地为中国读者所接受。另一方面，教育研究者应从中国教育自身的问题出发去研究教育，解决中国教育"自我发展"的实际问题，为改革和发展中国的教育而引进和借鉴。只有中国化了的西方教育理论才能收到取长补短、为我所用的成效，也就是要使西方教育理论说中国话。正如张九如所言，"我们采取人家发明的教学法，决不是抄 A 即 A，抄 B 即 B，照抄一下就算的，必须将 AB 结合，化成一个适合国情童性的 C 来，才是教育者的天职"[①]。

引进并不意味着全盘拿来，否则就是盲从；引进意味着选择，要择而食之，否则就会食而不化。过去在借鉴外国教育经验过程中存在的盲目性给我们以深刻的历史经验与教训。例如，近代教育改革有盲目照搬别国经验的倾向。《癸卯学制》《壬子·癸丑学制》均是照搬日本学制改革经验的结果，明显打上了日本学制的烙印，因而存在着诸多弊端和不适合中国国情的现象。民国时期的教育改革也存在盲目模仿与照搬美国教育改革经验的现象，缺乏消化、吸收与创新。就教育翻译而言，如何选择适合我国教育改革与发展的教育理论、教育制度、教育内容以及教学方法，如何选择恰当的翻译方式来传播西方先进的教育，让外国教育理论说中国话，从而达到洋为中用的目的，是教育翻译者和研究者应该思考的问题。20 世纪 20 年代以来，教育界有识之士已经对当时教育领域中存在的盲目模仿问题进行了比较深刻的探讨和反思，努力从模仿、移植、融合而走向创建。其时教育改革已呈现出"由简单照搬欧美教学模式向探索适合国情民性的新教学法转变"[②]的趋势。他们对如何使西方教育理论说中国话的早期探索和努力，为我们当前在中外教育交流中如何引进和借鉴外国教育，如何处理教育国际化和教育中国化之关系方面树立了良好的榜样，提供了有益的启示。对该问题的深入研究，应该是教育翻译者今后努力追求的目标。

（五）教育翻译者应提高自身专业和跨学科素质

教育科学是一门涉及面很广的综合性科学，它与很多学科有着密切的联

---

① 张九如：《协动教学法的尝试》，《教育杂志》第 15 卷（1923 年）第 10 号。
② 李华兴主编：《民国教育史》，上海教育出版社，1997，第 510 页。

系。这就给教育翻译者提出了更高的要求。古人云："他山之石，可以攻玉。"当今中国的教育要实现现代化，跻身世界先进教育之位，除依靠吸收教育本领域的实践和研究成果之外，还应该吸取相关学科领域的研究成果。例如，哲学、心理学、社会学、经济学、统计学、人类学、传播学以及系统论、信息论等知识。因此，教育翻译队伍不仅要具备扎实的本学科专业知识，而且应扩充自身的知识结构，了解各学科的最新发展动态。只有这样，才能更好地理解教育理论知识，更准确地传播教育科学理论与方法，更好地为教育改革与发展以及教育学科发展服务。

中国教育的发展离不开教育国际化与教育中国化的相互促进，离不开洋为中用、古为今用。因此，我们的教育应面向未来，放眼世界，吸收人类创造的一切优秀文化成果，并结合中国的实际，在深入研究的基础上取长补短，既不能迷信盲从，照搬照抄，也不能盲目排外，画地为牢。在开展教育翻译时要立足于借鉴，立足于解决中国的教育问题，立足于为中国的教育改革与发展服务。如果一味崇洋媚外，急功近利、盲目仿效，不仅不会为中国教育改革与发展提供所需的有益养分，而且会影响教育改革的顺利进行，甚至会误导中国教育发展方向，阻碍中国教育的健康发展。有鉴于此，从国情出发，结合中国实际，有选择地进行译介；以我为主，处理好世界性与民族性、国际化与中国化之间的关系，是中外教育交流活动应该始终努力追求的目标。

主要参考文献

一、学术专著类

[1] 简·杜威. 杜威传[M]. 单中惠, 编译. 合肥: 安徽教育出版社, 1987.

[2] 实藤惠秀. 中国人留学日本史[M]. 谭汝谦, 林启彦, 译. 北京: 生活·读书·新知三联书店, 1983.

[3] 白吉庵. 胡适传[M]. 北京: 人民出版社, 1993.

[4] 北京市陶行知研究会. 陶行知研究[M]. 长沙: 湖南教育出版社, 1987.

[5] 蔡元培, 蒋维乔, 庄俞, 等. 商务印书馆九十年: 我和商务印书馆[M]. 北京: 商务印书馆, 1987.

[6] 陈潮. 近代留学生[M]. 北京: 中华书局, 2010.

[7] 陈福康. 中国译学理论史稿[M]. 上海: 上海外语教育出版社, 2000.

[8] 陈学恂. 中国教育史研究: 近代分卷[M]. 上海: 华东师范大学出版社, 2001.

[9] 陈志科. 留美生与中国教育学[M]. 天津: 南开大学出版社, 2009.

[10] 董宝良, 周洪宇. 中国近现代教育思潮与流派[M]. 北京: 人民教育出版社, 1997.

[11] 杜成宪, 崔运武, 王伦信, 等. 中国教育史学九十年[M]. 上海: 华东师范大学出版社, 1998.

[12] 冯志杰. 中国近代翻译史: 晚清卷[M]. 北京: 九州出版社, 2011.

[13] 张元齐, 蒋维乔, 庄俞, 等. 商务印书馆九十五年: 我和商务印书

馆[M].北京：商务印书馆，1992.

[14]侯怀银.中国教育学发展问题研究：以20世纪上半叶为中心[M].太原：山西教育出版社，2008.

[15]侯怀银.中国教育学之路[M].合肥：安徽教育出版社，2009.

[16]黄利群.中国近代留美教育史略[M].沈阳：辽宁大学出版社，1990.

[17]金林祥.20世纪中国教育学科的发展与反思[M].上海：上海教育出版社，2000.

[18]金林祥.中国教育制度通史：第六卷[M].济南：山东教育出版社，2000.

[19]孔慧怡.翻译·文学·文化[M].北京：北京大学出版社，1999.

[20]李华兴.民国教育史[M].上海：上海教育出版社，1997.

[21]黎难秋.中国口译史[M].青岛：青岛出版社，2002.

[22]李伟.中国近代翻译史[M].济南：齐鲁书社，2005.

[23]李喜所.近代留学生与中外文化[M].天津：天津教育出版社，2006.

[24]李亚舒，黎难秋.中国科学翻译史[M].长沙：湖南教育出版社，2000.

[25]刘宓庆.中西翻译思想比较研究[M].北京：中国对外翻译出版公司，2005.

[26]刘晓琴.中国近代留英教育史[M].天津：南开大学出版社，2005.

[27]吕达.中国近代课程史论[M].北京：人民教育出版社，1994.

[28]吕顺长.清末中日教育文化交流之研究[M].北京：商务印书馆，2012.

[29]马建忠.适可斋记言[M].北京：中华书局，1960.

[30]潘玉田，陈永刚.中西文献交流史[M].北京：北京图书馆出版社，1999.

[31]彭小舟.近代留美学生与中美教育交流研究[M].北京：人民出版社，2010.

[32] 皮后锋. 严复大传[M]. 福州：福建人民出版社，2013.

[33] 钱曼倩，金林祥. 中国近代学制比较研究[M]. 广州：广东教育出版社，1996.

[34] 舒新城. 近代中国留学史[M]. 影印本. 上海：上海文化出版社，1989.

[35] 孙培青. 中国教育史[M]. 上海：华东师范大学出版社，2002.

[36] 田正平. 留学生与中国教育近代化[M]. 广州：广东教育出版社，1996.

[37] 田正平. 中外教育交流史[M]. 广州：广东教育出版社，2004.

[38] 王桂. 中日教育关系史[M]. 济南：山东教育出版社，1993.

[39] 王建军. 中国近代教科书发展研究[M]. 广州：广东教育出版社，1996.

[40] 王立新. 美国传教士与晚清中国现代化[M]. 天津：天津人民出版社，1997.

[41] 王奇生. 中国留学生的历史轨迹：1872—1949[M]. 武汉：湖北教育出版社，1992.

[42] 商务印书馆编辑部. 论严复与严译名著[M]. 北京：商务印书馆，1982.

[43] 王晓秋. 近代中日文化交流史[M]. 北京：中华书局，1992.

[44] 卫道治. 中外教育交流史[M]. 长沙：湖南教育出版社，1998.

[45] 谢长法. 借鉴与融合：留美学生抗战前教育活动研究[M]. 石家庄：河北教育出版社，2001.

[46] 熊月之. 西学东渐与晚清社会[M]. 上海：上海人民出版社，1994.

[47] 叶隽. 异文化博弈：中国现代留欧学人与西学东渐[M]. 北京：北京大学出版社，2009.

[48] 余子侠. 中外教育交流研究丛书：六卷本[M]. 济南：山东教育出版社，2010.

[49] 章开沅，余子侠. 中国人留学史[M]. 北京：社会科学文献出版社，2013.

[50] 郑登云. 中国近代教育史[M]. 上海：华东师范大学出版社，1994.

[51] 郑金洲，瞿葆奎. 中国教育学百年[M]. 北京：教育科学出版社，2002.

[52] 周谷平. 近代西方教育理论在中国的传播[M]. 广州：广东教育出版社，1996.

[53] 周洪宇. 陶行知研究在海外[M]. 北京：人民教育出版社，1991.

[54] 庄泽宣. 如何使新教育中国化[M]. 上海：民智书局，1929.

[55] 庄泽宣. 各国教育比较论[M]. 上海：商务印书馆，1929.

[56] 邹振环. 译林旧踪[M]. 南昌：江西教育出版社，2000.

[57] 邹振环. 影响中国近代社会的一百种译作[M]. 北京：中国对外翻译出版公司，1996.

[58] 教育大辞典编纂委员会. 教育大辞典：第十卷[M]. 上海：上海教育出版社，1991.

二、报刊论文类

[59] 陈独秀. 今日之教育方针[J]. 青年杂志，1915，1(2)：1-6.

[60] 陈独秀. 近代西洋教育[J]. 新青年，1917，3(5)：1-4.

[61] 陈麟辉. 留日运动与中国现代化[J]. 同济大学学报（人文·社会科学版）.1995(1)：13-22.

[62] 董守义. 试论我国第一次赴美留学[J]. 辽宁大学学报（哲学社会科学版），1980(3)：53-58.

[63] 冯开文. 论晚清的留学政策[J]. 近代史研究，1993(2)：125-148.

[64] 冯天瑜. 日本明治时期"新汉语"的创制与入华[J]. 中国科技术语，2007(1)：55-59.

[65] 高昀. 第一批留学生的派遣与中国教育的近代化[J]. 高教论坛，2004(2)：69-70，80.

[66] 何炳松. 本杂志的使命[J]. 教育杂志，1934，24(1)：5-6.

[67] 何炳松. 商务印书馆被毁纪略[J]. 东方杂志，1932，29(4)：3-9.

[68] 胡相峰,汪静溪. 留学生与中国的新式教育[J]. 徐州师范学院学报(哲学社会科学版),1995(1):6-9.

[69] 黄书光. 实用主义教育思想在中国的传播与再创造[J]. 高等师范教育研究,2000(5):1-11.

[70] 黄知正. 五四时期留美学生对科学的传播[J]. 近代史研究,1989(2):17-40.

[71] 姜琦. 八年来中国教育哲学之研究[J]. 教育研究,1936(65):1-10.

[72] 金林祥,张蓉. 《教育世界》与西方教育的传入[J]. 河北师范大学学报(教育科学版),2000(4):30-36.

[73] 瞿葆奎. 两个第一:王国维译、编的《教育学》[J]. 教育学报,2008(2):3-9.

[74] 瞿葆奎. 中国教育学百年:上[J]. 教育研究,1998(12):3-12.

[75] 雷尧珠. 试论我国教育学的发展[J]. 华东师范大学学报(教育科学版),1984(2):39-47,56.

[76] 李华兴,陈祖怀. 留学教育与近代中国[J]. 史林,1996(3):41-52.

[77] 李璜. 本国化的教育与外国化的教育[J]. 中华教育界,1925,14(7):1-5.

[78] 李喜所. 留美生在近代中国的文化定位[J]. 天津社会科学,2003(3):117-123.

[79] 李喜所. 留学生与中国现代学科群的构建[J]. 河北学刊,2003(6):160-167.

[80] 梁燕波,王晨. 近代中国的留学教育及其影响[J]. 山西师大学报(社会科学版),2005(3):118-121.

[81] 林辉. 我国近代留美学生群体研究[J]. 华东师范大学学报(教育科学版),2004(2):63-68.

[82] 刘红. 近30年中外教育交流史研究的回顾与展望[J]. 江汉论坛,2013(4):137-140.

[83] 吕顺长. 清末留日学生从量到质的转变:关于清末"五校特约"留校的考察[J]. 浙江大学学报(人文社会科学版),2001(1):83-88.

[84] 罗振玉. 教育世界·序例[J]. 教育世界, 1901(1): 1-14.

[85] 马永斌, 刘文渊. 留日和留美教育对中国近代教育影响的比较研究[J]. 清华大学教育研究, 1997(4): 74-78.

[86] 彭小舟. 近代留美学生与中美教育交流研究[J]. 学术月刊, 2005 (6): 108-112.

[87] 舒新城. 道尔顿制讨论集要[J]. 中华教育界, 1923, 13(3): 1-17.

[88] 舒新城. 什么是道尔顿制？[J]. 教育杂志, 1922, 14(11): 1-48.

[89] 宋恩荣. 中外教育交流史研究的拓荒之作[J]. 出版参考, 2005 (20): 49.

[90] 谭载喜. 中西翻译传统的社会文化烙印[J]. 中国翻译, 2000(2): 14-18.

[91] 田正平, 肖朗. 教育交流与教育现代化[J]. 社会科学战线, 2003(2): 139-149.

[92] 王国维. 教育偶感[J]. 教育世界, 1904, 81(13): 1-4.

[93] 王国维. 论叔本华之哲学及其教育学说[J]. 教育世界, 1904, 75(7): 1-4, 77(9): 1-10.

[94] 郑宗海. 教科书在教育上的地位[J]. 中华教育界, 1931, 19(4): 3-8.

[95] 王建开. 翻译史研究的史料拓展：意义与方法[J]. 上海翻译, 2007(2): 56-60.

[96] 王奇生. 开新式教育之先河：近现代留学生对中国教育的影响[J]. 神州学人, 1997(12): 21-23.

[97] 王奇生. 留学生与中国教育的近代化[J]. 东南文化, 1989(1): 1-9.

[98] 王奇生. 民国时期的日书汉译[J]. 近代史研究, 2008(6): 45-63.

[99] 夏风. 清末留日教育产生、发展的主要原因及其分析[J]. 教育评论, 1987(4): 49-53.

[100] 肖朗.《西学考略》与中国近代教育[J]. 华东师范大学学报（教育科学版）, 1999(1): 1-9, 17.

[101] 肖朗. 花之安《德国学校论略》初探[J]. 华东师范大学学报（教育科学版）, 2000(2): 87-95.

[102]谢长法.留美学生与近代西方自然科学在中国的传播[J].徐州师范大学学报(哲学社会科学版),2001(1):27-30.

[103]谢长法.民国时期的留学生与高等教育近代化[J].河北大学学报(哲学社会科学版),2005(4):100-104.

[104]熊贤君.他山之石 可以攻玉:评田正平教授主编《中外教育交流史》[J].天津市教科院学报,2005(4):93-94.

[105]杨建华,马利东.中国近代教育期刊与近代学制嬗变:以上海近代教育期刊为例[J].宁波大学学报(教育科学版),2008,30(1):34-39.

[106]杨齐福.西方教育思想东渐与近代教育观的生成[J].淮阴师范学院学报,1999(4):105-110.

[107]于述胜.教育交流视野中的中国教育现代化史研究:兼评《中外教育交流史》[J].北京大学教育评论,2006,4(4):167-175.

[108]余子侠.近代中国职教思潮的形成演进与意义[J].华中师范大学学报(哲学社会科学版),1995(3):61-70.

[109]余子侠,乔金霞.近代湖北留学教育政策的演变[J].徐州师范大学学报(哲学社会科学版),2010,36(3):10-18.

[110]余子侠.综论教育交流与中华文化[J].河北师范大学学报(教育科学版),2011(7):11-15.

[111]元青.民国时期的留美学生与中美文化交流[J].南开学报(哲学社会科学版),2000(5):63-71,90.

[112]张蓉.商务印书馆与清末新式教科书的发展[J].河北师范大学学报(教育科学版),2001(2):66-71.

[113]张运君.京师大学堂和近代西方教科书的引进[J].北京大学学报(哲学社会科学版),2003(3):137-145.

[114]赵燕玲.近代留美生与留日生对中国社会影响之比较[J].中山大学学报(社会科学版),2002(2):35-40.

[115]郑晓辉.中国留美教育历史回顾[J].清华大学学报(哲学社会科学版),2001(2):37-41.

[116]周谷平.近代西方教育学在中国的传播及其影响[J].华东师范大学

学报（教育科学版），1991(3)：77−96.

[117]周谷平,朱有刚.《教育杂志》与近代西方教育的传播[J].教育评论，2002(3)：57−60.

[118]周谷平.晚清外国人眼中的中国教育[J].徐州师范大学学报（哲学社会科学版），2004(4)：117−123.

[119]周洪宇,陈竞蓉.留美归国教育家对中国现代本土教育理论的探索[J].中国教育学刊，2010(8)：14−19.

[120]周棉.近代中国留学生群体的形成、发展、影响之分析与今后趋势之展望[J].河北学刊，1996(5)：77−83.

[121]周棉.论中国留学教育的产生[J].教育评论，2002(6)：80−82.

后　记

　　本书是我步入教育科学领域从事中外教育交流史研究以来阶段性学术总结。值该书完稿即将出版之际，百感交集，内心充满着丰收之愉、感激之情和忐忑之忐。饮水思源，此时此刻想到最多的还是曾经教导、关心、帮助以及支持我的师长和家人。

　　首先要感谢的是我的恩师余子侠教授。攻读博士学位期间，恩师对我的工作、学习以及人生等方面的谆谆教诲、悉心指导、耐心引导乃至严厉批评，使我受益匪浅、终生难忘。聆听老师课堂授课如同欣赏《百家讲坛》，老师的博学和对所授内容的熟悉程度令人惊叹不已。在本书写作期间，无论是论题的选定、资料的收集、框架的构建，还是文字的润色甚至是标点符号的使用，都得到老师不厌其烦的指导和近乎苛刻的要求。每当我遇到困难心生退意之时，老师激励的话语总会予我以巨大的精神力量，推动我不断前行。正是老师广博的学识、坚守学术正道的态度、无私关爱学生的师德、待人以诚以及处事守信的作风深深地影响着我，并激励着我完成本书的撰写。

　　其次要感谢华中师范大学教育学院教育史导师组的全体老师。各位老师在课堂内外给予我潜移默化的影响无以言表。聆听老师们的课堂授课或讲座，研读老师们的学术专著及论文，无不使我深受启发。本书写作过程中，周洪宇教授、杨汉麟教授、喻本伐教授、申国昌教授、方彤教授、王建梁教授等，给我提出了许多宝贵的意见和建议。老师们给予我的鼓励和帮助，尤其他们宽广的学术视野、严谨的治学态度、渊博的学科识见，将会使我终身受益。

　　同时也要感谢我的学友们。古训有言，"独学而无友，则孤陋而寡闻"。在此衷心地感谢在华中师范大学教育学院读博期间结识的同学们：程斯辉、兰军、冉春、赵霞、粟高燕、汪丞、侯云汉、冯秀梅、郑刚、喻琴、张纯、刘来兵、赵永利、喻永庆、毛颖、郭勇、陈元、杨佳、刘振宇、陈峥、向华、于洋、吉艳艳、黄红、乔金霞、张丽君等众多同窗同门。与他们交流和探讨乃至日常闲聊，都给了我许许多多的启迪与帮助。

　　最后要感谢我的家人。他们是我坚强的后盾和力量的源泉。特别感谢我的丈夫马萧对我求学的理解与支持，在繁忙的工作之余，与我探讨学术，为本书的修改提出了许多建设性的意见。正是有了家人的关爱和鼎力支持，才使我能在工作的同时坚持并顺利完成学业。

　　此外，在本书写作过程中，参考和引用了中外学者宝贵的研究成果，在此深表感谢！

　　"路漫漫其修远兮，吾将上下而求索。"唯有在学术的道路上笔耕不辍、工作上尽职尽责、生活上乐观向上，才是对恩师及所有关心帮助过我的人最好的报答。

刘　红